기후에
대한
조선의
도전,
측우기

국립중앙도서관 출판시도서목록(CIP)

기후에 대한 조선의 도전, 측우기 / 이하상 지음. – 서울 : 소와당, 2012

p. ;   cm

ISBN 978-89-93820-63-8 03910 : ₩15000

조선사[朝鮮史]

측우기[測雨器]

911.05-KDC5

951.902-DDC21   CIP2011005485

기후에
대한
조선의
도전,
측우기

이하상 지음

소와당

| 목차

1장. 와다 유지를 만나다	7
2장. 측우기의 전야	15
3장. 측우제도의 창설과 재건	83
4장. 수표와 풍기의 실체	113
5장. 강우량 관측 규정과 측우제도의 운영	153
6장. 측우기록의 현존 상황과 그 의미	187
7장. 측우기는 우리에게 어떤 것일까?	211
부록1. 와다가 정리한 강우량(1770~1907)	267
부록2. 와다가 정리한 강수일수(1626~1907)	270
부록3. 이덕무의 〈측우기명병서〉	277
부록4. 관상감의 천문 기상 보고 항목 및 보고 내용	280
부록5. 와다 유지가 정리한 수위 기록〔京城出水表〕	286
부록6. 중국 북경의 강수 통계	290
부록7. 측우기 명문	292
그림 목차	304
표 목차	307
참고 문헌	308

1장
와다 유지를 만나다

1995년의 일이다. 당시 필자는 한국농촌경제연구원 농업사연구실에 근무하면서 '동아시아의 수리제도연구'와 관련된 대형 연구과제에 참여하고 있었다. 연구를 수행하는 과정에서 아시아 여러 나라의 수리(水利)와 관개(灌漑) 상황을 검토하며 자연스럽게 벼농사 농법의 변화와 강우의 관계도 고찰하게 되었다.

　벼농사가 주작인 우리나라에서는 비가 적시에 적당히 내리는 것이 풍흉에 크게 영향을 주었다. 별다른 저수시설, 수리시설이 없이 하늘에서 내리는 비에 의존하였던 시절, 비가 적시에 적당한 양으로 내리는 것은 벼농사의 풍년을 기약할 수 있는 가장 큰 요인이었다.

　오늘날에는 날이 가물수록 쌀농사가 풍년이라 한다. 관개를 위한 수리시설이 완비되어 벼농사에 필요한 관개수를 자유롭게 조절할 수 있게 되었기 때문에, 날이 가물고 해가 비치는 시간이 길어져야 벼의 광합성작용이 활발해져서 풍작이 되는 것이다. 그러나 이것은 최근의 상황이고, 역사적으로 벼 이앙시기의 봄 가뭄은 벼농사의 작황을 좌우하는 주요 인자였다.

　우리나라는 아시아 몬순[1] 지역에 위치하고 있어 연중 강우가 한여름철에 집중되어 있고, 봄 가뭄이 심한 기상패턴을 가지고 있다. 역사 기록이 남아있는 삼국시대, 고려시대의 기록에도 가뭄,

---

1 아시아 몬순_ Monsoon 기후. 겨울에는 대륙에서 대양으로, 여름에는 대양에서 대륙을 향하여 약 반년의 주기로 변화하여 부는 계절풍에 의한 기후로 여름에는 기후가 고온다습하고 비가 많은 특징이 있다.

홍수로 인한 기상이변이 자주 일어났었고, 특히 기록이 풍성한 조선시대에는 기상이변이 있었던 기록을 더욱 많이 만날 수 있다.

조선시대의 수리사업에 관한 자료를 찾는 과정에서 눈에 번쩍 띄는 보고서 하나를 만나게 되었다.『조선 고대 관측기록 조사 보고』란 이름으로 일본인 기상학자 와다 유지(和田雄治, 1859~1918)가 조선시대의 측우기를 중심으로 쓴 우리 고대 기상에 대한 논문집이었다. 일제 강점기에 조선에 초대 관측소장으로 와 있던 와다가 퇴임한 후 기념논문집으로 발간된 것이다.[그림 1]

그 내용은 조선의 측우제도를 중심으로 기상과 관련된 논문을 묶은 것으로, 보고서의 논문 중에서 특히 눈에 확 들어오는 것은 「세종·영조 양조의 측우기」, 「조선 고대의 우량관측 보유」, 「최근 140년간의 서울 우량」 세 논문이었다. 우리 측우기에 대한 역사와 측우제도에 관한 기록을 정리한 것이다.

보고서 서문에서 당시 조선총독부 관측소장인 히라다(平田德太郎)는 와다의 업적과 논문 내용을 다음과 같이 설명하고 있다.

"……원래 조선의 문화는 대체로 대륙에서 전래된 것으로서, 조선의 독특한 문명으로 자랑할 수 있는 것은 그다지 많다고 볼 수 없다. 그러나 세종 때 우량을 관측한 것은 유럽에서도 이러한 같은 사업이 시작되기에 앞선 약 2백 년, 또한 중국 대륙에서도 이러한 시설이 있었다는 것을 들은 적이 없었는데, 놀랍게도 조선인의 뇌리에서 솟아나온 독창적인 사업이다. 그리고 그 조직의 주도함은 실

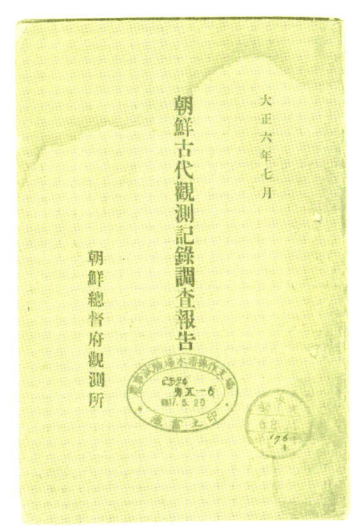

〔그림 1〕

朝鮮總督府觀測所,『朝鮮古代觀測記錄調査報告』, 1917
1. 세종·영조 양조의 측우기(世宗英祖兩朝ノ測雨器)
2. 조선 고대의 우량관측 보유(朝鮮古代ノ雨量觀測補遺)
3. 최근 140년간의 서울 우량(最近百四十年間ノ京城雨量)
4. 조선 고금의 지진에 대한 고찰(朝鮮古今地震考)
5. 조선에 있어서 흙비(朝鮮ニ於ケル霾)
6. 경주 첨성대설(慶州瞻星臺ノ說)
7. 누각(漏刻)
8. 조선상위고(朝鮮象緯考)
9. 조선측후사략(朝鮮測候史略)
부록
1. 성변측후단자(星變測候單子)
2. 조선 고 기록 중 혜성(朝鮮古記錄中ノ彗星)
3. 조선 고 기록 중 유성군(朝鮮古記錄中ノ流星群)

로 독창적인 사상을 실현하려는 조직적인 능력의 탁월함을 보여주기에 족하다⋯⋯."

히라다의 서문에는 조선을 깔보는 시각이 군데군데에서 나타나 있다. 그러나 측우제도에 대해서만은 그 교만을 떠는 일본인도 감탄을 금치 못하고 있는 것이다. 와다의 논문을 읽어가면서 막연하게 알고 있던 세종, 영조시대의 측우기와 그 기록에 대한 구체적인 모습을 접할 수 있었다.

와다는 1910년 경술국치로[2] 조선의 국가 행정체계가 무너진 상황에서 소홀하게 취급되던 측우기록을 발견하고, 그 기록의 수집과 정리를 시도한다. 그리고 측우제도에 대한 자료를 정리 분석하여 측우기 창시(1441년)와 영조의 측우제도 재건(1770년) 과정을 논문으로 작성해서 기상학계에 발표한다. 이어 와다는 측우기에 대한 기록을 프랑스어와 영어로 발표해서 우리 측우기가 세계 최초의 것이며, 독창적이며 과학적이고 체계적인 제도였음을 세계에 알린다.

와다는 우리 측우제도를 정리하면서 여러 군데서 감탄을 금치 못할 뿐 아니라 세종대왕을 서슴지 않고 '명군(名君)'이라 칭송하고 있다. 세종대왕의 큰 업적이며, 우리의 자랑인 측우기, 측우제도가 20세기 초에 일본인에 의해 정리되고 외국에 소개되었음

---

2 경술국치_ 1910년 8월 29일 경술년에 한일병합조약(韓日倂合條約)이 강제로 체결되어 조선왕조는 27대 519년 만에 멸망하고 조선은 일본의 식민지가 되었다.

에 대해 일말의 안타까움과 아쉬움을 금할 수는 없는 한편, 자칫하면 없어질 뻔했던 귀중한 자료를 보전해 준 와다 씨에 대해 고마운 마음도 든다.

필자는 와다의 측우기록을 가지고 1995년까지 연도별 월별 강우량을 연장해서 몬순 지역의 장기 강우패턴을 분석해서 연구보고서에 수록하였다. 그리고 와다의 측우기 관련 주요 논문을 번역하여 자료집으로 발간하기도 하였다.[3] 2002년 연구원을 퇴직하고 나서도 측우기와 관련된 자료는 소중히 간직해 왔다. 언젠가는 측우기에 대한 논문을 쓰고 싶은 욕심에서였다.

2011년 1월, 고문서 강독을 같이하는 분들과 옛 자료에 대한 이야기를 나누는 과정에서 측우기록에 대한 이야기를 꺼냈더니, 모두 흥미 있어 하며 책으로 써 보라는 권유가 있었다. 한동안 잊고 지내던 테마였다. 생각난 김에 1995년에 저장해 두었던 컴퓨터 파일을 열어보았다. 다행스럽게도 자료는 잘 보존되어 있었다. 그리고 요즘에 연구된 측우기 및 측우제도에 관한 자료를 검색해 보았다.

1995년에는 필요한 자료가 있으면 도서관에 가서 일일이 자료를 검색하고 복사를 해야 하는 형편이었다. 그런데 요즘은 왕조실록을 비롯한 귀중한 국고문헌들의 데이터베스가 구축되어 역문과 본문 파일까지 다운받을 수 있다. 그동안 진행된 측우기에

---

[3] 김성호, 이두순 외, 『조선 고대 관측기록 조사보고 자료』, 한국농촌경제연구원, 1996년.

관한 연구 성과도 인터넷에서 확인할 수 있었다. 놀랍게도 측우기와 관련되어 단편적인 논문과 석사 학위 수준의 몇몇 연구 성과는 있어도 측우기와 측우제도 전반에 걸쳐 살펴 본 연구서와 책자는 쉽게 찾아 볼 수 없었다.

우리는 측우기를 민족의 과학문화 유산으로 자랑스러워하고, 또 세계 최초(最初), 최고(最古)의 발명이라는 점에 무한한 자부심을 느껴왔다. 그러나 측우기, 측우제도의 본질에 대한 연구는 소홀히 한 감이 없지 않다. 측우기가 어떠한 사회경제적 배경 하에서 태어나게 되었는가, 측우제도는 어떻게 구성되어 있는가, 누가 어떻게 운영하였는가, 측우제도에 대해 정리해야 할 부분이 너무 많다.

이제 용기를 내어 측우기를 둘러싼 측우제도 전반을 살펴보고 정리하고자 한다. 이제 1백 년 전에 작성된 와다 유지의 논문을 길잡이 삼아 세종, 영조조의 세계로 찾아가 보자. 과연 측우기는 우리에게 무엇을 의미하는가?

2장
측우기의 전야

1. 이른 장마를 기다리며 애타는 농심

옛날이나 지금이나 벼농사를 떠나서는 우리 농업을 생각할 수 없다. 우리 농업에서 가장 비중이 큰 작물인 벼는 단순한 식량작물이 아니라 우리 민족의 주식이면서 농경문화의 근간을 이루고 있다. 벼농사가 중시되어 온 이유는 다음과 같다.

첫째, 벼는 단위 면적당 생산성이 높아 인구 부양 능력이 높다. 즉 밀, 보리, 옥수수 등 세계적으로 식용되는 주식작물 중 가장 수량이 많은 곡물이다.

둘째, 벼는 다른 식량작물에 비해 상대적으로 풍흉을 적게 타서 생산량이 안정적이다.

셋째, 쌀은 식량작물 중 여러 가지 영양소가 고루 갖추어져 있는 이상적인 식품이다.

넷째, 쌀은 조와 보리와 같은 잡곡에 비해 면적당 생산량이

많을 뿐 아니라 가격이 높아 경제성이 있는 작물이기도 하였다.[1]

우리 민족이 오랜 동안 벼농사를 주작으로 삼아 살아가는 과정에서 벼는 우리 민족의 생활에 깊이 침투해서 이른바 도작문화(稻作文化)를 형성하게 되었다. 도작문화란 벼농사를 짓는 민족이 가진 특유의 생활양식이나 사회구조를 말한다. 벼농사를 주작으로 하는 나라에서는 벼에 영혼이 있다고 믿거나 벼를 모성적 인격으로 다루는 신앙이 널리 퍼져 있을 정도로 벼는 인간의 생활과 밀접한 관련을 맺고 있다.

농업이 주산업이던 조선시대에는 농작물 파종기에 비가 안 오면 온 나라가 근심에 잠겨 하늘만 바라본다. 특히 벼농사가 주작인 우리나라에서 모내기철에 물이 없으면 참말로 곤혹스러운 일이었다.

벼는 밭작물과는 달리 논[畓]이라는 담수상태(湛水狀態)에서 재배되며 생육기간 내내 많은 물을 필요로 한다. 논의 물은 벼에 양분을 공급해 주고, 냉해(冷害)와 같은 기상변화에 완충작용을 하여 벼를 보호하며, 뿌리 활착 시기에 벼를 지지해 주기도 하며, 잡초 발생을 억제해 주는 등 다양한 효과가 있다. 또한 논이라는 특수한 경지 형태로 인해 비가 많이 올 경우 물을 담아서 토양의 유실과 홍수를 방지하고, 수자원을 보전하는 환경 보전효과도 있다. 이같이 논이라는 큰 물그릇에서 가꾸어진 벼농사를 통해 우리

---

1 16세기에 쌀 1말은 보리 2~3말과 교환되었고, 심한 경우에는 보리 6배의 가치가 있었다. (이성임, 『의식주, 살아있는 조선의 풍경』, 역사와 비평사, 2006.)

민족은 식생활을 해결했을 뿐만 아니라, 우리의 자연을 가꾸고, 우리의 환경을 보전해 온 것이다.

벼농사의 작황에 직접 영향을 주는 제 기상요소는 기온, 일조, 강수량 등이지만, 이중 벼의 생육에 가장 큰 영향을 미치는 것은 바로 강수량으로 본다. 그 이유는 수많은 기상요소를 감안하기 어렵고, 기상요소 간에는 대체로 정비례의 상관관계가 있기 때문이다. 즉 일조가 강하면, 기온이 높아지고, 기온이 높아지면 강우가 많아진다.[2] 따라서 물 하나의 기상요소만으로도 기상과 작물 수량 관계를 파악할 수 있는 것이다.

벼는 물에서 키우지만 생육기간 내내 물이 필요한 것은 아니어서 논이 항상 담수상태일 필요는 없다. 벼가 물을 필요로 하는 시기는 생육시기에 따라 다르지만, 양력 5, 6월의 관개수 확보 여부가 벼농사 작황을 좌우하게 된다. 관개시설이 충분치 못한 시대에 이앙기의 강우량이 적기앙의 여부를 좌우했기 때문이었다.

우리나라는 지구 북반부 중위도 지역에 위치하고 있어 사계절이 뚜렷한 온대성 기후의 특징을 지닌다. 우리나라의 연간 강수량은 1,200~1,500mm이며 세계적으로 비교적 습윤한 지역에 속한다. 대체적으로 우리나라 강수의 특성은 비가 여름에 집중되며, 호우성이 강하고, 연간 변동이 심하다. (표 1)

우리나라의 강우량은 여름철인 6~8월이 연간 전체 강우량의 60%이상을 차지하고 있다. 여름이라도 7, 8월에 비가 많이 내리

---

2 김광식 외, 『한국의 기후』, 일신사, 1973.

단위: mm, %

월별	1	2	3	4	5	6
강우량	20.7	22.8	42.5	77.7	100.1	147.1
비율	1.5	1.6	3.0	5.5	7.1	10.5
7	8	9	10	11	12	합계
375.0	349.8	142.8	49.4	53.7	24.5	1,405.6
26.7	24.8	10.2	3.5	3.8	1.7	100.0

[표 1] 우리나라의 월별 평년 강우량(1977~2006 평균)

며 6월 강우량은 적은 편이다. 이는 여름 장마전선의 도래 패턴과 관련된다.

여름철 장맛비는 장마전선의 이동으로 인해 내린다. 공기 중에 존재하는 두 기단(氣團)의[3] 세력이 비슷하면 경계면이 빠르게 이동하지 않고 거의 같은 곳에 머물러 있게 되는데 이를 정체전선(停滯前線)이라고 한다. 정체전선의 대표적인 것의 하나가 장마전선이다. 우리나라에 오는 장마전선은 한랭 다습한 오호츠크해기단과 고온 다습한 북태평양 기단의 경계면에 생긴다. 북태평양 기단이 세력을 확장함에 따라 북태평양 전선이 차츰 북상하여 6월부터 우리나라에 영향을 주기 시작하여 7월에는 장맛비를 내리게 한다.

동아시아의 장마전선은 대체로 5월 중순까지 중국남부에 정체되어 있다가 6월부터 인도 대륙에서 발달된 몬순 기류의 영향

---

[3] 기단(氣團)_ 일기현상의 원인을 간략하게 설명할 때 사용되는 개념으로, 성질이 일정하고 거대한 공기덩어리로서 발생지에 따라 고유한 성질을 가진다.

	기간	지역	특성
1단계	5월 5일~5월 10일	중국남부~대만남부	5월 다우
2단계	6월 16일~7월 9일	중국중부~일본열도	6월 다우 중국.일본의 梅雨
3단계	7월 10일~8월 30일	중국북부~한반도	7월 다우 한반도의 장마

〔표 2〕 동아시아의 장마전선

으로 북상하기 시작한다. 6월에는 중국남부 양자강 일대와 일본열도에 걸쳐서 장마전선이 체류하고, 다시 7월이 되면 장마전선은 한반도를 포함한 중국북부쪽으로 북상하게 된다. 동아시아를 무대로 하여 5월부터 8월 사이에 장마전선은 대체로 [표 2]와 같은 3단계로 북상한다.

한반도의 정상적인 장마는 중국북부와 동일한 7월 장마이다. 6월 장마와 7월 장마는 강우시기가 1개월 차이에 불과하지만, 6월 장마냐, 7월 장마냐에 따라 각 지역의 농업패턴 내지 농경문화의 기본패턴이 달라지게 된다.

중국의 경우 6월 장마권인 남부지방은 역사적으로 수전농업(水田農業)이 발달해 왔다. 반면, 7월 장마권인 중국북부는 연간 강수량이 한반도의 절반가량인 600~700mm 정도에 불과하며, 특히 봄철의 월간 강수량이 10mm 내외의 한발(旱魃)지역이다. 따라서 중국북부는 역사적으로 전작지대로 발달해 왔다. 재배작물을 보더라도 가을에는 7~8월 장맛비를 기초로 파종되는 밀과 보리 등 겨울작물과 봄에는 수수, 기장 등과 같은 여름철 단기성 작물이 주류를 이루어 왔다.

한반도에서는 벼의 이앙 적기인 6월보다 1개월이나 늦은 7월에 정상적인 장마철이 시작된다. 장마시기로 보면 중국북부처럼 전작(田作)이 적합하지만 총 강수량이 중국북부의 2배 가량 되어 논농업[畓作農業]이 가능하였다.

이같이 벼농사에서 이앙기인 6월에 강우가 많아야 농사에 유리하지만 장마전선의 움직임으로 볼 때 한반도는 중국북부와 함께 7월 장마가 정상적인 것이다. 6월 장마와 7월 장마는 시기로는 1개월 차이지만 벼농사를 짓는 면에서는 매우 큰 차이를 초래한다. 장마전선이 일찍 올라와서 이른 6월 장마가 지는 해는 벼농사가 풍년을 바랄 수 있지만, 장마가 늦으면 벼를 심어 놓고 하늘을 바라보며 애를 태워야 했다.

양력 6월 중순이면 직파(直播)를[4] 한 벼는 두어 뼘 이상 자란 상태이고, 이앙법(移秧法)을[5] 택할 경우에는 모내기를 할 철이다. 이때 비가 충분히 와서 논에 물이 고여 있어야 그해 벼농사는 풍년을 기약할 수 있다. 그러기에 속담에도 '단오 물 잡으면 농사는 다 짓는다.'고 하였다. 단오(端午)라면 음력 5월 5일로 1년 중 양기(陽氣)가 가장 왕성한 날이라 하여 큰 명절로 여겨왔고, 바로 모

---

4 직파_ 농작물을 이식하지 않고 제자리에 바로 씨를 뿌려 키우는 방법으로 곧뿌림이라고도 한다.
5 이앙법_ 벼를 바로 씨로 뿌리지 않고 못자리에서 기른 모를 쪄서 본 논에 옮겨 심는 벼농사 방법.

내기철이 다가오는 시기이다. 그러나 봄에 비가 적은 데다 6월 염천(炎天)에 해는 이글이글 타오르고, 논은 물이 말라 거북등마냥 갈라지는 것을 보는 농민의 심정은 어떠할까.

이때부터 물을 얻기 위해 사람과 자연의 투쟁이 시작된다. 벼농사는 이른 봄철에 논둑을 진흙으로 발라 물이 새나가지 않게 정비하는 것으로부터 시작되기 마련이다. 그리고는 어떻게 해서라도 물을 잡아 모를 키워 모내기를 끝내야 하고, 또 장맛비가 올 때까지 논에 다소라도 물을 잡아 두어야 한다. 이앙철에 비가 흡족히 내리지 않으면 농민들은 웅덩이를 파고 개울바닥을 긁어 물을 모아 논에 흘려보낸다. 그리고는 물이 새나가지 않도록 밤새 물꼬를[6] 지켜야 한다. '가문 논에 물대기'란 속담이 있다. 아무리 애를 써도 이룩한 것이 없음을 일컫는 말로 가문 철에 논에 물을 모아 담는 것이 그만큼 힘들다는 말이다.

그런데 논에 겨우 물을 잡아 놓고 마르지 않기만을 기도하고 있는데, 아래쪽 논을 짓는 다른 사람이 물꼬를 터놓아 겨우 모아 놓은 논의 물이 말라 버렸을 때 그 심정은 어떻겠는가. 예전의 천수답은 대부분 계단논으로[7] 일정한 수로가 없이 지대가 높은 논에서 아래 논으로 물을 흘려보내게 마련이었다. 이러한 관개법을 자연일류관개(自然溢流灌漑)라 하며 물의 배분이 일정치 않게 된

---

6 물꼬_ 논에 물이 넘어 들어오거나 나가게 하기 위하여 만든 좁은 통로.
7 계단논_ 계단식 논은 아시아의 산간부에서 벼농사를 위해 계단처럼 층층으로 만든 논이다. 다락논, 다랑진이라고도 부른다.

다. 그때 아래쪽 논에서 위쪽 논에 있는 물을 몰래 빼 가면 분쟁이 일어난다. '물싸움'이다. 자연과의 투쟁과 함께 사람 간의 투쟁이 일어나게 되는 것이다.

물싸움은 논에서 물을 사용하는 데에서 물 때문에 일어나는 싸움을 말한다. 그때 그 논이 못자리였다면 싸움은 더욱 커질 수밖에 없다. 물싸움은 지역 간에도 일어났다. 저수지나 보(洑), 혹은 개천의 물을 어느 동네가 먼저 쓰느냐를 두고 마을 사이에 물싸움이 일어나는 것이다.[8] 농기구를 손에 들고 물을 지키기 위해 온 동네 사람이 나서고, 패싸움이 벌어져 다치고 죽는 사람이 생기기도 하였다. 제한된 수자원(水資源)의 배분 경쟁으로 인해 일어나는 지역 간 개인 간 마찰이었다.

벼농사철에 물이 부족하면 평소 친하게 지내던 이웃도 없고, 또 친척 사이의 의리도 잠시 접어 둘 수밖에 없는 상황이다. 그리

---

[8] 이 외에도 저수지의 이용에는 문제가 많았다. 헌종 8년(1842) 6월 5일자 실록에는 이앙법에 대한 재고와 함께 모경(冒耕)이 심해지는 것에 대한 기록이 있다.
"방죽 안(堤內)에서 기간(起墾)하는 것을 금하는 것입니다. 방죽을 쌓는 것은 저수(儲水)하기 위함이고, 물을 모아 두는 것은 가뭄을 대비하기 위함입니다. 진실로 개울을 소통시키고 치기를 법(法)과 같이 하고, 물을 모으고 줄이는 것을 때를 맞추어 하게 하면, 방죽 아래의 논밭 두둑[疇隴]이 모두 비옥하게 될 것이니, 어찌 말라 죽고 실임(失稔)하는 우려가 있겠습니까? 그런데 백성이 무지하여 구차하게 지척(咫尺)의 땅만을 도모하여, 금년에는 모경(冒耕)하고 명년에는 침계(侵界)하여 방죽 물이 다 말라서 한갓 한 사람의 사유물로 돌아가 마침내는 천묘(千畝)의 농지에 해를 끼칩니다."
땅 욕심이 있는 농민들이 저수지 가의 빈 땅에 농사를 짓는 것이다. 그러면 자연히 저수지의 면적은 좁아지고 메워지며 물을 저수하는 능력이 떨어진다. 그러다가 끝내는 저수지가 저수 능력을 상실하게 되는 것이다.

〔그림 2〕 용두레로 논에 물을 푸는 모습

고 개울 하나 사이에 두고 사이좋게 지내던 이웃 마을도 눈에 보이지 않는다. 농민의 눈에 핏발이 서고 살기가 넘치는 시기이다. 벼농사로 거두는 쌀은 농민의 생명이고, 벼를 키우기 위한 물은 농민의 명줄이었기 때문이었다.

　가뭄철 물싸움은 조선시대에만 있어났던 것은 아니다. 수리시설이 어지간히 확충된 근세에도 개인 간, 지역 간 물싸움은 여전히 일어나고 있다. 물이라는 자원을 두고 배분 과정에서 이익을 선점하려는 것은 어쩔 수 없는 인간의 본능이기도 하다.

근대 물싸움 사례

가뭄이 심했던 1937~39년에는 물싸움으로 인한 구타사건, 살인 사건이 여러 건 신문에 보도되어 있다. 심지어는 물싸움으로 인해 사촌 간에 살인이 발생하기도 하였다.

보(洑)의 물을 서로 대려다 양 면민 대립

동아일보 1939년 6월 29일자 기사

이달 26일 정오경에 전남 화순군 도암면 대초천 하류 대평보 부근에서는 쌍 수문을 설치하였다는 이유로 30여 군중과 통행하는 사람과 언쟁이 되어 물속에 넣은 사실이 있어 죽었느니 살았느니 하는 소문이 일어나 이 소식을 들은 화순경찰서에서는 서장 이하 다수 경관을 출동케 한 대소동의 희유한 물싸움이 있었다.

대평보는 45년 전부터 도곡면민과 도암면 일부 면민과 나주군 남평면 일부 면민과 대립이 되어 소송 중에 있는 문제의 보이다. 도곡면 측은 1,500여 두락을 몽리(蒙利)하고, 도암면 측은 90여 두락을 몽리하는 쌍방에 생명선인 중대한 보물이 되어 있는데 조사한 바에 의하면 동일 정오경에 도곡면 평리 쌍곡리 농민들 30여 명이 이 대평보에 역사하기 위하여 보 부근 수문에 이르러 보니 기왕 설치한 수통 옆으로 또 수통을 내어 위에 말한 90여

두락 몽리답에 인수(引水)함을 발견하고 수통 설치한 사람을 조사 중 그때 모심으러 지나가던 도암면 운월리 사는 송 모에게 조사타가 언쟁이 되어 물속에 들어 싸우다가 물을 먹게 한 사실이 있어 죽었느니 살았느니 하는 소문에 달려간 동 송 모의 가족을 물에 넣어 물을 먹게 한 사실이 있어 넓은 들판에 인산인해를 이루었으나 다행히 인명의 손상은 없이 부상자를 낸 후 즉시 양면 주재소 경관이 해산시킨 후 무사히 돌아갔다 한다.

도계(道界) 흐르는 물싸움

매일경제 1972년 6월 24일자 기사

의좋게 살아오던 두 부락이 경남과 경북 도계를 흐르는 산골짜기 물줄기를 놓고 1년 동안이나 끈질긴 법정투쟁을 벌이고 있다.

경남 울주군 범서면 두산리와 경북 월성군 외동면 녹동리의 두 마을 133가구 주민들은 선조 때부터 인척관계를 이뤄 의좋게 살아왔으며 도계(道界)인 치술령 골짜기의 물을 농업용수로 다 같이 이용해 왔는데 지난해 3월 범서면 두산 부락민이 재래식 보(洑)에 놓인 돌을 들어내고 경남 쪽으로 물이 많이 흐르게 한 것을 발단이 되어 수백 년의 우의를 갈라놓았다.

물의 공평한 분배를 박탈당한 외동면 녹동 부락 주민들은 마침내 보의 소유권을 주장하기에 이르러 지난해 5월 부산지방법원에 두산리 마을을 상대로 권리행사 방해 및 공익건조물 파괴혐의로 고소장을 냈다. 그 후부터는 두산리 사람들은 녹동 부락민이 보 근처에 얼씬도 못하게 보를 지키기 시작했다. 두 부락민의 감정대립은 날로 격화되어 인척관계를 맺고도 길흉사마저 외면, 오가는 발길을 일체 끊었다.

　두 마을의 싸움은 도 당국에까지 알려져 양 군청이 중재에 나섰으며 공동 경비로 현재의 보를 확장, 집수암거를 만들자는 제의까지 나왔으나 녹동 주민들은 '마을싸움에 군청이 웬 간섭이냐'고 강경 일변도라 한다.

2.
단비를 바라는 열망, 기우제

측우기가 세상에 나타난 때는 조선시대인 1441년, 세종대왕(世宗, 1397~1450, 재위 1418~1450)이 즉위한지 23년이 되는 해였다. 그 당시의 나라 사정은 어땠는가? 정치적으로는 고려에서 조선으로 왕조가 바뀌고, 태조에서 정종, 태종, 세종으로 왕위가 계승되는 동안 정치, 경제적으로 안정되고 조선왕조가 제 자리를 잡은 시기이다.

성세를 맞아 세종대왕은 우리 문화에 큰 업적인 한글을 창제(1420)하였으며 각종 천문기구를 만드는 등 문화와 과학에 큰 발전이 있었던 시기이기도 하다.[9]

---

9 천문관측기구인 혼천의(渾天儀, 천문관측기), 간의(簡儀, 혼천의를 개량한 것), 혼상(渾象, 일종의 천구의), 앙부일구(仰釜日晷, 해시계), 일성정시의(日星定時儀, 밤낮의 시간을 재는 시계), 자격루(自擊漏, 물시계) 등이 이 시기에 만들어진 것이다.

과학적인 성과 외에도 주산업인 농업을 위한 기술개발과 보급에도 힘을 기울였다. 농업의 생산력을 높이기 위하여 토지개간, 수리시설 확충, 종자개량, 농사기술 혁신 등에 주력하였다. 북방 개척과 해안지방의 개간, 그리고 내륙의 황무지를 적극적으로 개간하여 건국 초기에 100만 결(結)에[10] 지나지 않던 농토가 세종 때는 160만 결(結)로 늘었다. 그리고 농사에 필요한 저수지도 크게 확충되었다. 1429년에는 우리 농업에 적합한 농서인『농사직설』이[11] 편찬되었다. 중국의 농서에 의존하던 것에서 벗어나, 비로소 우리 풍토에 적합한 농업 기술서를 처음으로 갖추게 된 것이다.

지금도 그렇지만 조선시대에도 우리 농업에 있어 벼는 가장 중요한 작물이었다. 그러나 물을 필요로 하는 벼농사에서 가뭄으로 인한 흉작이 왕조의 큰 걱정거리였다. 벼농사를 순조롭게 짓기 위해서는 농사 제철에 물이 필요했지만 관개시설이 빈약했던 시대에는 하늘에서 내리는 비가 용수(用水)의 주원천일 수밖에 없었다.

봄 가뭄은 동아시아 몬순 지역의 농업국가인 우리 땅에서 피하지 못할 숙명이다. 고대에 있어 기상의 불안정, 특히 가뭄은 왕

---

10 결(結)_ 농지의 면적단위이나 비옥도에 따라 면적이 다르다. 조선 세종 26년(1444)부터 농지를 6등급으로 나누었는데, 1등전 1결의 넓이는 9,859.7㎡이었다. 하등권으로 갈수록 면적은 더 넓어진다.
11 『농사직설(農事直說)』_ 조선전기의 문신인 정초(鄭招, ?~1434) 등이 지은 농서로 1429년에 간행되었다. 서문에 "풍토가 같지 않으면 농법도 같을 수 없다 하여 세종이 각도의 감사에게 명하여 주현(州縣)의 노농(老農)들에게 지역에 따라 경험한 바를 자세히 듣고 수집하도록 해서 본서를 편찬하게 되었다."고 했다.

의 책임이었다. "강우와 가뭄이 순조롭지 않아 오곡이 제대로 익지 않으면[水旱不調, 五穀不熟] 그 죄를 물어 왕을 바꾸거나 죽여야" 할 정도였다.[12] 한발은 곧 왕권교체로까지 연결되던 최대의 정치쟁점이었다.

『삼국사기』에도 가뭄의 기록이 남아있다. 가뭄 기록이 남아있는 것은 고구려 12회, 백제 32회, 신라 63회뿐이지만, 이는 기록 횟수상의 문제일 뿐 항상 가뭄의 피해를 입고 있었을 것으로 보인다. 고려시대에도 가뭄이 잦아 기우제를 올리곤 했다. 기우제에는 국왕 이하 신하들이 근신하고, 천지, 산천, 종묘, 부처, 용신에게 제를 올렸다. 비를 바라는 불사 법회(佛事法會)도 열고, 도교 방식으로 산천성신(山川星辰)에게 초제(醮祭)를[13] 지냈다. 그중 잦은 것이 무당을 모아 비를 비는[聚巫禱雨] 방식인데 많을 때는 3백 명의 무당을 모아 6일간이나 제를 올렸고, 용을 만들어 비가 내리기를 빌기도 하였다.[14]

옛 분들은 '비가 내린다.'고 말하지 않고, '비가 오신다.'고 하였다. 얼마나 바라던 단비였으면 비가 오신다고 높여 말했을까? 농사철에 가뭄이 들면 이는 농가만의 문제가 아니라 나라 전체의 문제였다. 가뭄이라는 기상재해에 대해 왕들은 근신하며 '비가 오시기'만을 기원했다. 비와 바람이 순조로워야[雨風順調] 풍년이 들

---

12 『魏志』 卷30 「夫餘傳」.
13 초제(醮祭)_ 부속 신앙이나 도교에서 별을 향하여 지내는 제사.
14 기상청, 『근대기상 100년사』, 기상청, 2004.

고 나라가 평안했기 때문이다.

　조선시대에 나라에 변고가 있을 때면 임금은 식사할 때 음식 가짓수를 줄였다[減膳]. 또 나라에 재앙이 들었을 때 임금이 근신하기 위하여 고기반찬을 먹지 않았고[撤膳], 또 술을 삼갔다[撤酒]. 자연재해에 대해 임금으로서 자책하고 몸소 근신하는 뜻을 보이기 위함이었다. 이러한 감선, 철선, 철주를 하는 정도는 왕에 따라 달랐다. 적극적으로 근신하는 왕도 있었지만, 형식적으로 하기도 하고, 신하들이 말리기를 기다려 슬그머니 그만 두기도 하였다. 또 한발이 심하면 시장을 옮기기도 하였고[撤市], 죄수를 석방해서 하늘의 감응을 바라기도 하였다.

　조선 초기에 재해를 당하여 가장 걱정하고 근신하였던 임금은 3대왕 태종(太宗, 1367~1422, 재위 1400~1418)이었다. 태종은 재위하는 동안 9차례 철선을 했으며, 감선은 15차례, 철주는 9차례나 한다.[15] 태종이 금주를 한 모습은 태종 신사년(1401)에 "오랜 가뭄이 들자, 말하기를 '비록 술을 금하는 영을 내려도 술 마시는 자가 그치지 않는다. 이는 내가 술을 끊지 않기 때문이다.'라며 명하여 술을 올리지 말도록 하니 백성들 중에 감히 술을 마시는 자가 없었다."는 기록에서도 찾아 볼 수 있다.[16]

　태종도 가뭄이 들면 기우제를 지냈다. 태종 이전의 왕인 태조는 기우제를 3회 올렸으며, 정종은 기우제를 지낸 기록이 없다.

15　함규진, 『왕의 밥상』, 21세기북스, 2010.
16　『書雲觀志』, 「故事」.

태종은 재위 18년 동안에 모두 28회의 기우제를 지냈다. 장소는 종묘, 사직, 명산대천, 소격서(昭格署),[17] 절 등 효험을 바랄만한 곳이었다. 기우제의 주관자는 왕이 파견한 관리였지만 제사에는 혹간 승려, 무당까지 동원되기도 한다. 또 왕이 직접 기우제를 지내는 제관이 되기도 했다.

기우제는 주로 제물을 올리고 향을 피우는 제문을 읽는 제사 방식이었지만, 가뭄이 심할 경우에는 특이한 방법도 동원되었다. 태종 13년(1413) 7월에는[18] '사내아이[童男] 수십 명을 모아 상림원(上林園)에서[19] 도마뱀으로 기우제를 지냈다.'는 실록기사가 있다. 이는 '석척기우제(蜥蜴祈雨祭)'라[20] 하며 도마뱀[蜥蜴]을 병 속

---

17 소격서(昭格署)_ 조선시대에 도교(道敎)의 보존과 도교 의식(儀式)을 위하여 설치한 예조(禮曹)의 속아문(屬衙門)이다. 도교의 일월성신(日月星辰)을 구상화한 상청(上淸)·태청(太淸)·옥청(玉淸) 등을 위하여 삼청동(三淸洞)에 성제단(星祭壇)을 설치하고 초제(醮祭) 지내는 일을 맡아보았고, 하늘과 별자리, 산천에 복을 빌고 병을 고치게 하며 비를 내리게 기원하는 국가의 제사를 맡았는데, 1466년(세조 12) 관제개편 때 소격서로 개칭하였다.

18 실록을 비롯, 조선시대 국고문헌 기록의 월일(月日)은 음력을 그대로 적었다.

19 상림원(上林園)_ 조선시대에 궁중 정원의 꽃과 과실나무에 관한 일을 맡아보던 관아. 태조 3년(1394)에 동산색을 고친 것으로 세조 12년(1466)에 장원서로 고쳤다.

20 국어사전에 석척은 '도마뱀'을 말하며, '도롱뇽'의 잘못된 말이라 하니, 글자로는 '도마뱀 기우제'가 맞다. 그런데 중국 기록인 사문유취(事文類聚)에, "희령(熙寧) 연간에 경사(京師)가 몹시 가물었다. 그래서 옛 법을 조사하여 동네 사람들로 하여금 독에 물을 담고 버들가지를 꺾어 꽂은 다음 석척(蜥蜴)을 띄워 놓게 하고 소아(小兒)들에게 '도마뱀아, 도마뱀아, 구름을 일으키고 안개를 뿜어내라. 비가 촥촥 쏟아지면 너희들을 보내주마.'라고 외치게 하였다. 그러나 당시 모두 도마뱀을 잡아서 할 수는 없었기 때문에 대신 갈호(蝎虎)를 잡아서 물에 넣었는데 즉시 죽었다. 다시 소아를 시켜 '원통하고 원통하구나. 나의 갈호여, 이와 같이 어리석어서야 어떻게 단비를 얻을 수 있겠는가?'라고 외치

에 잡아넣고 지내는데, 도마뱀의 모습이 용(龍)과 비슷하기 때문에 용의 응험을 빌기 위한 것이었다. 푸른 옷을 입은 동자들이 도마뱀을 넣은 항아리를 돌며 버들가지로 두드리며 구름을 일으키고 비를 내려 주기를 기원하는데, 동자들은 "도마뱀아, 구름이 일게 하고 비가 내리게 하라. 그러면 너를 놓아주겠다."고 외쳤다.

또 용의 그림을 그려 놓고 간략한 의식을 갖추고 제문(祭文)을 지어 비를 빌고 제사가 끝나면 그림을 물속에 던져 넣었다[畫龍祈雨]. 호랑이 모양으로 만든 인형을 물에 던져 넣기도 하였다. 용을 비가 내리게 하는 것을 담당하는 신이라 여겼기에 용이 살고 있음직한 강이나 못에 호랑이를 잡아넣으면 용과 호랑이가 싸우는[龍虎相搏] 과정에서 구름과 비가 일어나고 비가 내리게 될 것이라 생각했기 때문이다.

옛 글에 '원래 구름이란 용을 따르고, 바람이란 범을 좇는 법'이라는 구절이 있다. 구름이 일고 바람이 불면 비가 내리게 되는 것을 알고 있는 옛 분들이 기우를 위해 생각해 낸 아이디어가 '호랑이를 물에 넣는' 주술적인 행위로 나타난 것이다. 나무로 호랑이 머리 모양을 만들어 한강에 넣는 '침호두(沈虎頭)'도 비슷한 기우제 방식이었다. 용산강(龍山江)에[21] 호랑이 머리를 넣으면 한강

게 했다." 한다. 글에서 갈호(蝎虎)는 '도마뱀붙이'를 말하는 것으로, 갈호를 물에 넣었더니 죽었다고 한다. 도마뱀은 파충류이고, 도롱뇽은 양서류이다. 기우제를 지내는 항아리에 물이 있었다면 도마뱀 종류는 그 안에서 견지지 못할 것이다. 도롱뇽도 육상에서 생활하지만, 알은 물속에 낳고, 수중에서 먹이를 잡기도 한다. 물속이라면 도롱뇽이 더 어울린다.

21 용산강(龍山江)_ 용산구 원효로4가의 한강 일대를 일컫는 이름으로 용호(龍湖) 혹은

에 사는 용이 호랑이와 서로 싸워 구름과 비를 일으킨다고 보았던 것이다.

기우제를 올릴 때 제문은 제사를 지내는 장소에 따라 달리 지었으며, 기우 대상에게 비를 구하는 절절한 문구가 적혀 있다. 가뭄이 심하고 기우제를 자주 올림에 따라 기우제문은 많이 남아 있다. 그중 박연의[22] 화룡(畵龍)에게[23] 고하는 기우제문을 우선 살펴본다.

〈박연(朴淵)의 화룡에게 고하는 기우제문〉[24]

가뭄 재해가 매우 극심함이, 오늘에까지 이르러,

곡식이 장차 다 없어지게 되어, 이 백성들이 가엾기만 한데,

죄를 얻은 이유 알지 못하여, 위태하고 두려운 심정 실로 깊습니다.

바라건대 신령께서는, 고요히 못 속에 잠겨서,

능히 구름을 일으키고 비를 내려서, 넓은 천하를 적셔 주소서.

이에 거듭 신을 번거롭게 하오니,

제사를 드림이 더욱 경건하나이다.

용산진(龍山津)이라고도 하였다. 원효대교가 놓여 있는 곳이다.
22 박연_ 개성에 있는 박연폭포의 소.
23 화룡(畵龍)_ 본래 나라의 기우제에는 본래 토룡(土龍)을 만들었고, 민간에서는 토룡 용 그림(畵龍)으로 대신하였다. 화룡은 토룡의 약식인 것이며, 용과 같은 의미로도 쓰였다.
24 〈朴淵畵龍祈雨祭文〉, 卞季良(1369~1430), 『春亭集』卷之十一.
旱之太甚, 乃至于今, 嘉穀將盡, 哀此蒼黔.
未知獲戾, 危懼實深, 惟神之靈, 閟其在淵.
能雲以雨, 澤于普天, 玆勤再禱, 修祀益虔.
于山之秀, 于水之濱, 爲壇以絜, 象而敬之.
庶神昭格, 興雨祁祁, 惟人有食, 神亦有依.

2장. 측우기의 전야 35

산이 높은 곳과 물의 가장자리에,

등급에 따라 제단을 쌓아 공경히 받드오니,

신명께서는 밝게 이르시어, 비를 성대하게 내려주소서.

사람이 먹을 것이 있어야, 신도 역시 의지함이 있으리이다.

　　변계량(卞季良, 1369~1430)의 『춘정집』에 실려 있는 기우제문이다. 마지막 구절이 의미심장하다. 농작물이 풍성하게 나야 사람이 먹고 살고, 또 사람이 잘 살아야 신도 제대로 모실 것이라는 것이다. 가뭄을 당해 신에게 애원하고 노여움을 풀어 달라는 애절한 호소이자 은근한 압력이다.

　　다음 기우제문은 정조대왕의 문집인 『홍재전서』에 있는 기우제문으로 한강에서 기우제를 올릴 때 쓴 것이다.

〈한강(漢江)에 고하는 기우제문〉[25]

한강은 나라의 젖줄로서, 수많은 내가 모여드는 곳이니.

마른 곳을 적셔 윤택하게 하니, 실로 물의 지극한 공을 주관하네.

오직 이 극심한 가뭄이, 우리의 전답에 물을 마르게 했으니,

허물이 비록 사람에게 있으나, 또한 신의 부끄러움이 된다네.

---

25 〈祈雨祭文中漢江〉, 正祖, 『弘齋全書』卷十九, 「祭文」.
　　漢爲國紀, 百川攸宗. 滋枯沃渴, 寔主玄功.
　　惟此亢旱, 涸我田疇. 咎雖在人, 亦作神羞.
　　登場之麥, 不救春飢. 若又無秋, 民且靡遺.
　　我心如熏, 幣牲亟走. 及玆滂沱, 惟恃冥祐.

밭에 있는 보리만 가지고는, 봄철의 기근을 구할 수 없는데,
만약 또 가을 결실이 없다면, 백성은 장차 살아남음이 없으리다.
나의 마음 타는 듯 절박하여, 폐백과 희생을 갖추어 급히 달리니,
이제 흥건히 비를 내리시어, 묵묵히 도와주실 것으로 믿나이다.

한강의 용신에게 비를 구하는 제문이다. 밭에 심는 보리농사가 잘 되고, 또 논농사로 짓는 벼가 잘 되어야만 가을걷이가 풍성하여 백성이 살아남으니, 부디 비를 내려 라는 것이다.

여러 가지 기우 방법이 있었으나, 실은 그 방법은 모두 법도로 정해져 있는 것으로 『서운관지』에는[26] 나라에서 치르는 기우제 방법이 기록되어 있다.

"기우제는 처음에는 삼각산, 목멱산(木覓山, 남산)과 한강에서 지낸다. 두 번째는 용산강과 저자도(楮子島)에서[27] 지낸다. 세 번째는 풍운뇌우산천단(風雲雷雨山川壇)과[28] 우사단(雩祀壇)에서[29] 지낸다.

---

26 『서운관지(書雲觀志)』_ 조선 영조~정조 때의 천문학자 성주덕(成周悳)이 짓고 순조 18년인 1818년에 간행되었다. 한국의 천문 기상학을 연구하는데 귀한 자료로 규장각에 보관되어 있다.
27 저자도(楮子島)_ 금호동과 옥수동 남쪽 한강 가운데에 있었던 모래섬으로 조선 초기부터 왕실 소유였다. 옛날에 닥나무[楮]가 많아 그 이름이 유래되었다. 1970년대에 압구정동 일대에 고층아파트를 짓는데 이 섬의 흙을 파다 써서 섬은 사라지고 말았다.
28 풍운뇌우산천단(風雲雷雨山川壇)_ 바람, 구름, 번개, 비의 신과 산천신, 성황신을 함께 봉안한 단(壇)으로 도성 남쪽에 있었다.
29 우사단(雩祀壇)_ 기우제를 지내던 단으로 동대문 밖에 있었다.

네 번째는 사직단(社稷壇)과[30] 북쪽 교외에서 지낸다. 다섯 번째는 종묘에서 지낸다. 여섯 번째는 호랑이 머리를 강에 집어넣는다[沈虎頭]. 일곱 번째는 용산강과 저자도에서 지낸다. 여덟 번째는 풍운뇌우산천단과 우사단에서 지낸다. 아홉 번째는 북쪽 교외에서 지내고 모화관(慕華館)의[31] 못 가에서는 석척기우[蜥蜴童子]를 한다. 열 번째는 사직단에서 지내고, 경회루 못 가에서는 석척기우를 한다. 열한 번째는 종묘에서 지내고, 춘당대(春塘臺)[32] 못 가에서는 석척기우를 한다. 도성의 남문을 닫고 저자[市]를 옮긴다. 열두 번째는 오방토룡제(五方土龍祭)를 지낸다."

『서운관지』에는 기우제를 1차, 2차로 나누어 기록하고 있다. 가뭄이 심해 기우제를 올려도 비가 오지 않으면 차례차례 기우제를 더 강하게 지냈던 것이다. 12번째의 오방토룡제(五方土龍祭)는 '흙으로 용을 만들어 동서남북과 가운데의 다섯 방위의 길에 두고 채찍질하는' 것이다.[33] 아무리 애원해도 감응이 없으니 공갈 협

---

30 사직단(社稷壇)_ 임금이 백성을 위하여 토신(土神)인 사(社)와 곡신(穀神)인 직(稷)에게 제사를 지내던 제단. 현재 사직 공원으로 남아 있는 서울 사직단은 조선시대에 태조가 종묘와 함께 지은 것이다.
31 모화관(慕華館)_ 조선시대 중국 사신을 영접한 곳으로 1407년에 서대문 밖에 모화루(慕華樓)를 건립하였고, 세종 11년(1429)에 규모를 확장하고 모화관이라 고쳤다.
32 춘당대(春塘臺)_ 창경궁 안에 있는 대(臺)로 옛날에 과거를 실시하던 곳이다.
33 고대의 용 개념은 이중성을 지녀서 신성의 대상으로 받들면서도, 성지(聖智)를 지닌 사람은 용을 제압할 수도 있다고 생각했다.(김현룡, 『한국문헌설화』7, 건대출판부, 2000.) 용은 주역에서도 언급될 만큼 매우 오래 전부터 비와 관련이 있는 존재로 받아들여졌다 [雲從龍, 風從虎]. 우리나라에서도 신라 진평왕 50년 여름에 큰 가뭄이 들어 시장을 옮

박까지 동원된 것이다. 그러나 『서운관지』에는 열두 번째의 기우제에서 '토룡을 채찍질하는 것은 없앴다.'고 적고 있다. 용신에게 너무 심하다고 느꼈던 것일까. 영조 29년 실록에 "대저 토룡제(土龍祭)는 기우제에 있어 극진한 것이지만 편룡(鞭龍)하는 데 이르러서는 무례하고 방자스럽기 그지없으니, 이 뒤로는 일체 하지 말라."는 유시가 있었기 때문이었다.[34]

기우제는 나라의 큰 행사여서 제사를 주관하는 헌관(獻官)은[35] 2품직의 고위직이었다. 헌관 외에 행사의 집사관으로 전사관(典祀主簿), 대축(大祝), 축사(祝史), 재랑(齋郞)·알자(謁者), 찬자(贊者), 감찰(監察) 등 여러 관리가 참석하였고, 비가 온 다음 지내는 보사(報祀)도 이와 같았다. 기우제(祈雨祭)에는 제물로 돼지 한 마리를 썼고, 기우제를 지내고 나서 단비가 내리면 3일 안에 수퇘지를 잡아 하늘[天神]의 은혜에 감사드리는 제사를 지냈으며 이를 보사제(報

기고 용을 그려 비를 빌었다는 기록이 남아 있다.(『삼국사기』) 특히 조선시대에 흙으로 만든 토룡은 태종 때부터 기록이 있다. 태종 16년에 토룡을 흥인문 밖 3리에 만들고 남서북중의 토룡도 이에 준하여 만들었다는 기록이 있다.(『태종실록』, 태종 16년, 1416년 5월 23일.) 이 당시 만들어진 토룡은 길이가 88장이었다고 한다. 오늘날 미터법으로 환산하면 무려 158미터에 달한다. 1930년대 무라야마의 조사에 의하면 당시 경상도 선산에 있는 기우를 위한 토룡은 지름 45~60cm, 길이 9~12m이었고, 황해도 신천의 것은 지름 120cm, 길이 21m이였으며 매우 정교하게 만들어져 있었다 한다.(村山智順,『釋尊·祈雨·安宅』, 朝鮮總督府, 1938.) 기우를 위한 토룡이 100m를 넘었다 하는 것은 믿기 어려우나 상당히 컸던 것은 사실이었다.

34 『영조실록』, 영조 29년, 1753년 5월 15일.
35 헌관(獻官)_ 나라에서 제사(祭祀)를 지낼 때에 임시로 시켜서 보내던 제관(祭官).

祀祭)라 했다.³⁶

기우제를 지낸 다음 기도의 감응이 있어 단비가 내리면 제사에 참여한 신하에게 푸짐한 상을 내리기도 하였다. 정조 임금 때의 실록 기사이다. 기사 제목은 '비가 내리자 기우제의 헌관 이하에게 상을 내리다.'이다.³⁷

"기우제(祈雨祭)의 헌관 이하에게 차등 있게 상을 내렸다. 이때 희우(喜雨)가 밤새도록 내렸는데, 관상감에서 아뢰기를, '측우기(測雨器)의 수심(水深)이 1치 4푼입니다.' 하니, 하교하기를, '고사(故事)에 3일 안에 비가 내려도 오히려 상전(賞典)이 있었는데, 더구나 당일에 비가 내렸는데이겠는가?' 하고, 이어 시상하라고 명하였다."

기우제를 지내고 나서 효험이 있으면 기우제를 주관한 관리가 상을 받았던 것이다. 그러나 제관을 맡은 헌관 입장에서 왕명에 따라 기우제를 주관하기는 하지만 그 결과는 역시 하늘에 달린 일이었다. 애써 기우제를 지냈는데 비 소식은 없이 가뭄이 계속되면 제관 입장도 난감했을 것이다.

그런데 기우제도 제관에 따라 약발이 달랐나보다. 태종 때

---

36 기우제와 보사제는 『세종오례의(世宗五禮儀)』에 실려 있다. 『세종오례의』는 『국조오례의(國朝五禮儀)』라고도 하며 조선시대 오례의 예법과 절차에 관하여 기록한 책으로 세종 때 시작되어 성종 5년(1474) 신숙주 등에 의해 완성되었다. 길례(吉禮), 가례(嘉禮), 빈례(賓禮), 군례(軍禮), 흉례(凶禮)에 합당한 의식(儀式)을 정리해 놓은 것이다.
37 『정조실록』, 정조 6년, 1782년 5월 12일.

조선의 개국공신이며 무장 출신인 김승주(金承霍)는 본래 이름이 김을보(金乙寶)였는데, 가뭄이 들 때 왕명을 받아 자주 기우제를 주관했고, 그 때마다 비가 내렸다. 태종은 그에게 '때맞추어 오는 비를 받든다'는 뜻으로 승주(承霍)라는 이름을 하사하였다 한다. 주(霍)자는 '장마 혹은 때맞추어 오는 비'란 의미가 있다. 이유원(李裕元, 1814~1888)이 지은 『임하필기』에 있는 일화이다.[38]

기우제를 가장 열심히 지내고, 가뭄을 해소할 기쁜 단비에 대한 갈망이 가장 강했던 조선 임금 중 한 분이 태종이다. 태종은 죽음의 자리에서도 가뭄을 해갈할 단비를 기원하였다.[39]

"5월 10일은 태종(太宗)의 기일이다. 태종이 만년에 노쇠하여 앞날이 얼마 남지 않았을 무렵에 날씨가 오래 가물어서 내외의 거의 모든 산천에 두루 기우제를 올릴 정도였다. 상이 이를 근심하여 이르기를, '날씨가 이와 같이 가무니 백성들이 장차 어떻게 산단 말인가. 내가 마땅히 하늘에 올라가서 이를 고하여 즉시 단비를 내리게 하겠다.' 하였는데, 과연 이튿날 상이 승하하고 이어서 경기 일원에 큰비가 와서 마침내 풍년이 들었다. 이후로 매년 이날에 비가 오지 않은 적이 없었으므로 사람들이 이를 일러 태종우(太宗雨)라고 하였다."

조선 중기의 문신 정경세(鄭經世, 1563~1633)가 지은 시에도 태

---

[38] 『林下筆記』「文獻指掌編」.
[39] 『林下筆記』「文獻指掌編」.

종우가 묘사되어 있다.[40] 시 제목이 길어 '금년에는 봄부터 비가 오지 않고 하지가 되어도 가뭄이 극심했다. 5월 10일 단비가 새벽부터 밤까지 내렸다. 이 비가 나라의 민간에서 말하는 태종우(太宗雨)이다.'이다. 시에는 '세상을 떠나셔도 오히려 그 은택 지금도 전해지니, 그 말씀 빈말이 아님에 탄식하노라. 해마다 그날이면 비가 내리니, 방울방울 성스런 임금님의 은혜로구나.'라는 구절이 있다.[41]

태종우(太宗雨)는 단순한 민간설화가 아니라 『서운관지』에도 기록되어 있다. 참으로 나라를 걱정하고, 백성을 걱정하던 임금이었다. '그러나 2백 년이 지나 선조 신묘년(1591)에 이르러 난 후 처음으로 이날이 되었는데도 비가 내리지 않게 되자 아는 사람들은 이를 몰래 걱정하였다'는 뒷이야기도 있다.[42]

태종은 항상 농사 형편을 살피고 백성을 걱정하였다. 이와 관련된 설화에서 메뚜기가 한 바탕 난리를 쳐서 온통 기근이 들었었는데, 태종이 들에 나가 그 끔찍한 참상을 보고는 한탄하며 메뚜기를 잡아 꿀꺽 삼키며 이리 말했다 한다.

"이놈의 메뚜기 놈들! 차라리 내 창자를 갉아먹어라!"

하지만 이 설화는 실록을 비롯한 국고문헌에 태종의 행장으로 기록된 것이 없다. 다만 고종이 중국의 『통감(通鑑)』을[43] 강독

---

40 『愚伏集』卷之二.
41 沒世猶流澤, 於戱不可諼. 年年是日雨, 點點聖王恩.
42 『書雲觀志』「故事」.
43 『통감(通鑑)』_ 『자치통감(資治通鑑)』의 약칭으로 중국 북송(北宋)의 사마광(司馬光)이 저술한 편년체 역사서. 책 제목은 정치에 도움을 주고 역대의 위정자에게서 귀감을 삼는

받으면서 신하와 주고받은 승정원일기 내용에서,[44] "태종이 메뚜기를 삼킨 것이 백성을 사랑하는 정성스러운 마음에서 나왔기 때문에 하늘이 감응하여 메뚜기 떼가 재앙이 되지 않았던 것입니다." 하자, 상이 이르기를, "태종이 메뚜기를 삼킨 것이 백성을 사랑하는 마음에서 나온 것이 아니었다면 어찌 하늘을 감동시킬 수 있었겠는가." 하였다.[45] 통감에서 메뚜기를 삼킨 사람은 중국 당나라 태종인데, 왕의 이름이 같다보니 우리 설화에 뒤섞여진 것이다. 허나 우리나라 태종도 그런 경우를 당한다면 능히 메뚜기를 삼킬만한 분이었다.

오랜 가뭄 끝에 고대하던 단비가 내리면 얼마가 반가울까. 측우기 역시 농사철에 단비를 기다리며 바라는 마음에서 창안된 것이다. 벼농사에서 모내기철인 음력 5월 초순 기다리던 단비를 맞이하는 마음을 그린 시 한 편을 살펴본다. 시에서도 모내기철의 비[移秧雨]를 태종우(太宗雨)라 부르고 있다.

〈가뭄 끝에 반가운 비〉[46]

다는 뜻임.
44 승정원일기_ 조선시대에 왕명(王命)의 출납(出納)을 관장하던 승정원에서 매일 취급한 문서(文書)와 사건을 기록한 일기.
45 『고종실록』, 고종 16년, 1879년 5월 24일.
46 〈喜雨〉, 李荇(1478~1534), 『容齋集』卷之五.
南方五月旱, 農事恐失辰, 久望太宗雨, 霑濡不盡塵.
夜來月離畢, 黑雲如奔輪, 侵曉屋瓦響, 需然甘澤均.
湛湛陂水滿, 萬物一以新, 百姓庶有恃, 乃知天心仁.

남쪽 지방 오월에 가뭄이 드니,
농사지을 때를 놓칠까 걱정일세.
태종우를 갈망한 지도 오래건만,
빗줄기 약해 티끌도 못 적시누나.
밤이 되어 달이 필성에 걸리더니,[47]
검은 구름 수레처럼 치달린다.
새벽녘에 지붕의 기왓장을 울리며,
단비가 기운차게 은혜를 내리더라.
보에는 물이 그득그득 고이고,
만물은 한결같이 새 기운을 차렸구나.
백성들 마음이 든든하게 되었으니,
천심이 어진 줄을 이제야 알았도다.

   나라에서 왕을 중심으로 기우제를 올리고 있을 때 농촌의 사정은 어떠했는가. 가뭄이 들어 비를 바라는 마음은 농민들이 애타고 더 다급했을 것이다. 농촌에서는 하지(夏至)가 지나도록 비가 오지 않을 때는 마을에서 공동으로 기우제를 지냈다.
   예로부터 전해 내려오는 우리나라의 민속 기우제는 종류가 매우 다양해서 100종이 훨씬 넘는 것으로 민속학자들은 파악하고 있으며 일부 방법은 최근까지 행해지고 있다. 그 방법은 크게

---

[47] 달이 필성(畢星)에 걸린다는 것은 비가 올 조짐이다. 시경 소아(小雅) 삼삼지석(漸漸之石)에, "달이 필성에 걸렸으니, 비가 주룩주룩 내리리로다[月離于畢, 俾滂沱矣]."라 하였다.

대여섯 가지로 구분되며 산상 분화(山上焚火), 묘파기, 디딜방아 훔치기, 물병 거꾸로 매달기 등이 주요한 제사 방법이었다.

우선 '산상 분화'는 산꼭대기에서 건초나 장작더미 등에 불을 지르는 것이다. 불이라는 양기가 비라는 음기를 부르는 주술적 행위이다. 현대 과학적으로도 전혀 근거가 없는 것은 아니다. 공기가 더워지면 그 속의 수증기가 하늘로 올라가 물방울이 되어 비가 내리는 이치로 해석된다. '묘파기'는 명당에 산소를 잘못 써서 산신이 노해 가뭄이 들었다고 본 것이다. 이때는 몰래 쓴 동티를 낸 무덤을 찾아 묘를 파고, 뼈를 산야에 흩어놓는다. 동티를 낸 무덤을 못 찾을 경우 주인이 없는 무덤[古冢]이 애꿎게 피해를 입기도 했다.

'디딜방아 훔치기'는 다른 마을에서 디딜방아를 훔쳐와 길거리에 거꾸로 세워서 묻는 것이다. 그리고는 여인네의 월경 서답(생리대)이나 속곳을 걸어 놓는다. 이때 서답은 과부의 것이 더 효과적이었다 한다. 방아질이라는 행위 자체가 성적인 행위를 은유하고 있는데다 디딜방아는 Y자 형으로 갈래진 것이다. 일종의 액막이 방법이면서도 성적 유감주술(性的 類憾呪術) 행위인 것이다. 방아다리에 생식을 상징하는 여인의 은밀한 물건을 걸어놓는 것은 음양이 결합했음을 의미한다. 이쯤 되면 하늘도 놀라 비를 내려줄 것이다.

이 외에 여자들이 키로 물을 퍼서 머리에 이고 다니는 것도 기우제의 한 방법이었다. 딸을 많이 낳은 여성이 특히 선호됐는데 음기가 강한 여자가 비를 흠뻑 맞은 형태를 재현함으로써 비를

[그림 3] 근대 기우제의 한 모습

부르는 유감주술이다. [그림 3]은 1977년 경북 성주군의 한 마을에서 여인들이 물이 말라버린 개천에 모여 키를 까부르며 기우제를 지내는 장면이다. 조선시대의 민간의 기우제 모습도 이와 같았을 것이다. 여인의 음기(淫氣)를 하늘로 날려 보내 비를 기원하는 것이다.

물병을 처마 끝에 거꾸로 매달아놓는 것도 비가 내리는 형상을 함으로서 비를 바라는 유감주술의 한 방법이었다. 그런가 하면 신을 노엽게 해서 비를 부르는 방법도 있었다. 용소(龍沼)니 용연(龍淵)이니 하는 곳에서 개를 잡아 그 피나 머리를 못에 던져 넣으면 용이 그 부정을 씻어내기 위해 비를 내린다는 것이다.

워낙 농사에 제 때 내리는 비가 소중하다보니 기우제에 관한 이야기가 길었다. 그런데 다른 기상현상에 대한 제사는 없었을까?

예전에는 기우제(祈雨祭) 외에도 기청제(祈晴祭), 기한제(祈寒祭),[48] 기설제(祈雪祭)도 지냈다. 고대하던 장마가 져서 단비가 내리면 반갑고 고맙지만, 장마가 너무 길어지고 비가 너무 많이 와도 걱정이었다. 조선시대에는 장마가 너무 길어지게 되면 비가 개기를 비는 나라의 제사가 있었다. 대개 서울의 4대문에서 행하였고, 기청제(祈晴祭) 혹은 영제(禜祭)라고 했다. 입추 뒤까지 장 가 질 때에 날이 들기를 비는 제사였다. 기청제문 하나의 내용을 살펴본다.

〈종묘에 올리는 기청제문〉[49]
"소자(小子)가 왕이 된 뒤로 그 덕에 걸맞지 못한 관계로 하늘과 사직의 귀여움을 받지 못한 나머지 재해가 거듭 이르고 기근이 잇따라 발생하게 되었는데, 지난해에 이르러서는 그 정도가 극에 달하게 되었습니다.

불쌍한 우리 백성들이 위태로운 구렁텅이에 떨어진 채 날마다 보리 익기만을 기다리며 잔명을 이어가고 있는데, 지금 장맛비가 그치지 않고 있는 지가 또한 열흘이나 되고 있습니다. 이리되어 보리 이삭

---

48 기한제(祈寒祭)_ 조선시대에 겨울에 추위지기를 바라던 제사로 기한제(祈寒祭), 동빙제(凍氷祭)라고도 한다. 겨울에 날씨가 너무 따듯하여 얼음이 얼지 않을 때와 얼음을 떠서 저장할 때[藏氷], 얼음 창고를 열 때[開氷] 추위를 관장하는 북방신인 사한신(司寒神)에게 제를 올렸다. 고려시대에도 사한제가 있었지만, 조선시대에는 사한서(司寒署)를 두고 빙실에 사한단을 지어 놓고 제를 지냈다. 사한제는 궁에서 여름에 더위를 식히는데 사용하는 얼음이 잘 얼도록 기원하는 제사였다. 추위지기를 기원하는 제사지만, 기한제와 동빙제는 바라는 바가 달랐다.
49 〈宗廟祈晴祭文〉, 張維(1587~1638), 『谿谷集』卷之九「祭文四十二首」.

이 모두 검게 썩어버리고 벼 모들도 온통 물에 잠긴 가운데 높은 곳이나 낮은 곳이나 재해를 입지 않은 땅이 하나도 없습니다. 농부들은 목 놓아 울면서 앞으로 수확할 가망은 전혀 없어지게 되었다고 한탄하고 있습니다.

만약 올해도 또 흉년이 든다면 생령들이 거의 죽게 되고 말 것입니다. 이렇게 된 것은 모두 소자가 변변치 못한 탓으로 신령의 노여움을 사 재앙을 불러일으킨 것인데, 정말 아무 죄도 없는 우리 백성들에게 어찌하여 차마 이렇게까지 하신단 말입니까.

하늘과 땅을 오르내리며 상제의 좌우에 계시는 영령들이시여, 우리 생령치고 그 누군들 하늘의 백성[赤子]이 아닌 사람이 있겠습니까. 원하옵건대 미천한 정성을 살펴 주시어 말없는 가운데 하늘의 뜻을 돌려주소서. 그리하여 즉각 궂은 장마[頑陰]를 걷어내어 태양이 뚜렷이 보이도록 해 주시어 만백성이 살아갈 수 있게 해 주신다면 그런 다행이 없겠습니다."

기청제의 날짜가 언제인지는 제문에 밝혀져 있지 않지만, 비가 너무 와서 보리이삭이 썩고, 모가 녹아버렸다니 양력 6월 중순경으로 보인다. 이때는 평상시 같으면 기우를 할 계절인데 이른 장마가 심하게 내린 모양이다. 보리농사와 벼농사를 동시에 망쳐버리게 되었으니 정말 큰일이다. 웬만해서는 기청제를 올릴 계절이 아닌데도 불구하고 기청제를 올리는 것으로 미루어 화급한 상황이었던 것 같다.

왕을 대신하여 기청제를 올리는 제문이다. 가뭄에 단비를 구하는 정성도 애절하지만, 이제 비가 너무 와서 밝은 해가 반짝 떠오르기를 바라는 정성도 구구절절 애처롭기만 하다. 참말로 비가 오지 않아도 걱정, 비가 너무 와도 걱정이었다.

기청제는 주로 입추(양력 8월 상순) 이후에 거행하였다. 봄과 여름에는 가뭄을 걱정하였지만 입추 후 벼가 여물 시기에 계속 비가 내리면 쌀 수확에 치명적이다. 입추 전에도 계속 비가 내리면 국가에서 기청제를 지냈지만 가뭄을 두려워하여 신중하게 거행하였고, 입추 이후엔 기우제 지내는 것을 꺼렸다. 기청제는 국가나 민간에 다양한 형태로 존재하는 기우제보다 단순하고 시행의 건수도 적었지만 농업을 기반으로 하였던 옛 사회의 모습을 잘 보여주는 세시의례이다.

겨울이 너무 따뜻하고, 눈이 적게 와도 이듬해 농사에 지장을 준다. 옛 왕은 '얼음이 얼지 않고, 눈이 오지 않는 것을 모두 재이(災異)'로 보았고 추위가 오기를 바라는 기한제(祈寒祭)와 눈이 내리기를 바라는 기설제(祈雪祭)도 지냈다. 기한제, 기설제를 지내는 이유는 농암 김창협의 기설제문에 잘 나와 있다.

〈사직단에 올리는 눈을 비는 제문〉[50]

---

[50] 〈祈雪祭文〉, 金昌協(1651~1708), 『農巖集』卷之二十九.
於赫明神, 有國所賴, 水旱禱祀, 輒徼嘉惠.
自予事神, 實多罪戾, 夙夜怵惕, 懼及顚沛.
惟玆冬燠, 憂在嗣歲, 霰雪極無, 蟊螣爲害.
嗟我來牟, 將受其敗, 民靡孑遺, 邦幾何賴.

아 밝은 신명이 나라 명맥 도와주니,
홍수와 가뭄 때면 기도하여 은택을 구한다네.
내가 신을 섬긴 뒤로 지은 죄 실로 많아,
밤낮으로 가슴 죄며 낭패 올까 두려웠네.
헌데 겨울 따뜻하여 내년 농사 걱정이니,
싸락눈도 아니 내려 벌레 피해 예견되네.
아, 우리 밀과 보리농사가 망쳐져서,
백성 하나 안 남으면 나라꼴이 어이될꼬.

    겨울이면 겨울답게 바싹 추워야 논밭에 있던 해충들이 얼어 죽어 봄에 농작물에 병해충 피해가 적다. 이상난동(異常暖冬)이고 눈이 적으면 이듬해 풍년을 기약하기 어렵다. 겨울에 눈이 펑펑 내려 수북하게 논밭에 덮여있어야 밀보리가 추위로부터 보호되고, 봄이면 쌓였던 눈이 녹아 논에 물이 넉넉히 고이게 되어 벼농사에도 좋다. 그래서 겨울이면 추워지기를, 눈이 펑펑 오기를 하늘에 기원하는 것이다.
    농사 제철에 비가 알맞게 오고, 장맛비가 대지를 적신 후 산듯하게 개고, 겨울이면 겨울답게 춥기도 하고, 눈이 펑펑 내려 대지에 수분을 풍성하게 머금게 해주면 얼마나 좋을까. 그러나 자연은 사람이 바라는 것과 같이 너그럽지만은 않았다. 자연 속에서 자연과 함께 인간이 살아가는 동안 자연재해를 극복하려는 노력도 있었지만, 약한 인간이기에 자연에 매달려 빌고, 애원하는 것이다.

3.
유월가뭄과 벼 이앙법의 확산

우리 민족은 벼농사의 장점을 기반으로 한반도라는 좁은 국토에서 많은 인구를 부양할 수 있었으며, 수도작을 중심으로 농경문화를 발전시켜 왔다. 따라서 조선시대에 왕들이 벼농사 작황을 걱정하고, 가뭄에 애타하는 것도 나라의 근본(國本)에 관한 중대 사항이었기 때문이었다.

한반도에서의 벼농사 방법은 우선 육도작(陸稻作)에서[51] 시작해서 수도작(水稻作)이 분화되었고, 수도작의 경작법도 직파(直播)로 시작해서 이앙법(移秧法)으로 발전하였다.[52] 이앙법은 고려 말기부터 우리 땅에 전파되어 오늘날의 수도작의 모습을 형성하게

---

51 육도(陸稻)_ 밭벼(upland rice), 산도(山稻)라고도 하며 물이 없이 밭 상태에서 잘 자라는 벼의 품종이다. 육도 품종에는 찰벼가 많다.
52 이춘영, 『이조농업기술사』, 한국연구원, 1964.

되었다.

　이러한 수도작의 발전 과정이 전국적으로 동일하게 진행된 것은 아니다. 산간이나 북부지역에서는 육도작으로 발전했으며, 수도작은 주로 남부의 평야지대 중심으로 발전했다. 또한 수도작이 불리한 평안도, 황해도 지역에서는 건도법(乾稻法)이 발전하였다. 건도법은 일종의 건답직파법(乾畓直播法)으로 관개가 불리한 지역에서 마른 논에 볍씨를 파종하여 밭벼처럼 재배하다가, 우기에 비가 많이 오면 담수해서 논벼로 재배하는 방법으로 세계 미작기술 중 한반도에서만 발전한 특이한 기술체계이다.

　벼농사가 발전하고 이앙법이 확산되었지만, 기상이라는 면에서 우리나라는 수도작에 꼭 적합한 지역은 아니었다. 그럼에도 불구하고 수도작이 발전하기 위해서는 수리시설의 설치 및 벼 재배 기술의 개발이 필요했다. 그리고 강우의 패턴을 이해하고 파악하기 위한 측우기술에 대한 노력도 필요했던 것이다.

　태조 즉위 4년(1395)부터 권농관을 군현까지 배치하여 매년 정례적으로 제언(堤堰)을 수축하게 하였고, 태종 14년에는 수리시설의 실태를 조사하는 한편 태종 15년(1415)에는 벽골제(碧骨堤)를[53] 수축하고 각도에 경작하기 좋은 논과 제방을 수축하였고, 경작이 가능한 곳을 조사하였다. 15세기에는 전체 농경지에서 논이 차지하는 비율은 20% 정도였으나 조선시대 내내 개간과 밭을 논

---

53 벽골제(碧骨堤)_ 전라북도 김제시 부량면 월승리에 있는 저수지 둑. 백제 11대 비류왕 27년(330)에 쌓은 것으로, 고려 17대 인종과 조선 3대 태종 때 수축(修築)하였으며, 지금은 둑 일부와 비석이 논 가운데 남아 있다. 사적 제111호.

으로 전환하는 지목전환[開畓, 反畓]이 일어나 19세기 말에는 논의 비중이 전체 경지의 36%였다.[54]

세종은 즉위 초부터 제언의 수축에 힘썼다. 세종 즉위 원년(1418)에는 제군에 제언장부(堤堰帳籍)를 만들게 하여 수리사업 관리를 제도화하였다. 세종23년(1441)에는 측우기를 개발하여 각 도에 비치하고 수표를 세웠는데 이것은 강우와 하천 유량을 파악해서 쌀 생산에 이용하려는 실천적 과학적 사고의 산물이었다.

중종 18년(1523) 『중종실록』에 의하면 총 제언 수는 2,200여 개소였고, 1910년경에는 2,869개소인 것으로[55] 파악되고 있다. 조선왕조 내내 수리시설의 확충에 힘썼다고 하지만 1900년대 초에 일본인이 수리상태를 조사하고 평가한 자료에는 수리가 안전한 논은 전체 면적의 약 20%에 불과하였다.[56] 논의 80%는 항상 적기에 비가 내리기만 기다려야 했던 수리불안전답이었던 것이다. 이처럼 수리가 불안하여 하늘에서 내리기만 기다리는 논을 천수답(天水畓), 봉천바지[奉天畓]라고[57] 하는 것이다.

조선조 세종 시기에 수리사업에 주력하고 강우량 계측에 관심을 크게 둔 것은 당시 수도작에 있어 커다란 기술전환이 일어

---

54 조선총독부 통계연보에 의하면 1909년 총경지 2,199천 정보 중 논 면적은 781천 정보로 경지의 36%였다.(이두순,「日帝下朝鮮における水稻品種の普及に關する經濟分析」, 京都大學校大學院 박사학위논문, 1992.)
55 朝鮮總督府農商工部 農林局 農務課編, 『朝鮮農務彙報』, 朝鮮總督府農商工部, 1912.
56 小早川九郎, 『朝鮮農業發達史』, 友邦協會, 1959.
57 봉천바지[奉天畓]_ 천수답과 같은 말로 물의 근원(根源)이 전혀 없이 비가 내려야 경작(耕作)하게 되는 메마른 논. 하늘바라기 혹은 천둥지기라고도 한다.

나고 있었기 때문이었다. 조선 초기의 벼농사는 이미 육도작에서 수도작으로 전환되어 수리문제가 농업의 현안 문제가 되어 있었다. 특히 세종 시기에 수리에 관심을 기울인 것은 당시의 논농사에 이앙법이 확산되었기 때문이었다.

이앙법에 대한 최초의 기록은 고려 공민왕 18년에 수차(水車)의 보급과 관련되어 "직파와 모내기를 같이 하는데 가뭄에 대비하지 않으면 종자까지 잃는 것이 아닌가."라는 기록이 있다.[58] 고려 말기의 수도작에는 직파[下種]와 이앙[揷種]이 같이 존재하고 있었으며, 순서로 보아 직파가 우선이었고 이앙재배가 소수였음을 알 수 있다.

이앙재배는 조선시대에 와서 급속히 확산되었다. 태종 14년(1414) 6월조에 왕은 "듣건대 경상도 백성들은 벼 모를 옮겨 심어[移種] 만약 한건(旱乾)을 당하면 농업을 전실(全失)한다고 하니 명년에는 일절 금하라."고 하명하였다.

세종 시대에 저술된 농서인『농사직설』에는 '벼를 뿌리는 법은 수경(향명 무삶이)이 있고, 건경(향명 건삶이) 또 삽종(향명 모종)이 있다.'고 기록되어 있다.[59] 여기에서 수경은 오늘날의 담수직파(湛水直播)이며, 건경은 건답직파(乾畓直播), 삽종은 이앙재배(移秧栽培)이다. 기술 순서대로라면 이앙법이 가장 소수였고 뒤늦게 보급된 농법이다.

---

58 又良得兼務於下種揷種, 則亦可以備旱, 不失穀種.(『高麗史』권79「食貨志」'農桑'條.)
59 稻種法, 有水耕鄉名水沙彌, 有乾耕鄉名乾沙彌, 又有揷種鄉名苗種.

세종 16년(1434) 4월 계유조(26일)에 예조판서 신상(申商)이 보고하기를 "지금 이앙[苗種]을 금하매 백성들 사이에 걱정하는 사람들이 있습니다. 묘종의 금지는 불가합니다."라 하니 임금이 말하기를, "게으른 농가의 편의를 도모하려는 것이 아니냐?"고 힐문한다. 신상이 답하되, "농사가 적은 자는 곧 묘종을 당연히 금해야 하지만 농사가 많은 자에게 묘종을 금하는 것은 불가합니다. 논이 많은 자는 김매기가 어렵기 때문에 만약 김을 맬 수 없다면 묘가 약해지고 잡초만이 무성하여 끝내 수확을 바랄 수 없게 됩니다. 고로 논이 많은 사람(田多者)은 필히 묘종을 바라는 것입니다."라 했다.

세종 17년(1435) 4월 16일에 경상도 고성에 사는 전 보령현감 정치(鄭蕾)의 이앙에 대한 해금(解禁) 상소에 따라 이앙법이 조정에서 재론되었다.

"본 고을의 토성(土性)이 차지고 견강(堅剛)하여, 갈고 심은 뒤에 만일 가뭄을 만나면, 뒤에 비록 비가 오더라도 흙덩어리가 굳고 단단하여 벼 싹이 자라지 못하고 잡초만 더욱 무성하니, 물이 있는 곳을 골라서 미리 묘종(苗種)을 길러서 4월을 기다려서 옮겨 심는 것이 그 유래가 이미 오랜데, 묘종을 금한 뒤로부터 전연 농사를 실패하니, 비옵건대, 민원(民願)에 따라서 묘종을 회복하게 하소서."

이앙법의 논의과정에서 "경상도와 강원도 인민의 묘종지법

(苗種之法)을 금했음이 「육전(六典)」에[60] 기재되어 있다."고 했다. 이앙법이 이미 오래 전에 도입되어 있음을 밝히고 있고, 수리가 불안전한 상황에서 실농이 될 수 있는 이앙법의 위험성을 지적하고 있다.[61] 그러나 같은 날짜 실록에 '묘종이라는 것은 종자를 논 한군데에 뿌려서 그 싹이 자라는 것을 기다려서 나누어 심는 것이니, 풀을 매는 데에 공력이 적게 들게 하려 함이다.'라며[62] 이앙법이 제초노력 절감에 효과가 있음은 인정하고 있었다.

경상감사로 하여금 현지를 조사하게 하였던 바 그 결과 보고는 현지의 '관리들과 인민들은 모두 묘종이 편리하다'고 말하더라는 것이다. 이에 따라 조정에서도 '소원에 따라 유수근처(有水根處, 수원이 있는 곳)에서는 묘종을 허가토록 하자.' 함에 세종도 허락하게 된 것이다.[63]

세종시대에 이앙법이 문제가 되었던 점은 이앙기에 용수가 부족할 경우 직파에 비해 흉작이 될 위험이 더 컸기 때문이었다. 세종시대에 편찬된 『농사직설』에는 '이앙은 비록 한발을 만나도 물이 마르지 않는 논을 택한다.'고 기술되어 있다.[64] 물이 닿지 않거나, 물이 적은 논에서 이앙시기를 기다리다가 비가 오지 않으

---

60 「육전(六典)」_「경제육전(經濟六典)」. 조선 개국초에 편찬, 반포된, 우리나라 최초의 법전. 태조(太祖) 6년(1397)에 정도전·조준 등이 고려 우왕(禑王) 때부터 당시까지 발표된 조례(條例)를 육전(六典)의 형식을 갖추어 만들었다.
61 其末已久, 自禁苗種, 全失農業.
62 苗種者, 播種於一田, 待其苗長而分藝之, 欲其鋤草功省也.
63 『세종실록』, 세종 17년, 1435년 4월 16일.
64 苗種法, 擇水田雖遇旱不乾處.

면 전연 이앙할 수 없어 수확이 전무하게 되지만, 애초부터 직파를 했을 때에는 한발이 들더라도 대략 3할 가량의 수확이 가능하다. 이러한 이앙법의 불안정성 때문에 나라에서는 최악의 사태를 막기 위하여 이앙을 금했던 것이다. 이앙법의 위험성 때문에 세종 시기에는 『경제육전』에 이앙에 대한 금지 조항을 두고 있었던 것이다. 그러나 물이 충분한 '관개처(灌漑處)'에서는 이앙을 금지할 하등의 이유가 없었다.

세종은 용수 조건이 좋은 지역에만 이앙을 허용했으나[65] 원칙적으로는 반대 입장이었다. 수리가 불안전한 지역에서 가뭄에 피해를 입을 위험성이 상존했기 때문이었다. 그러나 이앙이라는 집약재배에 따라 생산력은 증강되었고, 이에 수반한 농법의 발전을 초래하였다.

직파법에서 생기는 파종 직후(양력 4월)의[66] 냉해 피해의 발생과 제초 노동력 수요의 과다는 이앙재배의 증가를 초래하였다. 특히 집약 재배로 인한 이앙법의 증수 효과와 제초노동력 경감 가능성 때문에 국가의 금지에도 불구하고 이앙을 하는 논 면적은 증가하였다.

이앙재배가 확산되는 이유는 여러 가지이다. 이앙법은 직파와는 달리 소면적의 못자리[苗板]를[67] 별도로 만들어 벼 모를 키

---

65 宜從所願, 有水根處, 許今苗種.
66 현재의 못자리 파종 시기는 중부지방을 기준으로 4월 초이지만 보온 못자리의 개발로 냉해 피해를 받지 않고 있다. 비닐로 못자리를 보온하는 기술이 개발된 효과이다.
67 못자리[苗板]_ 못자리 면적은 논 3백 평에 대해 20평 이내였고, 집 가까이의 물이 잘 닿는

우기 때문에 집약적 관리로 인해 직파보다 어린 벼를 잘 관리해 튼튼히 키울 수 있고, 종자의 양도 적게 드는 이점이 있다. 또 모를 못자리에서 키웠다가 모를 내는 과정에서 곧은 뿌리[直根]가 일단 끊어진[斷根][68] 다음에 새 잔뿌리[細根]가 많이 나면 벼 뿌리의 활력이 커져서 벼 후기생육이 왕성해지게 되어 생산량의 증가를 기할 수 있기 때문이다.

무엇보다 이앙법의 큰 장점은 '제초 노동력이 절감되는[鋤草功省]' 것이다. 잡초는 토양의 영양분을 흡수하여 작물의 생장을 방해하고 병균과 벌레의 서식처와 번식처가 되며, 작물의 종자에 섞일 때는 작물의 품질을 저하시킨다. 그러기에 예전 농사일에서 잡초를 없애는 제초작업은 매우 중요한 작업인 것이다.

비료, 농약과 같은 현대적 투입물이 보급되기 이전에는 모든 농사에 투입되는 요소는 노동력이 제일 비중이 컸고, 제초 노동력은 농사에 투입하는 노동력 시간에서도 가장 비중이 컸다. 그러기에 화학제초제가 나오기 이전에는 '농사는 잡초와의 투쟁'이란 말이 있었을 정도이다.

밭농사의 경우 호미와 같은 도구로 인력으로 제초를 하면 한 번 하는데 3백 평에 3~4인 정도가 소요되고, 또 3~4회 제초를 해주어야 한다. 그러나 이앙을 하면 제초 노동력이 적게 든다. 논이

곳에 만들었다. 그만큼 관리가 편하고 노력이 적게 드는 데다 벼를 잘 키울 수 있었다.
68 대부분 작물을 옮겨 심으면 본래의 곧은 뿌리[直根]가 끊어지고, 새로 잔뿌리가 많이 나서 식물의 생육이 왕성해진다. 그러나 옮겨 심거나, 모종을 키워 심으려면 초기에 뿌리가 토양에 정착될 때까지 물과 양분이 충분해야 한다.

벼 수확이 끝나고 가을에서 이듬해 봄까지 밭 상태로 있는 동안 자란 육생잡초는 논에 물을 넣으면서 죽게 되고, 벼 모가 일정하게 큰 다음(40~50일 묘)에 이식하기 때문에 또 다시 물에 나는 풀이 생기더라도 벼가 잡초와 경쟁해서 이길 수 있다.

기술적인 관점에서 볼 때 벼가 직파일 때에는 벼 묘와 잡초의 뿌리가 함께 얽히어 김매기가 매우 어렵지만 이앙을 하면 잡초가 번성하기 전에 묘가 먼저 활착해서 자라 있기 때문에 제초 작업이 용이하고 제초 노동력도 대폭 절약된다. 이익(李瀷, 1681~1763)은 『성호사설』「본정편」에서 '제초작업에 있어서 이앙 때의 노력은 직파에 비하여 5분의 4가 절약된다.'고 언급하고 있다.

1950년대 중반까지 벼농사에서는 3번 정도의 김매기 제초 작업을 했다. 초벌매기에서는 논 3백 평에 한두 사람이면 족했고, 또 두벌, 세벌에서는 더욱 노동력이 적게 들었다. 세벌매기에서는 논을 '훔친다'고 표현할 만큼 노동력이 적게 들었다. 잡초 제거보다는 오히려 벼 뿌리의 활력을 높이기 위해 호미로 벼 뿌리 근처를 긁어주는 정도였다. 이른바 중경제초(中耕除草)라[69] 부르는 작업이다. 세벌매기에서 제초작업을 하는 사람들은 서로 경쟁하듯 잡초를 움켜잡고 논흙을 밀며 무논에서 앞 다투어 뛰어 다녔으며, 제초작업을 마치고는 '농자천하지대본(農者天下之大本)'이란 농기를 앞세우고 풍악을 울리면서 격양가를 불렀던 것이다.

요즘 농지 면적이 많은 나라에서 벼농사를 대규모로 할 경우

---

[69] 중경제초(cultivation, 中耕除草)_ 김매기라고도 하며 중경과 제초를 겸한 작업이다.

에는 직파재배를 하고 있다. 우리나라에서도 최근 농촌의 노동력이 부족해지고, 노임이 비싸지자 벼를 직파하여 재배하는 경우가 많아졌다. 원래 직파재배는 이앙재배에 비해 제초 노동력이 3~4배 이상 들게 마련이다. 그러나 근래 직파법이 다시 등장한 것은 화학제초제로 풀을 쉽게 잡을 수 있게 되어 제초노동을 생략할 수 있게 되었기 때문이다.

조선시대에 이러한 이앙법의 다수확성과 노동력 절감으로 광작경영(廣作經營)의 가능성이 있었기에 대농에게는 매력적인 기술이었다. 직파는 많은 노동력이 필요하기 때문에 경지면적이 넓을수록 고용인력 사용이 불가피하며, 영농비의 지출을 불러온다. 또 노동력 고용이 많아질수록 농가의 소득은[70] 줄어든다. 노동력을 줄일 수 있는, 또 고용노동을 줄일 수 있는 기술인 이앙법은 일정 규모 이상의 벼농사 농가에게 더욱 확산될 수밖에 없는 농법이었다.

문제는 기술진보(技術進步)가 초기에는 적지(適地)에서 시작하여 부적지로 확산되는 속성이 있다는 점이다. 이앙법의 다수확, 노동력 절감이라는 매력 때문에 논에 쓸 용수가 충분하지 않은 곳에서도 이앙재배를 시도하는 모험적인 기술 수용자가 나타나게 된다. 이러한 모습은 강원도 관찰사인 고형산(高荊山,

---

[70] 농가소득은 수입에서 경영비를 뺀 금액이며 경영비에는 자가 노동력은 비용으로 계산되지 않는다. 즉 현금을 지출해야하는 고용노동을 줄이고, 자가 노동력으로 충당해야 농가의 소득이 커진다.

1453~1528)이 중종 7년에 올린 상소문에 잘 나타나 있다.[71]

"수전(水田)과 한전(旱田)이 반반이므로 아주 흉년은 아닙니다만, 영동 각 고을은 수전이 비록 많으나 토민(土民)이 수종(水種, 직파)을 힘쓰지 않고 묘종(苗種, 이앙)에 전력하는데, 한재·수재·풍재가 때 없이 발작하여 이묘(移苗)의 시기를 잃으면 곡식이 여물지 않으므로, 풍년이 한 번이면 흉년은 열 번이나 됩니다."

용수 사정이 좋고 나쁘고를 떠나 이앙법은 농민들에게 깊숙이 침투되어 있었던 것이다. 따라서 벼 종자를 뿌리는 파종기인 양력 4월보다, 이앙시기인 양력 6월의 강우 여부는 벼농사의 성패를 좌우하는 핵심 요소가 된 것이다.

직파인 경우 논에 물이 부족해도 벼는 가뭄을 다소나마 견딜 수 있다. 그러나 일단 '모찌기'라는[72] 작업을 통해 뿌리가 끊어진 상태로 논에 옮겨 심은 벼는 물이 없으면 견딜 수 없기 때문이다.

벼는 조생종의 경우 100여 일, 만생종인 경우 130일 정도 논에서 키워야 한다. 벼가 제대로 잘 자라 서리가 내리기 전에 수확하기 위해서는 양력 6월 안에 모내기를 끝내야 한다. 그러나 한반도의 정상적인 강우패턴으로는 7월장마가 정상이어서, 6월에 이른 장마전선을 기다리며 임금이나 백성이나 온 나라가 애타할 수

---

71 『중종실록』, 중종 7년, 1512년 5월 14일.
72 모찌기_ 모를 내기 위하여 모판에서 모를 뽑는 일로 모뜨기, 채묘라고도 한다.

밖에 없는 상황이었다. 그러다가 다행히 6월에 이른 장마가 시작되면 풍년을 기약할 수 있었다.

세종 때의 측우기는 벼의 담수재배, 특히 이앙재배라는 농법 전환의 시기에 맞추어 나타난 것이다. 세종도 가뭄이 오면 기우제를 지냈다. 아니 기우제에 가장 열심인 왕의 한 분이었다. 왕위에 있는 33년 동안『세종실록』에는 기우제에 대한 논의가 192건이나 나온다. 물론 논의에 그치고, 또 비가 와서 기우제를 중지한 일도 있지만 기우제에 열심인 왕이었던 것은 사실이다.

세종시대에 기우제라는 비과학적인 대처와 함께 과학적이고 실천적인 측우기가 나타난 것은 아이러니하다. 그러나 세종의 입장에서는 인간으로서 하늘에 대한 경외를 통해 비를 바라는 한편, 보다 적극적으로 가뭄이라는 자연현상에 대한 대처방법으로 측우기를 창안하게 된 것이 아닐까 짐작된다.

옛 분들은 겨울에 눈이 많이 오면 내년에는 풍년이 든다고 했다. 이는 보리가 눈에 덮여 추위에 상하지 않기 때문이다. 또 눈이 많이 오면 봄이면 눈이 녹아 논에 물을 채워준다. 눈이 많이 오는 것은 보리농사뿐 벼농사에도 고마운 일이었다. 세종이 지역별 월별 강우 자료를 측우를 통해 구하려 한 것은 당년 이앙기에 지역별로 비가 충분히 많이 내렸나를 가늠하려는 것이기도 했지만 지난 겨울, 지난해의 강우 통계를 확인하며 가뭄에 대처하려는 적극적 사고에서 발원된 것이었다.

『문종실록』에도 강우시기에 대한 내용이 나온다.[73]

"…대개 정월에는 해동비[解凍雨]가 있었고, 2월에는 초목에 싹이 돋는 비가 있고, 3월에는 파종비[播種雨]가 있고, 4월에는 못자리비[立苗雨]가 있다. 그 사이에 비록 많고 적음과 더디고 빠른 차이는 있으나, 오로지 그 절기를 잃은 해는 일찍이 없었으니, 진실로 시기를 맞추어 사람의 할 일만 다할 수 있으면, 비록 날을 기한다 하여도 기필코 그대로 될 것이다. … 대저 농사를 관장하는 법은 정월, 2월 안에 그해의 흉풍(凶豊)과 민호(民戶)의 빈부를 헤아리고 종자의 족하고 부족함을 살펴서 3월 안에 준비해 두었다가 만약 좋은 비를 만나자마자 급속히 파종하여 그 시기를 잃지 말 것이니, 3월에 파종하면 4월 안에 반드시 모가 날 것이며, 4월에 모가 나면 6월에는 모가 패기 시작할 것이며, 6월에 패기 시작하면 8월이 되지 않아서 이미 단단하게 익을 것이다. 이제 듣건대 권농(勸農)하는 자가 시기의 조만(早晚)이나 우수(雨水)의 충족이나 종자의 유무는 헤아리지 아니하고 독촉하여 파종하게 하면, 백성들은 혹 거짓으로 논을 갈아서 물을 담아 놓고 실지로는 파종하지 아니한 자가 많을 것이니, 모가 날 때를 당하여 비록 그 거짓임을 알지라도 이미 미치지 못할 것이다. 그러므로 권농하는 자는 파종할 때만 독려하지 말고 모가 날 때에 살펴서 책하는 것이 마땅하다. 내가 4월 보름 후에 장차 사람을 시켜 입묘(立苗)의 조만(早晚)을 살피게 할 것이니, 경(卿)은 알아서

---

73 『문종실록』, 문종 1년, 1451년 2월 25일.

〔그림 4〕 20세기 초의 벼 모내기 모습

폐단 없이 권농하도록 하라."

세종 다음 임금인 문종도 계절별로 해동우, 파종우, 입모우의 확인을 통해 그해의 농사 진행 상황[農形]을 가늠하였고, 모내기의 진척 상황을 직접 챙겼던 모양이다. 1960년대 군사정권 시대에도 가뭄이 닥치면 한시적 비상기구인 '한해대책본부'가 농림부에 세워져서 전국의 모내기 현황판을 세워 놓고 일별, 월별 이앙 진척 상황을 대통령에게 보고했다. 이러한 나라 차원의 영농 독려는 조선시대에도 있었던 것이다.

심한 가뭄이 들면 모를 내지 못하고 논을 묵히게 되는 경우도 생긴다. 그해 벼농사를 못하게 된 것이다. 그럴 경우 세금을 면제해 주기도 하였다. 그러나 세금면제에는 신중을 기했다. 중종

15년 경상도 감사가 '모[苗種]가 묵어났다.'고 세금을 면제해 달라고 하였지만, 호조에서는 안 된다고 하였다. 그러나 다시 경상감사가 세금을 면제해 달라고 청했다. 호조에서는 '금년에는 가뭄이 들었기 때문에 모를 옮겨 심을 수 없는 상황이었습니다. 이것이 비록 농부들의 죄는 아니라 해도, 무릇 모를 묵어나게 하는 것은 게으른 농부들의 짓입니다. 그런데 이제 만약 세금을 면제시킨다면 이는 게으름을 권장하는 결과가 되는 것이라서 면제시키는 것이 불가한 것 같으므로 감히 여쭙는 것입니다.'라며 왕의 의견을 바란다. 중종은 '모를 묵어나게 한 것에 대해서 세금을 면제시킨다면 과연 게으름을 권장하는 꼴이 된다. 그러나 감사가 두 번이나 면제하여 주기를 청했다면 반드시 그 폐(弊)를 자세히 알기 때문에 그럴 것이다.'라며 잘 처리해 주라고 한다.[74]

[그림 4]는 일제 강점기의 사진엽서에 나타난 옛 모내기 모습이다. 복장만 다를 뿐 조선시대에도 같은 모습이었을 것이다. 못줄을 치지 않고 손짐작대로 모를 심는 '허튼모'이며 북쪽지방에서는 '막모'라 했으며, 일본인이 '산식(散植)'이라고 불렀던 모내기 방식이다. 못줄을 걸어 놓고 모를 심는 방법[正條植]은 일제 강점기에 보급된 신기술이다.

---

74 『중종실록』, 중종 15년, 1520년 11월 10일.

4.
계속되는 흉년과 이모작의 확산

세종이 측우제도를 창제한 후 2백여 년이 지났다. 임진왜란(1592~1598)의 상처가 채 아물기도 전에 정묘호란(1627)과 병자호란(1636~1637)이라는 전란을 겪은 조선에는 기상재해가 장기간 계속되어 발생하였다.

세계적으로 소빙기(小氷期)였던[75] 17, 8세기에 조선에도 기상이변과 재해가 집중적으로 발생한 것이다. 재해로 인한 기근으로 아사자가 속출하였고, 전염병까지 만연하였다. 흉년의 원인을 한해(旱害), 수해(水害), 냉해(冷害), 풍해(風害), 충해(蟲害)로 구분하여 5재(五災)라 하는데, 이 시기에는 여러 재해가 겹쳐서 해마다 일어난다.

---

[75] 소빙기(little ice age)_ 역사시대에서 지구 전체로 빙하가 신장한 저온기를 말하며, 16세기 말에 시작되어 1560년, 1750년, 1850년쯤에 빙하가 최대가 되었다.

당시 상황을 현종 12년 실록에 '각도에 우환이 심하다.'는 제목으로 다음과 같이 묘사하고 있다.[76]

"이달에 도성 안에서 굶고 병을 앓아 죽은 자가 1,460여인이었고 각도에서 죽은 수는 17,490여 인이었다. 그 밖에 불에 타고 물에 빠지고 범에게 물렸다는 보고가 잇따랐으며 도둑이 살해하고 약탈하는 우환이 없는 곳이 없었는데 호남과 영남이 가장 심하였고, 두 도에서 돌림병으로 죽은 소도 이루 헤아릴 수 없었다."

기상재해로 인한 흉작에 전염병까지 발생해서 조선 사회 전체가 불안정한 상태였던 것이다. 현종 때인 1670년과 1671년에는 연 이태 큰 흉년이 들었다. '굶주린 사람들이 설익은 밀과 보리까지 베어 먹었으며 인육을 먹는 일도 드물지 않았다.' 한다. 관에서도 '올해의 기근은 유례없는 일'이라며 '국가의 장래가 걱정이다.'라고 말할 만큼 위급한 상황이었다. 당시 조선 인구[77] 500만 명의 25%인 100만 명이 기아와 역병으로 죽었다는 참혹한 상황이었다.[78] 이때의 기근을 경신대기근(庚辛大饑饉)이라고[79] 한다.

---

76 『현종실록』, 현종 12년, 1671년 6월 30일.
77 숙종 때의 호구 수(戶口數)는 경성(京城) 오부(五部)와 팔도(八道)의 원호(元戶)가 137만 1890이며, 인구가 613만 8640인데, 남자는 307만 5602명이고, 여자는 306만 3034명이었다.(『숙종실록』, 숙종 31년, 1705년 10월 1일 기사.)
78 이덕일, 『조선왕을 말한다』 1, 2, 시와 사람, 2010.
79 경신대기근(庚辛大饑饉)_ 1670년(庚戌年, 현종 11)과 1671년(辛亥年) 두 해에 걸친 대기근을 합쳐서 경신대기근이라 부른다.

숙종시대에도 가뭄과 기근은 이어졌다. 1694~1696년에는 연속 3년 흉년이 들었다. 숙종 20년 실록에 비변사에서 전국적인 재해를 보고하고 있다.[80]

"올해는 서리와 우박으로 곡식의 손상이 특히 심한데, 바닷가 쪽에는 혹은 가뭄이 들기도 하고 혹은 벌레가 생기기도 하여 피해가 한 가지만이 아니고, 서북(西北)에는 또한 큰 수해가 있었으니 급재(給災)를[81] 허락하지 않을 수 없습니다. 평안·함경·경기·황해·강원·충청 6도는 벼와 무명을 전연 수확할 수 없는 데가 있고, 경상도와 전라도는 비록 곡식이 조금 익기는 했지만 또한 크게 손상된 곳이 있으니 아울러 도신(道臣)과 경차관(敬差官)에게[82] 명하여 책에다 기록해서 올리게 하소서."

또 숙종 21년(1695) 4월 1일자 실록에는 "이 해에 큰 가뭄이 들었다. 거센 바람이 연이어 불고 서리가 여러 번 내려 보리와 밀이 여물지 않았으며, 파종(播種) 시기를 놓쳐 드디어 큰 흉년이 들었다."고 기록하고 있다. 계속되는 흉작으로 숙종 24년(1698) 1월에는 청나라에서 좁쌀 4만 석을 사들여 기근을 구제하기도 하였다. 유례가 없는 양곡 수입이었다.

---

80 『숙종실록』, 숙종 20년, 1694년 9월 28일.
81 급재(給災)_ 조선시대에 재해를 입은 논밭에 세금을 면제하여 주던 일.
82 경차관(敬差官)_ 조선시대에 지방에 파견하여 일을 보게 하던 벼슬아치. 주로 전곡(田穀)의 손실을 조사하고 민정을 살피는 일을 하였다.

그런 상황을 종합적으로 보여주는 숙종 25년의 실록기사를 살펴본다.[83]

"…나의 실정(失政)으로 인하여 하늘의 견책(譴責)을 자초하였다. 기근(饑饉)이 겹친데 여역(癘疫)까지[84] 극성하여 더욱 참혹하니…밤중에 일어나 생각하노라면 근심 걱정이 끝이 없어, 임금된 것이 즐거울 게 없다는 것이 진실로 나의 마음이다. 그런데 지금 가뭄의 재앙이 여역을 치른 끝에 더욱 혹독해져서 여름이 거의 지나가는데도 모진 한발(旱魃)은 더욱 극성하기만 하다. 그리하여 사나운 바람과 서리·우박·해일이 잇달아 재해를 끼쳤기 때문에 봄보리는 시들어 손상되었고, 벼모도 그 시기를 놓치게 되었다. 아! 천하의 근본이 진실로 농사에 달려 있으니, 국가의 안위와 백성의 사생(死生)이 어찌 이 농사의 풍흉에 매어 있지 않은 적이 있었는가? 더구나 지금 기근과 여역 끝에 가까스로 살아남은 백성들이 부지런히 노력하면서 날마다 풍년이 들기를 바랐으나, 불행하게도 오늘날 가뭄이 나를 괴롭히고 백성들이 모두 죽게 되었으니, 나라가 장차 무엇을 의지할 것인가?"

숙종의 대를 이은 영조(英祖, 1694~1776, 재위 1724~1776) 시대에도 기상재해는 빈발하였고, 매년 가뭄에 시달리고 있었다. 가뭄을 당해 기우제를 지낼 것을 논의한 기사가 『영조실록』에 174

---

83 『숙종실록』, 숙종 25년, 1699년 6월 4일.
84 여역(癘疫)_ 전염병을 말하며 장티푸스가 대표적인 것이다.

회나 나타난다. 이 무렵의 기우제 역시 명산대천에 나가 올리기도 했지만, 불사(佛事), 무사(巫事)를 통한 기우제는 없어졌다. 조선 중기 이후 성리학에 근거한 유교정치(儒敎政治)의 영향으로 보인다.

영조는 사직단(社稷壇)이나 태묘[宗廟]에[85] 나가 몸소 기우제를 여러 번 올리기도 한다. 영조가 직접 기우제를 올리는 심정을 보여주는 실록 기사가 있다. 기사 제목은 '비오기를 빌기 위해 태묘에 나아가다.'이다.[86]

"임금이 태묘(太廟)에 나아갔으니, 비오기를 빌기 위해서였다. 약원(藥院)의[87] 여러 신하들이 청대하여 아뢰기를, '며칠 사이에 연달아 제사 지내는 일을 행하시니, 성체를 손상할까 두렵습니다. 청컨대 대신하게 하소서.' 하니, 임금이 말하기를, '돌아보건대, 우리 백성들은 조종(祖宗)께서 물려주신 백성이 아님이 없다. 연사(年事)가[88] 장차 크게 흉년이 들어 백성들이 다 죽게 된다면 뒷날 장차 무슨 낯으로 돌아가 조종(祖宗)을 뵙겠는가? 비록 몸으로 대신하고자 하더라도 될 수가 있겠는가?' 하였다. 부제조 이덕수(李德壽)가 말하기를, '춘추(春秋)에[89] 가뭄 때문에 거듭 큰 기우제를 행하였다고 하였

---

85 태묘[宗廟]_ 종묘의 정전(正殿). 조선시대에 역대 임금과 왕비의 위패를 모시던 사당이다. 국보 제227호로 정식 명칭은 '종묘 정전'이다.
86 『영조실록』, 영조 10년, 1734년 8월 2일.
87 약원(藥院)_ 조선 때 대궐안의 의약(醫藥)을 맡아보던 기관으로 내의원(內醫院)이라고도 한다.
88 연사(年事)_ 농형(農形)과 같은 의미.
89 춘추(春秋)_ 공자가 지은 유교경전인 오경(五經) 가운데 하나로 최초의 편년체(編年

는데, 옛 선비가 이를 비난하기를, 자신을 반성하지 않고서 제사를 자주 지낸다 하였으니, 대개 군주가 하늘을 섬기는 도리는 오직 마음으로 대하는 데 있고 제사를 자주 지내는 데 있지 않습니다.' 하니, 임금이 말하기를, '나도 또한 항상 제사를 자주 지내는 것으로써 경계를 삼아 왔다. 그렇지만 사람이 괴로운 고통이 있으면 반드시 부모를 부르게 되는 것이니, 지금 내 마음은 괴로운 고통일 뿐이 아니다. 태묘(太廟)에 고하지 않으면 어디에다 호소하겠는가?' 하였다. 여러 신하들이 번갈아 청하였지만, 임금이 끝내 듣지 않았다."

    비를 바라는 영조의 열망과 정성이 놀랍다. 기우제를 미신으로만 치부할 수 없는 사연이다. 인력으로 어찌할 수 없는 상황에서 지성껏 비를 기원하는 마음을 나타낸 것이다.

    흉년이 계속되는 가운데서도 농업생산력을 높이려는 노력은 계속되고 있었고 농업기술은 발전하고 있었다. 이러한 상황에서 1770년에 측우기가 다시 복원되고, 측우제도가 부활한 것이다. 영조조의 측우제도 재건도 심한 가뭄이 원인이 되기도 하였지만 당시의 벼농사 농법전환과 관련이 깊다.

    조선 중기에 들어 이앙법이 보편화되고, 수원이 취약한 지역까지 확산되자 이앙법의 문제점은 숙종 때에도 다시 논의되었다. 숙종조에 한발이 계속되어 40여 년이나 흉작이 계속되고, 수리시

體) 역사서이다. 춘추시대 노(魯)나라 은공(隱公)에서 애공(哀公)까지 12공 242년간의 기록을 담고 있다.

설의 모경(冒耕)으로[90] 인한 폐단이 일어나자 수원이 없는 곳이나 높고, 건조한 곳은 이앙을 금했고, 이앙금지는 전국적으로 확대되었다.[91] 그러나 숙종 24년에는 직파법과 이앙법을 모두 허용하였으며, 영조·정조 시기에는 삼남수전의 90%, 북부의 50%, 전국의 70~80%가 이앙재배를 하게 되어 이앙법은 벼농사의 보편화된 기술로 정착하였다.[92]

숙종24년(1698) 이앙법 논의에서 좌의정 이유(李濡)는 "이앙은 일이 품은 반만 들고 수확은 배가 된다. 그래서 여러 도에서 않는 데가 없고 이미 풍속이 되어 있다."라고[93] 하고 있어 당시에 이앙법이 농촌에서 일반화된 상황을 보여준다.

『임하필기』 제22권에 이앙의 폐단에 대한 숙종의 태도가 묘사되어 있다.[94]

"숙종 30년(1704)에 상이 이르기를, '이앙의 폐해가 중년(中年)부터 심해졌는데, 비록 전에는 씨를 곧바로 파종하던 곳에서도 지금은 모두 이앙을 하고 있으므로 갑자기 금하기가 어렵다. 그러나 이른바 이앙이라는 것은, 만약 제때에 비가 오지 않으면 농사를 전부 포기하게

---

90 모경(冒耕)_ '주인의 승낙 없이 남의 땅에 함부로 경작하는' 불법경작으로 남의 땅만 아니라 공공 저수지의 가에도 하고 있었다.
91 이춘영, 『이조농업기술사』, 한국연구원, 1964.
92 이근수, 「한국 농업기술발달의 사적 고찰」, 『한국의 농경문화』, 경기대학교, 1981.
93 移秧, 事半功倍. 故諸道無不爲之, 已成風俗.(『增補文獻備要』 권147, 「田賦考」7.)
94 『임하필기』 「文獻指掌編」.

되는 사태를 면치 못한다. 비록 올해의 일로써 살피더라도 당초에 씨를 곧바로 파종한 곳은 매우 나았다고 하니, 삼남(三南)의 흉작은 반드시 이앙을 한 까닭에 생긴 일이 아니라고 장담할 수 없는 것이다. 이를 금지시킬 방도가 없겠는가?' 하니, 우의정 이유(李濡)가 아뢰기를, '예전부터 조정에서도 이를 금하는 영이 없었던 것은 아니나, 대체로 이앙을 하는 곳에는 그 편부(便否)가 같지 않은 점이 있습니다. 관개를 하는 곳은 봄부터 경작을 시작하여 때맞추어 이앙하면 제초하는 수고가 줄어드는 데다가 공력이 많이 절약되므로 매우 편리하고 좋지만, 봉천답(奉天畓)으로 말하자면, 만약 가뭄이라도 드는 해를 당하면 끝내 파종(播種)을 할 수가 없으므로 전부 흉년이 되는 것을 면치 못하니, 이는 실로 금지하지 않으면 안 되는 것입니다. 이제부터 정식(定式)을 고쳐 만들어서, 관개하는 곳을 제외하고는 이앙을 하지 못하게 하라는 일로 각별히 신칙하는 것이 좋겠습니다.' 하니, 상이 이르기를, '각별히 신칙하도록 하라.' 하였다."

이 시기에 조선 후기의 농업을 특징짓는 또 하나의 농법전환이 일어난다. 이앙법에 더하여 논에 벼 뒷그루[後作]로 보리를 심는 기술[稻麥二毛作]이 확산되고 있었다. 작업의 난이도를 감안하더라도 이앙법은 직파에 비해 획기적 생력재배였으며, 뒷그루[根耕]로 보리를 심는 이모작을 할 수 있는 장점이 있다. 도맥이모작은 작부체계(作付體系)상[95] 이앙을 전제로 한다. 양력 6월에 벼 모

---

95 작부체계(作付體系)_ 땅에 심는 작물별 재배순서로 기상조건과 지력유지에 적합하도록

를 이앙하고 10월에 벼를 수확한 다음, 논에서 물을 빼고는 바로 보리를 심어 다음해 벼 이앙 직전에 수확하는 토지이용방식이다. 이앙법과 이모작법은 제한된 토지를 집약적으로 사용하면서 토지생산력을 높이는 집약농법으로 조선 후기의 농사법을 대표하는 기술혁신이었다.

허균(許筠, 1569~1618)의 「한정록(閑情錄)」에서도[96] 논에서의 1년2작에[97] 관심을 보이고 있다. 직파법에서 이앙법으로 전환해서 논에 맥류를 심는 집약적 토지이용 방식을 소개하고 있는 것이다. 이러한 재배법은 중국 강남지방에서는 일반화되었지만, 조선에서는 수리문제로 보급이 지체되고 있었던 영농방식이다.[98]

고상안(高尙顔, 1553~1623)의 「농가월령가(農家月令歌)」에서는[99] '두루 써레질하고, 논은 4번 갈아주고, 못자리와 뒷그루는 2번 갈아준다.'라고[100] 논에 뒷그루 재배가 있었음을 알려준다. 홍

작물의 재배순서를 정한다. 벼와 보리 이모작이 대표적인 작부순서이며, 이때에는 작기가 잘 맞아야 한다.

96 「한정록(閑情錄)」_ 은거자의 정신적·물질적인 생활을 유지할 수 있도록 하기 위해 중국의 은거자들에 대한 자료와 농사법에 관한 정보를 수록한 교양서이다.

97 1년2작_ 농업기술 용어상 같은 작물을 한 땅에 두 번 심는 것을 이기작(二期作)이라 하며, 벼와 보리와 같이 다른 작물을 한 곳에서 이어짓기를 하는 것을 이모작(二毛作)이라 한다.

98 김용섭, 『조선후기농학사연구』, 일조각, 1988.

99 「농가월령가(農家月令歌)」_ 1년 12달 동안 농가에서 할 일을 읊은 것으로, 월령(月令)이란 그달 그달의 할 일을 적은 행사표라는 뜻이다. 농가의 행사를 월별로 나누어 교훈을 섞어가며 농촌 풍속과 권농(勸農)을 노래한 것으로 1619년에 간행되었다.

100 大槩, 稻田宜耘四次, 秧田及根耕宜二次.

만선이 1700년경에 쓴 『산림경제』에도[101] '논에 보리를 심는 법[畓中種牟法]'이라 하며 이모작농법을 구체적으로 소개하고 있다.

정조 22년에 새로운 농서를 편찬하기 위해서 국왕이 「재야에서 농서를 구하는 정책[勸農政求農書綸音]」을 반포하자 각지에서 많은 농서가 정부에 제출되었다. 이른바 「응지진농서(應旨進農書)」이다. 어려운 농업상황을 타파하기 위해서 재야에서 농업개발에 대한 의견을 구한 것이다. 이에 부응하여 바친 경상도 삼가현(三嘉縣)의 유학(幼學)[102] 정응삼(鄭應參)의 상소문에는 "이제 이앙을 금하는데, 남쪽 논에서 이앙재배를 하는 사람은 논에 보리를 심어 보리가 익은 다음 벼를 심었는데, 이는 이앙을 전제로 되어 있습니다. 만약 이앙을 금지한다면 보리를 심지 말라는 것과 같습니다."라며[103] 이앙금법은 논에 맥류재배를 금지하는 것과 같음을 주장하고 있다.

공주 생원 정진목(鄭鎭穆)의 응지상소문에도 "무논에 보리를 심는 것은 삼남의 큰 이익입니다. 빈부를 막론하고 그 이익에 힘입었는데 … 호남의 금강 이남은 논에 보리를 심고, 벤 다음에 이앙을 해도 여유가 있습니다."라고[104] 남부지방에서의 이모작 장점

---

101 『산림경제』_ 조선 숙종 때 실학자 홍만선(洪萬選, 1643~1715)이 농업과 일상생활에 관한 광범위한 사항을 기술한 백과사전적인 책.
102 유학(幼學)_ 고려·조선시대에 벼슬하지 아니한 유생(儒生)을 이르던 말.
103 至於禁秧, 則南野之農, 全以秧者, 種牟麥於畓, 待其成熟而種稻, 故必以秧也. 今若禁秧, 則遂禁其牟麥乎.(日省錄, 正祖 23년, 1799년 3월 19일.)
104 日省錄, 正祖 23년, 1799년 2월 11일.

을 강조하는 내용이 있다.

논에 보리를 심으려면 가을에 논을 말리고 밭 상태에서 보리를 심는다. 다음해 양력 6월 보리가 익으면 베어내고, 논에 물을 다시 끌어 담고 모를 내는 것이다. 당연히 용수를 자유롭게 쓸 수 있는 곳에서 채택할 수 있는 기술이었다. 그리고 보리를 벤 다음 이앙을 하는 시기가 매우 촉박해서 물과 노동력을 더욱 집약적으로 필요하게 한 것이다.

벼는 남방 더운 곳에서 유래된 작물이고, 보리는 북방계 작물이다. 또 벼는 담수상태에서 여름에 키우고, 보리는 밭 상태에서 겨울에 키운다. 벼보리 이모작은 농법체계상 난지농업(暖地農業)과 한지농업(寒地農業)의 결합이며, 수전농업(水田農業)과 밭농업(旱地農業)의 교묘한 결합인 것이다. 벼와 보리 이모작은 토지를 1년에 2번 활용할 수 있고, 밭 상태와 논 상태가 교대되는 동안 땅에 있던 잡초와 병충해가 경감되는 효과가 있다. 또 벼 단작(單作)에서 수확이 끝난 후 놀고 있었던 노동력을 겨울 동안에 보리농사에도 활용하는 것이다.

조선 중기 이후에도 이앙법의 금지에 대한 논의는 계속 되었다. 헌종 8년 실록에도 이앙법의 금지에 대한 기사가 '대신과 비국 당상을 인견하여 수한을 막기 위한 근본적인 대책을 세우다'라는 제목으로 실려 있다.[105]

---

[105] 『헌종실록』, 헌종 8년, 1842년 6월 5일.

"우리나라의 전례(典例)로써 말하더라도 그 농사일에 긴절하였었는데 예전에 몹시 금하던 것이 지금에 모두 이폐(弛廢)된 것 중 그 첫 번째는 이앙(移秧)을 금하는 것입니다. 수원(水源)이 풍족한 땅은 모를 옮겨 심는 것의 여부가 본시 우양(雨暘)에 관계되지 않으니, 아닌 게 아니라 제초하는 역사를 크게 감하였습니다만, 토품(土品)이 높고 건조하며, 샘 줄기가 얕고 짧은 것과 같은 데 이르러서는 단지 건파(乾播)하고 물을 주는 것이 옳으며, 하나같이 모내기를 하는 것은 마땅하지 않은데도 그 게으르고 요행만을 바라는 무리가 거개 김매는 노력을 꺼리고 오직 비가 내리는 것만을 바랍니다. 4, 5월 사이에 혹시 한 달 동안 극심한 가뭄을 만나면 문득 들 전체가 황폐하는 까닭으로 전에도 이 금법이 있어 영갑(令甲)에[106] 실려 있는데도 등한히 하고 살펴 신칙하지 않음이 이내 습속이 되어 비록 기근을 만나더라도 뉘우칠 줄 모르니, 어찌 통탄하지 않겠습니까?"

벼보리 이모작은 벼의 모내기를 전제로 한다. 하지만 이모작은 장점도 있지만, 연중 작물을 재배해서 지력이 소모되고 모내기를 제 때에 못하게 되는 폐해도 있었다. 나라에서 이앙을 권장하지 않는데도 불구하고 백성들이 굳이 이앙을 선호한 이유는 이앙법 자체의 장점도 있었지만, 뒷그루로 보리를 심을 수 있는 이점이 있었기 때문이었다. 벼와 보리 이모작을 하는 경우 벼농사로 세금을 한 번만 내면 되기 때문에 뒷그루로 나온 보리는 농민들

---

106 영갑(令甲)_ 나라의 정령(政令)을 이르는 말.

이 오롯이 차지할 수가 있었다. 그러기에 농민들, 특히 소작농들은 생산력이 떨어지는 경우가 있어도 이모작을 포기할 수 없었고, 이모작 면적은 증가할 수밖에 없었다.

    1700년대 중반에는 이미 경상도 논의 30~40%에서 이모작이 시행되고 있었으며, 기타지역에서는 10% 내외의 논에 이모작 보리가 심어지고 있었다.[107] 1960년대까지만 해도 남의 논을 빌려서 뒷그루 보리를 재배하는 농민은 소작료를 내지 않고, 다만 보리농사를 지은 다음 논농사를 위해 논을 갈아주기만 했다. 이같이 예부터 쌀은 있는 사람의 먹을거리이고, 보리는 빈농과 소작인들의 먹을거리였다.

    이모작과 같은 집약농법으로의 전환에는 관개법, 경운법, 시비법의 변화가 부수되는 것은 자명하다. 그리고 관개용수 확보의 필요성은 더욱 강해진다. 영조는 이러한 시기에 『속대전』으로[108] 기우제를 대폭 강화하고서, 24년이 지난 영조 46년(1770)에 이르러 측우사업을 재개한 것이었다. 말하자면 기우제를 고대의 형태로 환원할 정도로 비에 대한 강렬한 열망을 가지고 있는 왕이 과학적인 측우사업을 재건한 아이러니가 이루어진 시기였다. 영조는 수리시설 센서스를 단행하고 수리정책을 대대적으로 강화하였고, 과학적인 측우사업을 재개한 것이다. 영조에 이어 왕위를

---

107 이성임, 앞의 책, 2006.
108 『속대전』_ 조선 영조 22년(1746)에 김재로가 『경국대전』 이후의 교령(敎令)과 조례(條例)를 모아 엮은 책이다.

계승한 정조도 측우제도를 확충해 가고 있다.

　벼농사에서 양력 5월은 벼의 육묘기, 6월은 이앙기,[109] 7월은 뿌리의 활착기이다. 한반도의 쌀 작황은 바로 6, 7월 강수량에 의하여 좌우된다. 한마디로 이앙 시기에 장마가 지면 풍년이고, 6월 한발이면 흉작을 면하기 어려운 것이다. 그리고 장마와 한발은 서로 상반된 현상이지만 실은 장마전선이 도래하지 않으면 한발이 된다.

　측우제도를 창시한 세종, 그리고 측우제도를 재건한 영조라는 두 임금 모두 6월 장마를 기다리며 기우제를 가장 많이 올린 임금이며, 농업생산 증대를 위해서 부단히 노력한 임금이었다. 두 임금의 치세기에 보급이 확대된 이앙법과 벼보리 이모작과 같은 기술혁신과 농법전환을 위하여 측우제도가 시행되었다고 볼 수만은 없다. 그러나 농법전환은 물에 대한 수요를 촉발시켰으며, 집약농법의 출현으로 측우의 필요성이 더욱 강조되었다고 말할 수는 있을 것이다.

　인간은 자연과 조화를 이루며 살아가야 하지만, 그 과정에서 자연을 극복하려는 부단한 노력 또한 살아가기 위한 인간의 한 모습인 것이다. 기상재해를 극복하고 농업 생산을 높이려는 새로운 농법의 출현, 그리고 기상재해에 대한 과학적 대응으로 기상현상을 적극적으로 파악하려는 노력이 15세기, 18세기의 조선에 측우기란 모습으로 나타난 것이다.

109　현재 중부지방의 모내기 적기는 5월 중순으로 과거에 비해 1달 이상 앞당겨졌다. 육묘기에 보온못자리[保溫苗代]로 초봄의 저온기를 극복한 기술 효과이다. 이는 6월의 이른 장마를 기다리지 않아도 좋을 만큼 수리시설이 발전한 덕택이기도 하다.

모내기철의 기상과 속담

○ 모 농사가 반농사다.
○ 곡우(穀雨)에 비오면 풍년이다.
○ 곡우에 가물면 땅이 석자가 마른다.
○ 단오 물 잡으면 농사는 다 짓는다.
○ 모짐 지고 가다가 매미소리 들리면 모짐 버린다.(모내기가 늦었다는 뜻.)
○ 늦모는 손에 쥔 모 다르고 심은 모 다르다.
○ 7월 모내기는 발 담그고 새참 먹는다.(워낙 바빠서 식사도 제대로 못한다는 뜻.)
○ 쇠말뚝은 깊게 박고 모는 얕게 꽂는다.(얕게 심어야[淺植] 뿌리 활착이 좋다.)
○ 뜬 모가 장원한다.(모내기를 얕게 해야 수량이 많다.)
○ 파물 모는 지나가는 소금장수도 거든다.
○ 하지 오후 3일 동안은 바가지로 물 퍼서라도 모내기를 마쳐야 한다.
○ 모가 모자라는 해가 풍년 든다.
○ 모 때우기 하루는 닷새 먹을 식량 한다.
○ 논 자랑 말고 모 자랑 하라.
○ 7월 그믐에 모내기를 하더라도 바로만 심어주라.
○ 오뉴월 품앗이 소 등을 두고 다툰다.

- 모내기 때는 고양이 손도 빌린다.
- 늦모내기에는 죽은 중도 꿈적인다.
- 모내기철에는 아궁 앞의 부지깽이도 뛴다.
- 가문 논에 물 대기.
- 모내기 때의 하루는 겨울의 열흘 맞잡이다.
- 상강 90일 두고 모 심어도 잡곡보다 낫다.(霜降은 10월 하순이다.)
- 물 탐 많은 사람 농사 잘된 것 못 보았다.
- 때죽나무 움트면 못자리 적기이다.(때죽나무는 사월 중순경에 움이 튼다.)

3장
측우제도의 창설과 재건

1.
측우제도의 창제 과정

1441년에 측우기를 창제하기 이전에도 농사철에 비가 얼마나 흡족하게 왔는가는 왕조의 지대한 관심거리였다. 측우기 이전에는 땅에 비가 얼마나 스며들었는지를 조사하여 강우량을 측정하였다. 비가 흠뻑 와서 고여 있으면 눈으로도 파악이 될 것이지만, 가뭄 끝에 비가 와서 메마른 토양에 스며들었으면 물이 스며든 깊이를 조사하였다. '입토심(入土深)'이라 표현된 기록이 실록에 자주 등장한다.[1]

---

[1] 태종 5년(1405) 4월 21일. 경상도에 비가 내렸다. 계림(鷄林)·안동(安東)·성주(星州)·밀양(密陽) 등 26고을에 빗물이 한 자나 넘게 땅에 스며들었다[雨, 入地尺餘]. 세종 5년 (1423) 5월 3일. 이날 밤 비가 내렸는데, 땅에 물이 한 치(寸)쯤 들었다[是夜雨, 入土一寸許]. 세종 7년(1425) 4월 13일. 평안도 숙천(肅川)과 경기도 남양(南陽)·안산(安山) 등 여덟 고을에 비가 왔다고 보고하였다. 이때에 한참 가물었으므로 여러 도군현에 명령

당시 적기에 모내기를 하기 위한 필수조건은 우택(雨澤)이었다. 우택은 한글사전에 '비의 은택(恩澤)'이라고 간단히 설명되어 있고, '패택(沛澤)'이라고도² 한다고 나와 있다. 그러나 그냥 비가 내린 것이 아니라 반갑고 고마운 비였기 때문에 비가 온 상황을 그리 표현한 것이기도 하였고, 비가 흠뻑 내려 논에 물이 고인 상황을 말하기도 한 것이리라. 조선 초기까지 이러한 우택의 정도를 파악한 방법이 입토심(入土深) 조사였다. 이 입토심 조사가 손가락으로 흙을 찔러본 것인지, 아니면 어떤 특수한 기구를 사용한 것인지에 대해서는 확실한 기록이 없다. 젖은 토양을 호미와 같은 농기구로 눌러보아 딱딱한 마른 부분까지의 깊이를 살펴보았던 것으로 추정된다.

『문헌비고』에³ 입토심의 정도를 '물 깊이가 쟁기가 들어갈 정도, 호미가 들어갈 정도[一犁一鋤]라 보고한다.'고 하였다.⁴ 비가 내려서 물이 땅으로 스며든 논토양의 습윤한 정도가 쟁기의 보습이 쉽게 파고들 정도, 호미가 들어갈 정도라는 것이다. 이는 토

하여, "비가 오거든 물이 땅에 스며들어간 깊이를 상세히 기록하여 급히 보고하라[有雨澤, 入土深淺, 開具馳報]." 하였다.
2 패택(沛澤)_ 패(沛)자는 늪, 습지란 뜻이 있다. 그렇다면 패택은 비가 흠뻑 와서 땅에 스며들고, 논에 물이 고여 있는 모습을 말한 것으로 보인다.
3 『문헌비고』_ 상고 때부터 한말에 이르기까지의 문물제도(文物制度)를 총망라하여 정조 6년(1782)에 분류 정리한 책. 영조 46년(1770)에 편찬된 『동국문헌비고(東國文獻備考)』의 오류를 수정하였기에 『증보문헌비고(增補文獻備考)』라고도 한다. 『동국문헌비고』의 약칭으로 쓰이기도 한다. 이 기사는 『동국문헌비고』의 내용이다.
4 『文獻備考』卷三「象緯考」'儀象'條.

양에 수분이 스며든 정도를 표현한 것이고, 논에 물이 담긴 정도까지 적시한 것은 아니다. 논에 모를 내려면 지표면에서 적어도 10cm 이상 물이 고여 있어야 쟁기질과 써레질을 제대로 하고 모를 낼 수 있는 것이다. 입토 조사는 논의 위치, 토양의 종류, 조사 시기에 따라 차이가 크게 날 수 있는 방법이었다. 그러나 별다른 방법이 없었으므로 '각 도의 감사가 우량(雨量)을 보고하도록 이미 정해져[成法] 있어' 이 입토 조사에 의할 수밖에 없었다.

이러한 입토 조사를 개선하기 위해서 강우량을 측정하는 도구가 최초로 등장한 것은 1441년이다. 세종 23년(1441) 4월 29일 흙비[黃雨]가[5] 내렸다. 흙비란 중국 서북부 건조지대에서 발생하는 황사가 날아와서 비에 섞여 내린 것을 말한다. 실록에서는 흙비를 하늘이 왕실에 내린 재앙이며 불길한 징조로 보고 규명에 나선다. 그 과정에서 그 황우는 흙비가 아니라 송화(松花)가루 때문이었던 것으로 판명된다. 그 일을 기록한 실록에 강우량을 기구로 재어보았다는 내용이 처음 나온다.[6] 기록의 일부를 발췌한다.

"근년 이래로 세자가 가뭄을 근심하여, 비가 올 때마다 젖어 들어 간 푼수[分數]를 땅을 파고 살펴보았었다. 그러나 적확하게 비가 온 푼수를 알지 못하였으므로, 구리를 부어 그릇을 만들고는 궁중에 두어

---

5 흙비[黃雨]_ 중국 서북부에서 바람으로 하늘에 뜬 황사가 비에 섞여 오는 것을 말한다. 흙비(霾, 흙비 올 매)라고도 한다.
6 近年以來, 世子憂旱, 每當雨後, 入土分數, 掘地見之, 然未可的知分數, 故鑄銅爲器, 置於宮中, 以驗雨水盛器分數.

빗물이 그릇에 고인 푼수를 조사하였다."

이 기사에서 세자란 후일의 문종(文宗, 1414~1452)을 말하는 것이고, 우량을 재어 본 기구는 '구리를 부어 만든 그릇[鑄銅爲器]'이라고만 표현되어 있다. 측우기란 정확한 명칭이 나온 것은 같은 해 8월이었다.[7]

"호조에서 아뢰기를, 각도 감사가 우량(雨量)을 보고하도록 이미 성법(成法)이 있사오니, 토성(土性)의 조습(燥濕)이 같지 아니하고, 흙 속으로 스며 든 깊이도 역시 알기 어렵사옵니다. 청하옵건대, 서운관(書雲觀)에[8] 대(臺)를 만들고 쇠로 그릇을 부어 만들되, 길이는 2자가 되게 하고 직경은 8치가 되게 하여, 대 위에 올려놓고 비를 받아, 본관 관원으로 하여금 깊이를 재서 보고하게 하고, 또 마전교(馬前橋) 서쪽 수중에다 얇은 돌을 놓고, 그 위를 파고서 받침돌을 세워 가운데에 모난 나무기둥을 세우고, 쇠갈고리 받침을 고정시켜 척·촌·분

---

7 戶曹啓, "各道監司轉報雨澤, 已有成法. 然土性燥濕不同, 入土淺深, 亦難知之. 請於書雲觀作臺, 以鐵鑄器長二尺' 徑八寸, 置臺上受雨, 令本觀官員尺量淺深以聞.又於馬前橋西水中, 置薄石, 石上刻立趺石二, 中立方木柱, 以鐵鉤鑠趺石, 刻尺寸分數於柱上, 本曹郎廳審雨水淺深分數以聞. 又於漢江邊巖石上立標, 刻尺寸分數, 渡丞以此測水淺深, 告本曹以聞.又於外方各官, 依京中鑄器例, 或用磁器, 或用瓦器, 置廨宇庭中, 守令亦量水淺深報監司, 監司傳聞." 從之.(『세종실록』, 세종 23년, 1441년 8월 18일.)
8 서운관(書雲觀)_ 고려, 조선시대에 천문(天文), 역수(曆數), 측후(測候), 각루(刻漏)의 일을 맡아보던 기관으로 오늘의 기상청과 유사한 기능을 했다.

(尺寸分)을 기둥 위에 새기고, 호조 낭청(郞廳)이[9] 빗물의 천심 푼수[分數]를 살펴서 보고하게 하고, 또 한강변(漢江邊)의 암석 위에 표(標)을 세우고 척·촌·분수를 새겨, 도승(渡丞)이[10] 이것으로 물의 천심을 측량하여 본조(本曹)에 보고하여 아뢰게 하며, 또 외방(外方) 각 고을에도 서울에서 쇠그릇을 쓴 것에 따라 혹은 자기(磁器)를 사용하던가, 혹은 와기(瓦器)를 사용하여 관청 뜰 가운데에 놓고, 수령이 역시 물의 천심을 재어서 감사(監司)에게 보고하게 하고, 감사가 다시 보고하게 하소서. 왕이 이를 따랐다."

호조에서 서운관에 측우기를 설치할 것을 건의한 내용이다. 기사에서 측우기와 함께 수표의 설치를 논하고 있어 당시 강우량 측정에서 수표도 중요하게 여겼던 것으로 보인다.

이 실록의 기사를 살펴보면 각도에서 이미 입토심 조사를 해서 우량을 보고하도록 제도화[成法] 되어 있었으나 그 방법이 정확하지 않아 개선하게 된 것이다. 또 강우량 조사를 주관하는 부서는 호조였고, 측우 담당기구는 서운관이었다. 당시 측우기는 '쇠로 부어 만든 그릇[鐵鑄器]'이었고, 길이는 2자, 직경은 8치였다. 또 지방에서도 수령(守令)이 우량을 관측하여 중앙에 보고하는 전국적인 측우망을 구축하려는 것이다. 이렇게 측우제도는

---

9 낭청(郞廳)_ 조선시대 비변사(備邊司)에 속한 종6품의 관직으로 각 관서의 당하관을 지칭한다. 선혜청·준천사·오군영 등에 두었다.
10 도승(渡丞)_ 조선시대에 나루터[津, 渡]를 관리하던 종9품 관직.

1441년에 그 첫 발을 내디디고 있는 것이다. 그러나 측우기 반포 시기가 음력 8월이라는 가을철이었던 점으로 미루어 본격적인 강우 측정은 이루어지지 않았던 것으로 보인다.

1442년에는 측우제도가 좀 더 확실한 모습을 보여준다.『세종실록』에 측우기와 관련된 기사 전문은 다음과 같다.[11]

"호조에서 아뢰기를, 우량(雨量)을 측정하는 일에 대하여는 일찍이 벌써 명령을 받았사오나, 그러나, 아직 다하지 못한 곳이 있으므로 다시 갖추어 조목별로 열기합니다.

1. 서울에서는 쇠를 주조하여 기구(器具)를 만들어 명칭을 '측우기(測雨器)'라 하니, 길이가 1자[尺] 5치[寸]이고 직경이 7치입니다. 주척(周尺)을 사용하여 서운관(書雲觀)에 대(臺)를 만들어 측우기를 대 위에 두고 매양 비가 온 후에는 본관의 관원이 친히 비가 내린 상황을 보고는, 주척으로써 물의 깊고 얕은 것을 측량하여 비가 내린 것과 비오고 갠 일시(日時)와 물 깊이의 척촌분(尺寸分)의 수(數)를 상세히 써서 뒤따라 즉시 계문(啓聞)하고 기록해 둘 것이며,

1. 외방(外方)에서는 쇠로써 주조한 측우기와 주척 매 1건(件)을 각

---

11 戶曹啓, "測雨事件, 曾已受敎. 然有未盡處, 更具條列.一, 京中則鑄鐵爲器, 名曰測雨器, 長一尺五寸′徑七寸, 用周尺.作臺於書雲觀, 置器於臺上, 每當雨水後, 本觀官員親視下雨之狀, 以周尺量水深淺, 具書下雨及雨晴日時′水深寸分數, 隨卽啓聞置簿. 一, 外方則以鑄鐵測雨器及周尺每一件, 送于各道, 令各官一依上項測雨器體制, 或磁器或瓦器, 隨宜燔造, 作臺於客舍庭中, 置器臺上.周尺亦依上項體制, 或竹或木, 預先造作, 每當雨後, 守令親審下雨之狀, 以周尺量水深淺, 具書下雨及雨晴日時′水深尺寸分數, 隨卽啓聞置簿, 以憑後考. "從之.(『세종실록』, 세종 24년, 1442년 5월 8일.)

도(各道)에 보내어, 각 고을로 하여금 한결같이 상항(上項)의 측우기의 체제에 의거하여 혹은 자기(磁器)든지 혹은 와기(瓦器)든지 적당한 데에 따라 구워 만들고, 객사(客舍)의 뜰 가운데에 대를 만들어 측우기를 대 위에 두도록 하며, 주척도 또한 상항(上項)의 체제에 의거하여 혹은 대나무로 하든지 혹은 나무로 하든지 미리 먼저 만들어 두었다가, 매양 비가 온 후에는 수령이 친히 비가 내린 상황을 살펴보고는 주척으로써 물의 깊고 얕은 것을 측량하여 비가 내린 것과 비오고 갠 일시와 물 깊이의 척촌분(尺寸分)의 수(數)를 상세히 써서 뒤따라 계문(啓聞)하고 기록해 두어서, 후일의 참고에 전거(典據)로 삼게 하소서, 하니, 왕이 이를 따랐다."

1441년 기사에서보다 측우제도의 모습은 더욱 구체화되어 있다. '측우기(測雨器)'라는 확실한 이름이 붙었고, 길이가 1자 5치, 직경이 7치로 1441년 기록보다 크기가 작아졌다. 또 측우기의 수심을 재기 위해 주척(周尺)을 지정하였고, 주척은 1자가 20cm 정도의 척도였다. 서운관(書雲觀)에서 비가 올 때마다 측우기에 고인 빗물의 깊이를 측량하고 비가 오기 시작한 시간과 그친 시간까지 기록하게 되어 있다.

또 지방에서의 우량관측 모습도 더욱 확실하다. 도(道) 단위까지는 측우기와 주척을 보내고 이를 표준으로 지방 군읍에서 측우기를 설치하도록 된 것이다. 지방에서도 우량 계측의 규정은 물론 측우기가 설치될 위치와 우량을 관측하는 사람까지 지정되어 있다. 이같이 세종조의 측우사업은 국가적으로 중요하게 여겨지고 있었던 것이다.

　실록에는 호조가 세종에게 측우제도를 주청하고 이를 시행하는 것으로 기록되어 있다. 그러나 이는 실록의 기록방식일 뿐이고, 세종대왕이 측우제도의 시행을 구상하고 명령하였을 것이고, 그 시행 내용을 담당부서인 호조에서 보고하는 상황인 것이다. 또 1441년은 측우제도의 출발 시점이며, 1442년은 측우제도가 본격화된 것임을 나타낸다. 1442년 실록에도 전 해에는 '아직 다하지 못한 곳이 있으므로[然有未盡處]'라는 표현이 있어, 이를테면 1441년은 구상 차원의 시험사업이었을 것이고, 1442년에는 전국적인 본 사업이 실시된 것으로 보아야 할 것이다. 실록에 강우를 계측하는 지방이 도까지는 명시되었지만, 하위 지방행정 지역 이름까지는 명시되어 있지 않은 점은 아쉬움으로 남는다.

　1442년 이후 측우제도에 관한 사항은 『세종실록』에 더 이상 나오지 않는다. 이로 미루어 사업이 궤도에 올라 시행된 것으로 짐작된다. 세종 이후 측우사업이 지속된 것은 단편적인 문헌에서 확인할 수 있을 뿐, 상세한 자료가 남아있지 않다. 세종 임금 이후 왕조의 정치적 혼란으로 측우사업을 소홀히 했을 수도 있을 것이지만, 임진왜란과 병자호란의 큰 전쟁을 겪는 과정에서 제도가 무너지고 기록이 소실되어 버린 것이다. 강우기록이 수록된 승정원일기가 임진왜란 과정에서 불에 타 없어진 것은 참으로 아깝고, 통탄할 일이다.[12]

---

12 조선 개국 초부터 승정원일기가 있었으나, 임진왜란 때에 소실되어 인조 1년(1623)부터

현대 학자들은 세종대왕이 측우기를 창설한 이유에 대해 '기우제 의식용이다, 재해 예방용이다, 공평한 과세를 위한 것이다, 농업기상학의 발전을 위한 것이다.'라는 등 여러 이유를 들고 있다. 그러나 가뭄에 당하여 애타하는 태종, 세종 때의 상황을 볼 때 측우기는 벼농사를 위하여, 농업을 발전시키기 위하여 만든 것이 틀림없다.

측우기의 창설 목적을 '세금을 토지 등급과 그 해에 내린 비의 양을 근거로 부과하는 제도를 시행하기 위해서 측우망을 조직적으로 조직했다.'고 보는 견해도 있다.[13] 물론 측우기의 우량 계측 결과가 농사의 풍흉을 가려 세금을 부과하는 데 사용되었을 수도 있다. 또 심한 가뭄으로 인해 벼농사가 폐농이 되었을 때 세금을 면제하는 기준이 되었던 경우도 있었다. 그러나 측우기를 '만들어서 세금 부과에도 활용했다.'는 말과 측우기를 '세금을 부과하기 위해 만들었다.'는 말은 단어는 같아도 의미는 전혀 다르다. 측우기의 창설 목적을 세금에만 관련짓는 것은 지나친 논리의 비약이며 견강부회가 아닐 수 없다.

고종 31년(1894)까지 270여 년간의 일기만이 현존한다.
13 남문현, 『장영실과 자격루』, 서울대학교출판부, 2002.

농서에 나타난 민속 기상[14]

① 해와 달을 보고 일기 예측하기
○ 햇무리가 지면 거의 비가 내린다.
○ 남이(南珥)가 생기면 맑고, 북이(北珥)가 생기면 비, 양이(兩珥)가 나타나면 바람이 비가 그치고 비가 그친다.
○ 해가 뜨고 질 때 그 둘레가 밝으면 맑고, 조각구름이 있더라도 밝거나 영롱한 광채가 있으면 역시 맑다. 그 반대일 경우 흐리거나 비가 온다.
○ 해지기 직전 해가 거꾸로 비치면 맑고, 해진 다음 하늘이 붉으면 비는 없고 바람이 인다.
○ 해가 막 뜨려 할 때 동쪽과 동남쪽 하늘이 붉고 맑으면 개이고, 따듯하며 붉지 않아도 맑으면 갠다. 만약 검은 구름이 가리고 어둡거나, 자줏빛 검은 구름이 해를 위아래로 덮거나, 검은 구름이 여러 가지로 나타나면 그날은 비가 온다. 바람이 세면 비가 오전에 오고, 바람이 약하면 오후에 온다.
○ 달무리가 지면 바람이 있다.

② 별을 보고 일기 예측하기
○ 비온 뒤 흐리면서도 별이 한 두 개 보이면 그날 밤은 반드시

---

14 유중림(柳重臨, ?~?), 『증보산림경제(增補山林經濟)』.

맑다.
- ○ 오래 비가 오다가 저녁에 갑자기 멎고 하늘 가득 별을 보게 되면 다음날 비가 올 뿐 아니라 그날 밤에도 개지 않는다.

③ 바람과 비로 일기 예측하기
- ○ 봄에 남풍이 불거나 여름에 북풍이 불면 반드시 비, 겨울에 남풍이 3~4일 불면 반드시 눈이 온다.
- ○ 북동에서 바람이 불면 반드시 비가 와 곧 개기 어렵고 동풍이 급하면 주로 비가 오고, 바람이 급하고 구름 또한 급하면 반드시 비가 온다.
- ○ 5경에 갑자기 비가 오면 낮에는 반드시 개이고, 저녁 비는 개지 않고, 비가 수면에 떨어져서 거품이 일면 곧 개지 않는다.
- ○ 비가 눈과 섞이면 개기 어렵고, 쾌우(快雨) 다음에는 쾌청(快晴)하다.

④ 구름 보고 일기 예측하기
- ○ 구름이 동쪽으로 가면 맑고, 서쪽으로 가면 비, 남쪽으로 가도 비, 북쪽으로 가면 맑다.

2.
측우제도의 재건 과정

세종대왕이 측우기를 창시한 이후 330년이 지난 영조 임금 때에 측우기와 측우제도는 다시 세상에 나타난다. 이덕무(李德懋, 1741~1793)의 글에 '중간에 그 법이 폐지되었다. 영조 46년(1770)에 다시 그 제도를 『세종실록』에서 얻어' 복원한 것으로 기록되어 있다.[15] 측우제도는 문헌 상 중종 때까지는 시행된 것으로 확인된다. 그 후 측우제도가 정책적으로 폐지된 것인지 아니면 전란으로 인해 흐지부지되어 버린 것인지 확실치 않다. 다만 확실한 것은 임진왜란 이후에는 측우를 하지 않았다는 사실이다.

제21대 왕 영조(英祖, 1694~1776)가 측우사업을 시작한 경과는 다음과 같다.

---

15 其法中廢. 先大王四十六年, 得其制於世宗實錄.(『靑莊館全書』「雅亭遺稿」第五卷.)

영조는 1770년 5월 측우기를 지방에 배포한다. '상이 세종조 측우기의 제도를 열람하고, 호조에 명하여 이를 제조하여 두 궁궐과 관상감에 설치하고 또 양도(兩都)와 팔도에 나누어 보내 비가 내릴 때마다 몇 자 몇 치로 보고하도록 하였다.'는 것이다.[16]

『영조실록』에 측우제도 시행에 대한 상황이 자세히 실려 있다. 기사 제목은 '팔도와 양도에 측우기를 만들어 우수의 다소를 살필 것 등을 명하다.'이고 전문은 다음과 같다.[17]

> "세종조의 옛 제도를 본받아 측우기를 만들어 창덕궁(昌德宮)과 경희궁(慶熙宮)에 설치하라고 명하였다. 팔도(八道)와 양도(兩都)에도 모두 만들어 설치하여 빗물의 다소를 살피도록 하고, 측우기의 척촌(尺寸)이 얼마인가를 속히 알리도록 하였다. 이어 하교하기를, '이는 곧 옛날에 일풍일우(一風一雨)를 살피라고 명하신 높은 뜻을 본뜬 것이니, 어찌 감히 소홀히 하겠는가? 들건대, 『세종실록』에 측우기는 석대를 만들어 안치하였다고 하였다. 금번 두 궁궐(宮闕)과 두 서운관(書雲觀)에 모두 석대를 만들되 높이는 포백척(布帛尺)으로 1자요, 너비는 8치이며, 석대 위에 둥그런 구멍을 만들어 측우기를 앉히는데, 구멍의 깊이는 1촌이니, 경신년의 신제척(新製尺)을 사용하라.'

---

16 『國朝寶鑑』제67권, 영조 46년.
17 命倣世宗朝舊制, 造測雨器, 置昌德慶熙兩闕, 令八道兩都皆造置, 俾審雨澤多少, 以測雨器尺寸幾何, 馳啓以聞, 仍教曰: "此卽體昔年一風一雨命審之聖意, 何敢放忽? 聞實錄以爲, 測雨器設石以置. 今者兩闕雨雲觀, 皆造石臺, 高布帛尺一尺, 廣八寸, 臺上造圓穴安之, 穴深一寸, 用庚申新製尺." 蓋庚申取三陟府在所世宗朝布帛尺, 參考大典, 製尺式也.(『영조실록』, 영조 46년, 1770년 5월 1일.)

하였다. '경신년의 신제척'은 경신년에 삼척부(三陟府)에 있는 세종조 때의 포백척을 취하여 『경국대전(經國大典)』을 참고해서 자[尺]의 규식(規式)을 새로이 만든 것이다."

영조는 세종조의 측우기를 복원하고 있다. 측우기가 설치된 곳이 도성 안에서는 창덕궁(昌德宮)과 경희궁(慶熙宮)의 양궁과 관상감이고, 팔도(八道)와 옛 도읍이 있던 개성과 강화(兩都) 유수부에서도 우량을 관측토록 하였다.

측우에 사용된 자는 경신년에 제정된 자[新製尺]였다. '경신년의 신 제척'은 명종 경신년에 강원도 삼척부에 있는 세종 때의 자를 가지고 『경국대전』 도량법을 참고하여 황종척, 주척, 영조척, 예기척의 규격을 재정비한 것을 말한다. 측우기의 정비와 함께 우량계측에 사용할 계측 기구까지 갖추어진 것이다.

『문헌비고(文獻備考)』에도 영조 46년인 1770년에 측우기를 재건한 것에 관한 자료가 실려 있다. 내용은 실록과 비슷하지만, 관심을 두고 살펴야 할 대목이 나온다. 영조는 '『세종실록』에 측우기가 있다는 사실을 알자' 매우 기뻐했다는 것이다. 세상은 한 동안 측우기를 잊고 있었던 것이다. 실록과 겹친 부분을 제외한 내용은 다음과 같다.[18]

---

18 實錄中測雨器一條, 聞來不覺蹶然而坐, 近者雖非祈雨, 令報水標欲之深淺. 而是器至理存焉. 且非力者, 依此制令雲觀造置, 八道兩都示造置. 此比諸一犁一鋤, 報頗爲詳密. 凡雨澤狀聞以營下所見, 測雨器尺寸幾何結語以聞.(『文獻備考』卷三「象緯考」'儀象'條).

"왕께서는 이르시기를, 왕조실록에 측우기에 관한 것이 있다는 것을 듣자 본인도 모르게 엎어지듯 앉으시더니, 근래 비록 기우하지 않았지만 물 깊이를 알고 싶으니 수표(水標)를 보고토록 하라고 명하였다. 그리고 이 측우기는 지극한 이치가 담겨 있고 또 힘이 들지 않는 것이다. 이 제도에 의거하여 만들어 서운관에 비치하도록 하라고 명하시고, 8도와 양도에 만들어 비치하라 지시하였다. 물이 든 깊이를 쟁기가 들어갈 정도, 호미가 들어갈 정도[一犂一鋤]라 보고함에 견주어 자못 자세한 것이다. 무릇 비가 내린[雨澤] 상황을 지방[營下]에서 측우기의 척촌이 얼마였는지를 정리해 상주하라 하셨다."

영조시대에는 측우제도가 무너져 강우량의 파악을 수표(水標)에 의존하고 있었고, 또 지방의 비가 내린 상황보고[雨澤報告]를 세종 이전의 방식인 빗물이 땅에 스며든 정도인 입토심(入土深) 조사에 의지하고 있었던 것이다. 글에서 영하(營下)는 조선시대 각 지방에 있는 감영(監營), 병영(兵營), 수영(水營), 유수영(留守營)을 두루 일컫는 말이다.

영조가 측우기에 대해 듣고는 측우기라는 놀라운 기구의 실체와 내용을 알고는 '자신도 모르게 무릎을 버썩 세우고 앞으로 엎어질 듯 몸을 기울인 상황'을 묘사한 것이리라. 영조는 측우기의 필요성과 효용성을 깊이 인식한 현명한 왕이었다.

영조는 측우기와 더불어 경희궁 서화문 안에 돌을 쌓아 풍기대(風旗竹)를 만들고 풍기(風旗)를 세워 '옛날을 본받아 일풍일우(一風一雨)를 살피라.'고 명한다. 풍기는 오늘날의 풍향계와 같은

〔그림 5〕 창덕궁측우대의 명문 전면

것이다. 바람과 비[風雨]의 순조로움이 국가적으로도 소중한 것을 깊이 인식한 것이다. 이로써 측우기와 측우제도는 3백 년만에 복원되었다.

　　영조에 이어 왕위를 계승한 정조(正祖, 1752~1800, 재위 1752~1800)도 측우제도 발전에 더욱 공을 들인다. 우량관측 기록을 살펴보며 농사 형편을 가늠해 보면서 측우제도의 확충에 힘쓴다. 정조가 가뭄에 대해 애타하며, 측우제도를 확충하는 과정은 규장각[19] 앞에 측우기를 설치하고 쓴 1782년의 명문에서 잘 나타난다.

---

19 규장각(奎章閣)_ 역대 임금과 관련이 있는 책과 초상화와 인장 등 유물을 모아 보관하는 곳이었으며 조선왕조 최초의 왕립도서관 또는 왕립박물관 기능을 담당하였다. 정조는 차츰 규장각의 조직과 기능을 늘려 개혁정치를 위한 발판으로 만들어 나갔다.

이 명문은 와다 유지가 1910년에 쓴 『조선고대관측성적조사보고』에 전문이 수록되어 있다. 와다는 규장각측우기의 대에 새겨져 있는 글[銘文]을 옮겨 적으려 했지만, 마모된 글자를 판독하지 못해 여러 군데를 빈 곳으로 남겼고, 또 잘못 읽은 글자도 있다.

다행히 국립중앙도서관에 측우대의 명문을 탁본한 것이 남아 있다. 정조 때의 강우와 측우 상황을 알려주는 귀중한 글이다. 전문을 원문과 같이 수록한다.

〈측우기 명문〉[20]

측우를 함에 기구가 있었는데 저 윗대 세종 24년(1442)에 구리를 부어 만든 것이다. 높이가 1자 5치이고 원의 지름은 7치였다. 서운관

---

20 이 측우기 명문을 당시 규장각 검서관이었던 이덕무(李德懋)가 정리해 『청장관전서(靑莊館全書)』에 수록하였다. 내용은 비슷하지만 비가 온 수심이 '1척 2촌'라고 적혀 있는 등 차이가 있다.

〈測雨器銘〉

測雨之有器, 昉於世宗二十四年, 範銅爲之. 高一尺五寸, 圓徑七寸, 置書雲觀及諸道郡縣, 每雨尺其深以聞. 先大王四十六年, 得其舊制, 鑄置昌德慶熙二宮及八道雨都. 其爲器雖小, 雨聖朝憂勤水旱之政在焉. 顧不重歟, 上之六年夏畿甸大旱, 主璧編擧靈未普, 於是我聖上責躬求言, 親禱雩壇, 屛繖蓋御, 裒暑竟夕露處, 旣將事坐而待朝, 歸路駐輿, 釋死囚以下情輕者. 是日都人士女膽望感激, 亦有泣下曰, 聖上之爲民憂勤如此, 天豈不雨. 雖不雨民悅之猶雨也. 日未晡果大雨, 及夜凖一寸二分. 此實我聖上至誠之所感. 而猶憂其未洽, 命內閣, 鑄置測器於摛文院之庭, 以候之雨旣洽. 命臣祖銘, 臣志儉書, 蓋志善也. 臣等近臣也, 其未雨也必先知, 我聖上爲民之憂, 而不敢不同其憂. 旣雨也, 又必先知, 我聖上爲民之喜, 而不敢不同其喜. 是器也, 君民之憂喜係焉, 臣等敢不敬夸, 而謹候哉, 遂拜手稽首爲之, 銘曰, 相比分寸, 度彼方壞, 少周慮旱, 多亦傷撈, 繼玆萬年, 惟適是禱.

直提學 臣 沈念祖 奉敎撰. 直提學 臣 鄭志儉 奉敎書.

과 제도 군현에 설치하여 매번 비가 올 때마다 그 깊이를 재어 보고 하였다. 선대왕(영조) 46년(1770)에 옛 제도를 얻어, 이를 주조하여 창덕, 경희 2궁 및 8도와 양도(兩都)에 설치하였다. 측우기의 크기는 비록 작지만 두 성조(聖朝, 세종과 영조)의 가뭄을 근심하는 정사(政事)가 담겨 있는 것이다. 돌이켜 재론하지 않더라도 금상 6년(1782) 여름 경기도[畿甸] 지방이 크게 가물어 기우제를 자주 올렸으나 영험의 감응이 두루 미치지 못하였다.

이에 우리 성상께서는 자책하여 바른 말을 널리 구하시고 친히 기우제단에 기우제를 지내시니, 산개(繖蓋)를[21] 물리치고 곤룡포와 면류관으로 납시어 저녁이 다하도록 이슬이 내리는 곳에서 기우제를 끝내고 앉으셔서 날이 밝기를 기다리셨다. 귀로에 가마를 멈추게 하시고 사형수 이하의 형벌이 가벼운 자를 석방하시니, 이 날 도성의 남녀들이 우러러 감격하며 눈물을 흘리며 말하기를 '성상의 백성을 위하여 근심함이 이와 같으니 하늘인들 어찌 비를 내리지 않을쏘냐. 비록 비는 오지 않아도 백성들의 기쁨은 비가 온 것과 같다.'라고 하였다.

날이 포시(晡時, 오후 3~5시)에 이르지 않았는데 과연 큰 비가 내리어 밤에는 1치 2푼이나 되었다. 이것이야말로 실로 우리 성상의 지성에 감응한 것이다. 그런데도 근심하심에 비가 미흡하다 하시고, 내각에 명하여 이문원(摛文院)의 뜰에 측우기를 주조하여 비치하게 하셨으며, 비의 족함과 부족함을 살피라 하셨다. 그리고 신(臣) 념조(念

---

21 산개(繖蓋)_ 비단으로 만든 일산(日傘).

祖)에게 명문(銘文)을 짓고, 신(臣) 지검(志儉)에게 글을 쓰게 하도록 명하셨으니, 이는 뜻이 선하심이라. 신 등은 가까이 모시는 신하이니 비가 내리지 않을 적에는 반드시 먼저 우리 성상께서 백성의 걱정을 주는 것을 알아 감히 그 걱정을 같이하지 않을 수 없었고, 이미 비가 내리면 또한 반드시 먼저 우리 성상께서 백성의 기쁨을 기뻐해 주는 것을 알아 감히 그 기쁨을 같이하지 않을 수 없었으니, 이 측우기는 임금과 백성의 기쁨과 걱정이 매인 것이라, 그 어찌 감히 조심스럽게 지키며 살피기를 삼가지 않겠는가.

글쓰기를 마치고 손을 머리에 대고 절하며 명문(銘文)을 새겨 이르되, 강우의 그 분촌(分寸)을 살피고, 사방의 땅을 헤아려, 적으면 가뭄을 걱정하고, 많아도 또한 근심하오니, 만세토록 오로지 비가 알맞게 내리기를 기원하나이다.

직제학(直提學) 신(臣) 심념조(沈念祖)가 받들어 짓고[敎撰],

직제학(直提學) 신(臣) 정지검(鄭志儉)이 받들어 씀[敎書].

가뭄에 마음을 졸이는 정조 임금과 단비에 기뻐 춤추는 주위의 상황을 잘 보여준다. 오늘날과 같이 대형저수지나 댐이 없어, 오직 하늘에서 내리는 비에 농업용수를 의존했던 당시, 때맞추어 내리는 비는 참으로 하늘이 주는 선물이었던 것이다.

정조 때에 만들어진 이 측우기가 세워진 이문원(摛文院)은[22]

---

[22] 이문원(摛文院)_ 창덕궁 안에 설치된 규장각의 부대시설로 조선시대 역대 왕의 어제(御製)·어필(御筆)·어진(御眞)·고명(顧命)·지장(誌狀) 등을 봉안·편찬·간행·보관하던 곳이다. 이문원(摛文院: 글을 펴는 곳이라는 뜻.)은 본디 임금의 초상화와 옥책(玉冊)

창덕궁 선원전(璿源殿) 서편에 있던 건물로 규장각 학사들의 사무실이었다. 이 측우기는 오늘날 '창덕궁측우기' 혹은 '규장각측우기'라 불리는데, 측우기는 유실되고 측우대만 남아 있다. 불과 2백 수십 년 전에 선조가 만들어 준 귀중한 문화유산을 후인들이 지키지 못한 것이다. 아쉽고 안타까운 일이다.

정조 임금은 항상 측우기로 강우량을 파악하면서 농업이 되어 가는 사정에 관심을 둔다. 이러한 상황을 일성록(日省錄)에서[23] 찾아볼 수 있다. 일성록은 임금의 입장에서 펴낸 일기의 형식을 갖추고 있으나 실질적으로는 정부의 공식적인 기록이다. 일성록은 일기라는 형식의 기록을 통해 왕이 날마다의 생활을 반성한다는 것이며 임금이 국정을 파악하는 데 매우 중요한 역할을 하였다. 그러나 왕이 쉽게 열람할 수 있도록 모든 기록을 다시 분류하여 편집한 것이라서 임금마다의 취향이 일기 내용에 반영되었다.

정조의 일성록에는 측우에 관한 기록이 자주 등장한다. 정조가 즉위한 1776년에서 1787년까지 12년 동안 일성록에는 강우에 대한 기록이 모두 496건이 나온다. 정조 즉위 초년도인 1776년 3월의 강우에 관한 기록은 다음과 같다.

○ 3월 1일, 밤 5경에 측우기(測雨器)의 수심(水深)은 3푼이었다.

등 문서와 유물을 보관하던 곳이었는데 정조는 이 건물을 규장각 각신과 검서의 근무처로 삼았다.
23 일성록(日省錄)_ 조선 영조 36년(1760) 1월부터 1910년 8월까지 역대의 조정과 내외의 신하에 관련된 일기이다. 임금의 입장에서 펴낸 일기의 형식을 갖추고 있다.

- 3월 2일, 동틀 무렵부터 사시(巳時)까지 내린 비로 측우기 수심은 1치 5푼이었다.
- 3월 14일, 4경부터 5경까지 내린 비로 측우기의 수심은 2푼이었다.
- 3월 19일, 사시(巳時)부터 오시(午時)까지 내린 비로 측우기의 수심은 1푼이었다.
- 3월 26일, 유시부터 5경까지 비가 내렸는데, 측우기의 수심은 2푼이었다.

일기는 우선 '비가 내렸다.'로 시작되며, 비가 언제부터 와서 언제까지 왔으며, 얼마나 내렸나가 기록되어 있다. 그리고 우레, 번개, 우박과 같은 돌발적인 기상변화가 적혀 있기도 한다.

정조가 이처럼 강우량에 대해 신경을 쓰는 것은 단순히 비가 내린 양을 알고자 함만은 아니었고, 농사일이 순조롭기를 바라는 마음에서였다. 그러한 모습이 정조 23년의 실록에 잘 나타나 있다.[24]

"신해년(1791) 이후로 내린 비의 많고 적음을 반드시 기록해 두었는

---

24 辛亥以後, 雨澤多寡必錄置, 通一年計之, 辛亥則八尺五寸九分, 壬子則七尺一寸九分, 癸丑則四尺四寸九分, 甲寅則五尺八寸, 乙卯則四尺二寸二分, 丙辰則六尺八寸五分, 丁巳則四尺四寸六分, 戊午則五尺五寸六分. 以昨年今年是月計之, 則昨年是月, 測雨器水深, 殆近尺餘, 而今年是月, 則所得纔爲二寸. 秋事之如何, 雖未可預料, 而目下民情, 甚切悶矣.『정조실록』, 정조 23년, 1799년 5월 22일.)

데 1년 치를 통계해 보았더니 신해년에는 8자 5치 9푼이었고, 임자년에는 7자 1치 9푼이었고, 계축년에는 4자 4치 9푼이었고, 갑인년에는 5자 8치이었고, 을묘년에는 4자 2치 2푼이었고, 병진년에는 6자 8치 5푼이었고, 정사년에는 4자 5치 6푼이었고, 무오년에는 5자 5치 6푼이었다. 지난해와 올해의 이번 달을 가지고 계산해 보면, 지난해 이달에는 측우기의 물깊이가 거의 1자 남짓이나 되었는데 올해 이 달에는 내린 비가 겨우 2치이었다. 가을 수확이 어떨지는 미리 알 수 없지만 지금의 백성들의 실정은 참으로 매우 딱하다."

정조는 7년간의 측우기 강우기록을 통해 그 해의 강우량을 가늠해보고, 또 월별 자료를 통해 지난해 같은 달과 비교하여 그 해의 농사 상황[農形]을 예상해보려 하고 있다. 농형은 '그 해 농사(農事)의 잘되고 못된 형편'을 말하지만, 시기마다의 농사일 진척 상황을 표현한 말이기도 하다.[25] 기록되어 있는 장기 강우량을 확인하여 농사일을 살피며 미래에 대비한다는 관점에서 현대 기상통계의 활용방안과 일맥이 상통한다.

정조 22년(1798)에는 봄부터 무척 가물었다. 1월에서 6월까지 내린 강수량이 230mm에 불과하였다.(부록 연도별 강우량 참조.) 6월 초7일에, "전라감사 이득신(李得臣)이 글로서 도내의 농형우택을 보고하면서, '대파(代播)가 다소 늦어져서 조금 후에 보고하겠다.'고 알려 왔다.

---

25 농형과 같은 말로 연사(年事), 연형(年形)이 있다.

"왕께서 이르시기를 '어제의 비로 측우기의 수심이 5치 이상이니 정말 다행스럽다[測雨器水深過五寸, 萬幸幸]. 그 도(道)의 강수량은 얼마나 되었겠는가. 농형우택을 보고하라. 매번 지체되니 차후에는 각별히 대파에 유의하라.'고 하교하였다."

측우 보고에 근거하여 가뭄으로 인하여 이앙하지 못한 곳에 다른 작물을 대파토록 각별히 주의를 하달한 것이었다. 양력 7월까지도 비가 안 와서 벼 이앙이 불가능해지자, 메밀과 같은 작물을 벼 대신 파종[代播]하도록 독려하는 것이다. 대파를 할 경우 종자를 보급하고, 대파한 논에는 세금을 경감하는 등 정책을 시행하였다. 이처럼 측우기록은 시급한 영농정책을 결정하는데 핵심 정보가 되었던 것이다.

비변사등록과 같은 문서에는 강우와 관련해서 여름철에 '우택농형사(雨澤農形事), 우택농형치계사(雨澤農形馳啓事) 또는 도내농형이우택치계(道內農形而雨澤馳啓)'란 기록이 빈번히 나타난다.(정조 16년~22년.) 치계(馳啓)란 파발마에 의한 보고로 당시로서는 가장 신속한 정보 전달 방식이었다. 8도 각 지역의 농사 형편과 강우 상황을 신속히 보고받은 것이다. 이러한 보고도 비가 온 정도를 정확히 숫자로 전달할 수 있어야 중앙과 지방의 의사소통이 원활했을 것이며, 측우기에 의한 강우기록은 중앙의 정책 결정을 위한 키워드가 될 수 있었다.

정조도 가뭄이 들면 기우제를 지내 비가 내리기를 기도하기도 했지만, 측우 계측 자료를 통해 기상변화에 적극적으로 대응하려는 과학적 사고를 가진 영명한 군주였던 것이다.

당시 도성에는 측우기가 양 궐과 두 관상감에 비치되어 있었다. 「동궐도(東闕圖)」의 한 부분에 기상 관측기기가 설치되어 있는 모습이 묘사되어 있다. [그림 6]에서와 같이 전각의 앞마당에 해시계, 간의, 측우기가 배치되어 있다. 이렇듯 측우기를 가까이 두었기에 정조 임금은 항상 우량을 파악할 수 있었을 것이다.

「동궐도」는 본궁인 경복궁 동쪽에 있는 창덕궁과 창경궁을 그린 것으로 가로 576cm, 세로 273cm의 16첩 병풍으로 꾸며져 있다. 그림에 들어있는 건물들의 소실 여부와 재건된 연대 등으로 짐작하여 순조 30년(1830) 이전에 도화서 화원들이 그린 것으로 추정된다. 평면도인 궁궐지(宮闕志)나[26] 동궐도형보다 건물 전경이나 배치를 시각적으로 잘 표현하고 있어 고증적 자료로서 중요한 가치를 지니고 있으며 국보 제249호로 지정되어 있다.

---

26 궁궐지(宮闕志)_ 숙종 때 편찬하였고 헌종 때 증보·수정된 조선의 궁궐과 이에 부속된 전각(殿閣)·당재(堂齋)·누정(樓亭)·대헌(臺軒) 등의 창건연혁과 위치 등을 기록한 총 5권의 책. 1책은 경복궁(景福宮)·창경궁(昌慶宮)·창덕궁(昌德宮)·경덕궁(慶德宮)·어의동궁(於義洞宮)에 대해 기록하였고, 제2책 이하는 경복궁·창덕궁·창경궁·경희궁(慶熙宮) 및 이에 부속된 전각의 사적을 기록하였다. 책머리에는 숙종 21년(1695)에 쓴 어제서(御制書)가 있다.

〔그림 6〕 동궐도의 측우기

측우기 창제 목적에 관한 이설(異說)

측우기를 만든 목적이 세금 징수와 밀접한 관련이 있다는 설이 있다. 서울대학교 이태진 교수는 '측우기는 세종대왕이 농업세제 개혁 시 정확한 세금부과를 위해 풍흉의 정도를 참고하고자 강우량 측정이 필요해 만든 것'이라는 학설을 제기했다.[27]

이 교수는 재정관련 부서인 호조에서 측우기를 담당한 것을 보면 '측우기는 세금징수와 관련된 것임이 분명하다'고 주장했다. 이러한 기능을 갖는 측우기도 16세기에 들어서면 다른 천문기구와 마찬가지로 잘 사용되어지지 않았다고 이 교수는 설명했다. 그 이유는 당시 농업기술이 지속적으로 발전해서 이 시기에 이르면 토지생산력이 크게 증가해 모든 토지를 풍흉 9등급 중 일률적으로 최하급인 하하(下下) 등급에 맞추어도 국가에서 정한 세금 할당량을 충분히 거둘 수 있었기 때문이라 말했다. 이에 따라 강우량 측정을 통한 풍흉 정도를 정할 필요가 없어 측우기 역시 필요 없어진 것이라고 설명했다. 1987년 3월 25일자 동아일보에 보도된 내용이다.

○ 상당히 편향된 주장이다. 호조(戶曹)는 조선시대에 호구(戶口), 공부(貢賦), 전토(田土) 및 식량과 기타 재화·경제에

---

27 이태진, 「세종대왕의 천문연구와 농업정책」, 『애산학보』 제5호, 1987.

관한 정무를 맡아보던 중앙관청이지 세금 전담기구만은 아니었다. 그리고 이 논문은 18세기 영조 때 측우기가 재건된 사실과 그 목적을 간과하고 있다.

4장
수표와 풍기의 실체

1. 수표란 어떤 것인가

수표(水標)는 세종 때 측우기와 함께 창안된 하천 수위계(水位計)이다. 측우기가 가뭄에 대비한 것임에 비하여, 수표는 홍수를 대비해 만들어진 것이다. 수표 역시 기상 변이를 관측하려는 노력의 산물이었다.[그림 7]

『세종실록』에는 측우기가 창제된 당시 수표도 같이 제정되었음을 밝히는 기사가 있으며, 수표에 대한 내용은 다음과 같다.[1]

"또 마전교 서쪽 수중에다 박석을 놓고, 돌 위를 파고서 받침돌 둘을 세워 가운데에 방목주를 세우고, 쇠갈고리로 부석을 고정시켜

---

[1] 又於馬前橋西水中, 置薄石 石上刻, 立趺石二, 中立方木柱, 以鐵鉤鍊趺石, 刻尺寸分數 於柱上. 本曹郞廳, 審雨水淺深分數以聞. 又於漢江邊巖石上, 立標, 刻尺寸分數, 渡丞以 此測水淺深告本曹.(『세종실록』, 세종 23년, 1441년 8월 18일.)

〔그림 7〕 현재 세종기념관에 보존되어 있는 수표

　　척촌분수를 기둥 위에 새기고, 본조 낭청이 우수의 천심 분수를 살펴서 보고하게 하고, 또 한강변의 암석 위에 푯말을 세우고 척촌분수를 새겨, 도승이 이것으로 물의 천심을 측량하여 본조에 보고하여 아뢰게 하며…"

　　수표가 세워진 장소는 청계천의 마전교 천변으로 후일 이 다리는 수표교(水標橋)로 불리게 되었다. 1530년에 발간된 『신증동국여지승람』에² 의하면 '수표교는 장통교 동쪽에 있다. 다리 서쪽 물 가운데 석표를 세우고 척촌의 수를 새겼는데, 빗물이 나면 거기에 의하여 깊고 옅음을 안다.'고 하였다.³ 세종 때 수표는 '네모난 기둥[方木柱]'이었으니 목제였고, 후일에 석제[石標]로 대치된 것이다. 장통교는 서울 중구 장교동(長橋洞) 51번지와 종로구 관철동(貫鐵洞) 11번지 사이의 청계천에 있던 조선시대의 다리이다. 조선시대 5부 52방 가운데 하나인 장통방(長通坊)이⁴ 있던 자리라 하여 장통교라는 이름이 붙었다.

　조선시대 한양 백성들은 봄이 오는 정월 대보름날에 수표교에서 연날리기도 하고, 밤을 새워 답교(踏橋)놀이를 하였다. 수표교를 비롯한 청계천의 12다리를 모두 밟으면 일 년 열두 달의 액을 면할 수 있으며, 특히 여인들은 1년간 다릿병이 생기지 않는다는 속설이 있었기 때문이다.

　정월 대보름 밤에는 숭례문과 함께 흥인문을 활짝 열어 모든

2　『신증동국여지승람(新增東國輿地勝覽)』_ 인문지리서(人文地理書)로 통치상 지리지의 중요성에 따라 1432년『신찬팔도지리지(新撰八道地理志)』를 찬진(撰進)하였다. 그 후 명나라에서 『대명일통지(大明一統志)』가 들어오자, 양성지(梁誠之)·노사신(盧思愼)·강희맹(姜希孟)·서거정(徐居正) 등이 성종의 명으로 이 체제를 본 따 1481년에 『동국여지승람(東國輿地勝覽)』 50권을 완성하였다. 1486년에 이를 다시 보완하여 『동국여지승람』 35권을 간행하고, 1499년(연산군 5)의 개수를 거쳐 1530년에 이행(李荇)·홍언필(洪彦弼)의 증보에 의해 완성을 보게 되었다.
3　水標橋, 在長通橋東, 橋西水中立石標, 刻尺寸之數, 凡雨水以知深淺.(『신증동국여지승람』 권제3, 한성부 교량.)
4　장통방(長通坊)_ 현재의 종로구 장교동과 관철동 일대.

백성들의 내왕을 자유롭게 했고, 청계천의 다리에는 답교놀이를 하는 인파가 밤새도록 끊이지 않았다 한다. 답교놀이가 가장 성황을 이룬 곳이 수표교였다.

김매순(金邁淳, 1776~1840)이 한양의 연중행사를 기록한『열양세시기』에는[5] 답교놀이가 다음과 같이 묘사되어 있다.

"정월 대보름 상원날 밤에 열두 다리를 밟으면 일 년 열두 달의 액운을 없이 할 수 있다고 해서, 공경 귀인부터 여염의 서민들까지 늙은이나 병든 사람 말고는 다리 밟기에 나오지 않는 이가 거의 없다. 가마나 말을 타거나 지팡이를 끌고 나오는 사람들까지 거리거리 메어지고, 풍악과 음식 그릇이 사람 모인 곳마다 어지러울 만큼 수선스럽다. 이 답교놀이는 4월 8일 부처님 오신 날의 연등놀이와 함께 일 년 중 가장 성대한 놀이이다. 이 두 밤에는 해마다 임금께서 친히 명을 내려 야금(夜禁)을 해제한다."

수표가 세워져 있었으나 조선 전기시대의 수표 수위 기록은 그다지 많이 남아있지 않다. 왕조실록에는 수표교와 한강의 수위 기록이 드물게 보인다. 1554년『명종실록』에 "한강(漢江)이 비 때문에 넘쳐서 수위(水位)가 21자 2치나 되었고, 강변에 사는 백성의 집 20채가 반쯤 잠겼다."란[6] 기록이 있다. 1570년『선조실록』

---

5 『열양세시기(洌陽歲時記)』_ 열양(洌陽)은 한양 곧 서울을 지칭하는 것으로 열양세시기는 옛 서울[漢陽]의 세시풍속과 연중행사를 기록한 책이다.
6 『명종실록』, 명종 9년, 1554년 6월 6일.

에 "예조가 아뢰기를, 이달 14일 비가 내려 수표교(水標橋)의 수심이 6자 4치입니다."라는[7] 수위 기록이 있다. 세종대에 수표를 설치했을 때에는 호조에서 수표교의 수위를 보고하게 되어 있는데, 선조 때에는 예조에서 보고하고 있는 점이 다르기는 하다.

세종이 수표를 설치한 후 수표교와 한강의 수위는 계속 기록되고 있었을 것이다. 그러나 임진왜란(1592~1598)으로 인해 왕조실록보다 수위 기록이 상세히 수록되어 있는 승정원일기가 소실되어 버려 남아 있는 조선 전기의 수위 기록이 적어진 것이다. 이는 승정원일기가 남아 있는 인조 이후의 실록과 비교하면 잘 알 수 있다.

633년에 서울에 큰물이 들었다. 인조 11년 실록 기사에는 "7월 19일, 경사에 큰물이 지다."라고 간단히 기록되어 있는데, 이 상황에 대해 승정원일기에는 중부수표의 강우로 인한 수위 상황이 매우 상세하게 나온다.[8]

인조 26년 실록에는 왕이 큰 비가 내렸는데도 수표의 수위 보고를 태만히 한 것을 꾸짖는 기록이 있다.[9]

---

7 『선조실록』, 선조 3년, 1570년 5월 14일.
8 〈좌목. 강우량을 보고하는 중부 수표직의 수본(手本)〉
　○7월 19일, 중부(中部) 수표직(水標直)의 수본에 '이달 18일부터 19일 동틀 녘까지 비가 내렸는데 수표(水標)에서 7자 5치를 넘었다.'고 하였다.
　○7월 22일, 중부 수표직의 수본 내용은, '21일 신시(申時) 말(末)에 비가 내려 수표의 8자 높이로 물이 흘러갔습니다.'라고 하였다.
9 『인조실록』, 인조 26년, 1648년 5월 14일.

"상이 정원에 하교하였다. '어제 큰비가 내렸는데 수표단자(水標單子)를 아직도 입계하지 않고 있으니, 어찌하여 이처럼 태만하단 말인가.'"

수표 설치의 우선 목적은 홍수로 인한 강의 범람 상황을 알기 위함이었다. 성안에 있는 청계천 수표는 호조나 예조의 낭청원(郎廳員)이 관리하고 수위를 보고토록 되어 있었고, 한강에는 도승(渡丞)이 수표지기로 있으며 관측 결과를 호조를 경유하여 궁중에 보고토록 되어 있었다. 도승은 조선시대 한강변에 설치한 한성과 지방을 연결하는 나루터[津渡]의 관리책임자이다. 나루의 관리 책임자는 행인의 출입상황과 강수(江水)의 깊이를 측량하기도 하였다.

국고문헌 기록에는 수표의 이름이 여러 가지로 나와 있어 혼란을 준다. 승정원일기에 인조부터 경종까지는 중부수표와 남부수표로 구분되어 수위가 기록되어 있다.[10]

한강변에는 수표가 1개소밖에 없었다. 따라서 중부수표는 수

---

10 ○남부 수표직의 수본에 비가 내려 수표가 4자이었다고 함.(인조 24년, 1646년 6월 1일.)
○남부 수표직의 수본에 지난밤 비가 와서 수표가 3자 2치이었다 함.(효종 8년, 1657년 6월 8일.)
숙종 이후의 승정원일기에는 수위기록이 중부수표와 한강수표로 구분되어 기록되어 있다.
○중부 8자 5치. 한강은 인가가 물에 잠겨 부득이 측량 못함.(『숙종실록』, 숙종 28년, 1702년 6월 신미.)
○중부 6자, 한강 5자 5치.(『경종실록』, 경종 원년, 1721년 6월 임오.)

표교의 수표를 이르는 것이며 한강에 있었던 수표가 남부수표인 것이다. 또 중부, 남부의 구분 없이 그냥 수표로 표기한 수위 자료는 중부수표, 즉 수표교의 수표의 수위를 이르는 것이다.[11]

측우기가 만들어진 1441년에 수표교의 수표와 함께 한강수표를 '한강변의 암석 위에 푯말을 세우고' 수위를 쟀다고 했다. 『세종실록』에 기록된 한강변 수표는 지금의 한남대교 북단 옛 제천정(濟川亭)[12] 터에 세웠던 것으로 비정되고 있다. 제천정은 한강변 절경지에 세워졌던 왕가의 별장이었고 그 위치는 한남동과 보광동 경계의 작은 언덕이다. 이 제천정 남쪽 강가에 수표석으로 추정될만한 석주 비슷한 것이 1920년경까지 남아 있었으나 1925년에 있었던 소위 '을축년 대홍수'때[13] 유실되어 지금은 아무런 수표의 흔적도 남아있지 않다.

와다 유지는 「최근 140년간의 서울 우량」 논문에서 1400~1860년 청계천과 한강의 범람과 수위 상황을 '경성출수표(京城出水表)'란 이름으로 정리해 놓았다. 승정원일기, 왕조실록 그리고 조선에서 시행되었던 기우기청제사(祈雨祈晴祭祀) 등의 기록에서 뽑은

---

11 이덕수, 『한국건설 기네스(1) 길』, 보성각, 2010.
12 제천정(濟川亭)_ 현 한남동 557번지에 있던 정자로 세조 2년(1456)에 세워졌다. 정일전쟁까지 이 정자는 남아 있었는데, 그 후 왕실이 미국인 언더우드에게 불하되고는 건물이 유실되어 버렸다.
13 을축년 대홍수_ 일제강점기인 1925년에 조선에서 발생한 4차례의 홍수를 말한다. 한강과 낙동강 유역의 피해가 심했으며 홍수가 일어난 해가 을축년(乙丑年)이었기 때문에 을축년 대홍수라고 부른다. 7~9월의 4차에 걸친 홍수로 전국에서 647명이 사망했고, 3,200ha의 논과 3,200ha의 밭이 유실되었다. 그 홍수로 인한 피해액은 당시 돈으로 1억 300만원에 달하였고, 조선총독부의 1년 예산의 58%에 달하는 금액이었다.

	1	2	3	4	5	6	7	8	9	10	11	12월	계
횟수	2	0	0	2	6	15	78	47	20	2	2	1	175
%	1.1	-	-	1.1	3.5	8.6	44.6	26.9	11.4	1.1	1.1	0.6	100

주: 월이 없이 연도만 있는 2년을 제외한 것임.

〔표 3〕 서울 지역의 월별 홍수 횟수(1400~1859)

것이다. 여기서 출수(出水)란 홍수(洪水)와 같은 의미이다. 이 출수표에서 홍수가 일어난 달의 분포를 헤아려 보면 [표 3]과 같다.

홍수는 여름에 집중되고 7월에 가장 많이 일어났지만, 12월에 1번, 1월에도 2번 수해가 일어난 기록이 있다. 홍수가 진 상황에 대한 예로 태종 4년 7월 무오일(양력 1404년 9월 2일) 기록을 보자.

"성안에 물이 넘쳐 시가의 수심이 10여 자이다. 풍반교(楓反橋)[14] 수문이 무너져 성중 민가가 표류한 것이 35호, 반파된 것이 69호, 익사자는 12명. 마필이 10여필이다. 경기도 풍해(豊海) 동북면에 홍수가 져서 산이 많이 붕괴하다."

홍수 피해가 더 심한 경우도 있었다. 순조 임진년 6월 계미일(1832년 7월 5일)자 기록이다.

---

14 풍반교(楓反橋)_ 개성의 성문 이름. 조선이 개성에서 한양을 천도하기 이전의 기록이다.

"총융사[15] 유상량(柳相亮)이 금월 22일 밤 폭우로 본성 행궁 뒷산과 골짜기에 곳곳에 사태가 나서 행궁과 공관, 절, 누관이 무너지고 민가가 표류한 것이 45호, 물에 빠져 죽은 사람이 30명이라고 보고하다. 6월 보름 뒤부터 7월초까지 비가 오지 않는 날이 없어 수심이 1자가 넘고, 5부의 민가가 떠내려가고 무너진 것이 3,166호, 더위로 죽은 사람이 64명에 달하다. 기타 8도에서 가옥이 무너진 것이 7,670여 호, 압사자가 293명이다."

농사를 위해서는 비가 꼭 내려야 하지만 너무 많이 와도 탈이다. 가물면 기우제를 올리고 비를 바라지만, 비가 너무 많이 내린 해에는 농사를 망치고 수해가 일어난다. 그래서 날이 맑고 비가 그치기를 하늘에 기원하는 제사[祈晴祀]도 있었다. 자연은 인간이 원하는 것만을 주지는 않았다.

경성출수표에는 워낙 많은 내용이 실려 있어 그 기록 중에서 수표교와 한강의 수표가 나오고 수위가 기록된 기사만 정리해 부록으로 실었다.(부록 참조.) 수위 기록 중 특히 가뭄이 성했던 숙종 때 한강수표의 수위 기록이 80여 건이 넘게 남아 있으며, 영조, 순조 때의 수위 기록도 몇 건이 남아 있다. 숙종 이후 영·성조에 한강수위의 기록이 적은 것은 측우기가 재건되어 한강 수표 기록보다는 측우기록의 이용이 많아진 때문으로 보인다.

---

15 총융사_ 총융청(摠戎廳)의 최고직으로 종2품 무관 벼슬이다. 총융청은 조선시대에 둔 오군영의 하나로 인조 2년(1624)에 경기지역의 군무를 맡아보던 군영(軍營)으로 헌종 12년(1846)에 총위영으로 고쳤다가 철종 원년(1849)에 다시 총융청으로 고쳤다.

수표 설치의 본 목적은 홍수로 인한 수위의 파악에 있었지만, 강우의 정도를 가늠하는 측우기의 역할도 하고 있었다. 1770년 측우제도를 재건하기 이전에 영조는 수표에 의지해 강우 정도를 파악하고 있었다. 『문헌비고(文獻備考)』 영조 46년(1770)에 '근래 비록 기우하지 않았지만 물 깊이를 알고 싶으니 수표(水標)를 보고토록' 하였다는 내용이 있다.

영조가 강우에 대한 궁금증을 청계천에 있던 수표를 통해 풀고 있는 점은 『영조실록』과 다른 자료에서도 잘 나타난다.

영조가 수표를 통해 강우를 파악한 예는 다음과 같다.

○ 영조 7년(1731) 6월 13일.

이날 비로소 큰 비가 내리다. 전교하기를 "단비가 막 쏟아져 수표(水標)를 잇따라 알려오고 있으니, 농사를 생각하매 다행함을 이길 수 있겠는가? 또 신명(神明)을 섬기는 것은 마땅히 정성을 해야 하니, 내일 기우(祈雨)를 우선 중지하라."

○ 영조 38년(1762) 윤5월 1일.

"오늘 오는 비는 나를 살리고자 하는 것이니, 내 마음이 반은 이미 돌아왔다. 수표교(水標橋)에 만약 물이 1자만 넘으면 삼대(三對)를[16] 하

---

[16] 삼대(三對)_ 소대(召對), 차대(次對), 야대(夜對)를 말한다. 소대는 '임금이 아무 때나 신하들을 불러 경전에 대해 물어보거나 의견을 듣는' 것이며, 차대는 '매달 여섯 차례씩 의정(議政), 대간(臺諫), 옥당(玉堂) 들이 임금 앞에 나아가 정무를 보고하던' 일이다. 야대는 '왕이 밤중에 신하를 불러 경연(經筵)을 베풀던 일'이다.

고자 한다."

○ 영조 45년(1769) 6월 24일.
"오늘 비가 내렸는데 3치 8푼을 넘었을 것 같다. 선전관 한명이 말을 타고 달려가 수표교의 경진지평(庚辰地坪) 4자가 메워지지 않았는지를 보고 왔다."(기우제등록.)

○ 영조 47년(1771) 6월 14일.
"호서(湖西)와 호남(湖南)의 장문(狀聞)을 연달아 접하니 (하늘에서) 비 내리기를 오래도록 아낀다고 하였으므로 더욱 절실하게 답답하였다. 이런 즈음에 처마에서 빗방울 떨어지는 소리를 들으니, 우리 백성들이 거의 소생하게 되었다. 그러나 수표(水標)를 들은 연후라야 마음이 느슨해 질 것이므로 주룩주룩 쏟아지기를 가만히 빌고 또 빈다."

이와 같이 측우제도를 재건하기 이전, 영조는 수표의 상황을 주시하며 가뭄이 그치고 비가 오기를 고대했던 것이다.

수표가 세워져 있던 청계천에 대해 살펴본다. 서울은 조선 개국 초에 건설된 계획도시로서 청계천도 도시계획 아래 건설된 것이다. 1412년에 '하천을 파는 역사가 끝나다.'라는 기록이 나온다.[17] 청계천은 자연 하천이 아니라 한강으로 흘러가는 여러 내

---

17 『태종실록』, 태종 12년, 1412년 2월 15일.

를 이어 만든 일종의 인공하천인 것이다. 청계천은 『동국여지승람(東國輿地勝覽)』에[18] '개천(開川)으로 북악산[白岳], 인왕산[仁王], 남산[木覓]의 물이 합하여 도성을 둘러싸고 있는 가운데 동쪽으로 오간수문(五間水門)으로 나가고 또 동쪽으로 영제교(永濟橋)가 되고 동남쪽으로 중량천(中梁川)과 만나 한강(漢江)으로 들어온다.'고 설명되어 있다. 인공하천이란 의미에서 조선 초에는 '개천(開川)'으로 불렸다.

청계천은 서울 도성 한복판을 흐르는 물로 천변을 끼고 민가가 들어차 있었기 때문에 물이 더러워지는 것은 당연하였다. 게다가 하수도란 개념이 없을 당시에는 하수로 물이 더러워지고, 쓰레기가 쌓일 수밖에 없었다.

세종 26년(1444)에는 청계천의 수질 문제가 조정에서 논의된다.[19]

집현전 수찬(修撰) 이선로(李善老)가 청하기를, "개천(開川) 물에는 더럽고 냄새나는 물건을 버리지 못하도록 금지하여, 물이 늘 깨끗하도록 해야 하겠습니다." 하였다. 이에 중신들이 논의 하여 답하기를, "개천(開川) 물을 서울의 각 부(部)와 한성부 낭청(漢城府郞廳)

---

18 『동국여지승람(東國輿地勝覽)』_ 성종의 명을 받들어 노사신(盧思愼) 등이 대명일통지(大明一統志)를 본 따 우리나라 각도의 지리·풍속 기타 특기할 만한 사실을 기록한 책으로 중종 때에 증보하였다.
19 『세종실록』, 세종 26년, 1444년 11월 19일.

[그림 8] 조선시대 청계천 보수 모습, 현장에 간 영조

과 수성금화도감 낭청(修城禁火都監郎廳)으로[20] 하여금 성내의 각 집을 나누어 맡아 가지고 더럽고 냄새나는 물건을 개천에 버리지 못하게 하여 깨끗하게 하도록 힘쓰게 하고, 한성부의 당상(堂上)과 금화도감제조(禁火都監提調)가 항상 고찰을 행하고, 또 사헌부로 하여금 무시로 규찰 검거하게 하소서." 하였다.

이는 청계천이 도성을 흐르는 단순한 하천이 아니라 풍수상으로 명당(明堂)이어서 맑게 흐르도록 유지할 필요성이 있기 때문

---

20 조선시대에 궁성과 도성, 도로의 수축과 궁성, 관아, 각 방(坊)의 소방(消防)을 맡아보던 관아. 세종 8년(1426)에 성문도감과 금화도감을 합쳐서 만들었다가 성종 때 수성금화사로 고쳤다.

4장. 수표와 풍기의 실체 127

이다. 영조 36년(1760, 庚辰年) 2월 기록에 '개천(開川)을 파서 쳐 냈다.'는 기사가 나온다.[21]

"세종 때 이현로(李賢老)가 오물을 던져 넣지 못하도록 하여 명당의 물을 맑게 하기를 청하였으나, 집현전 교리 어효첨(魚孝瞻)이 상소 하여 실행할 수 없는 형편이라고 반대하였다.…이로부터 3백여 년 이 흐르도록 다시는 개천을 파서 쳐내는 문제에 대해 염려를 기울 이지 않았다. 이에 개천이 점점 막혀 거의 제방의 높이와 맞먹게 되 니, 장마 때마다 범람할까 근심하게 되었다."

청계천이 생긴 이후 영조 때까지 하천 준설이 한 번도 없었 던 것이다. 영조가 청계천 개수를 신하들과 논의하니 모두 파서 쳐내는 것이 타당하다고 하였다. 영조는 '이것이 비록 백성을 위 하는 것이긴 해도 어찌 백성들의 힘을 번거롭게 할 수 있겠는가.' 하고, 왕실자금을 내어 청계천을 개수한다. 그리고 준천사(濬川司) 를[22] 설치하여 매년 개천을 파서 쳐내는 것을 상례로 삼도록 하였 다. 『만기요람』에도 같은 기사가 나오고 있다.[23] 영조는 두 번이나 몸소 공사 현장에 나가 둘러보며 인부를 위로하여 57일만에 공사

---

21 『國朝寶鑑』 제65권 영조조 9.
22 준천사(濬川司)_ 조선시대 정일품아문(正一品衙門)으로 도성 안의 개천과 도랑을 준설 하여 소통시키는 일을 관장하였다. 영조 36년(1760)에 설치되었다.
23 『萬機要覽』 「財用編」 5, '濬川'. 『만기요람』은 국왕의 정사(萬機)에 참고토록 정부재정 과 군정의 내역을 모아 놓은 책으로 순조 8년(1808)에 편찬되었다.

를 끝낼 수 있었다.

영조 49년(1773, 癸巳年) 6월에도 영조는 개천(開川)에 돌로 제방을 쌓아 보수한다. 앞서 개천을 쳐서 파내고도 양쪽 언덕이 큰비에 무너지고 터져 개천을 막게 되는 것을 문제로 여기고 수양버들을 심어 막도록 하였으나, 여전히 견고하고 완전하게 할 수 없었다. 영조는 돌로 제방을 쌓되 견고하고 정밀하게 하여 왕이 지내는 곳과 같은 모습으로 완성하도록 명하였다. 준공되고 나자, 영조는 왕세손과 더불어 광통교(廣通橋)에 나아갔다. 영조가 세손을 돌아보고 이르기를, "뜻이 있는 자는 일이 끝내 완성된다. 하고자 하는 모든 일은 먼저 뜻을 세우고 힘쓰도록 하라." 하였다.[24]

정조 4년(1780) 6월 26일, 정조는 수표 수위에 대한 단자를 받고 수표교(水標橋)의 하천을 치는 일에 대해 명령한다. "밤비가 밤새도록 내렸으나 장맛비처럼 쏟아지지는 않았고 측우기의 수심도 3, 4치에 지나지 않았는데 새벽에 올라온 수표(手標) 보고는 표 위로 물이 넘쳤다고 하니, 반드시 요사이 내와 도랑이 막히도록 버려두고 쳐내는 정사에 전혀 힘쓰지 않아 그러할 것이다. 우선 경책(警責)을 내리지 않고 앞으로의 효과를 살피고자 하니 앞으로 특별히 더 유념하여 하라." 하며, 준천사(濬川司)에 하천을 개수하라고 명령한다.

수표가 세워져 있는 청계천에 상류로부터 흙이 흘러와 덮여 하상이 높아진 결과 적은 비에도 수표 수위가 높아진 것으로 잘

---

24 『국조보감』 67권 영조조 11.

못 보고된 것을 지적하는 것이다. 그 후로도 청계천 개수에 대한 논의는 여러 번 있었다. 정조 때에 이어 청계천을 준설한 기사가 순조 때에도 나온다.[25]

"왕성(王城) 안의 개천(開川)이 하류가 막혀 장마가 지면 번번이 물이 범람하고 가옥이 잠겼으므로 도민(都民)들이 고통스럽게 여기자, 왕이 토사를 쳐내고 물길을 트도록 명하였다. 이런 역사(役事)에는 으레 백관(百官)·군민(軍民)·생도(生徒)·원역(員役)·공장(工匠)이 나가서 일을 하게 되어 있는 법규가 있었으나, 왕은 흉년이 들어 민력(民力)을 쓸 수 없다는 것으로 특명을 내려 면제시킨 다음 내탕(內帑)[26] 은전(銀錢)을 나누어 주어 역사를 마무리 짓게 하였다. 이어 묘당에 명하여 다시 구획하여 살펴서 신칙하되, 영조(英祖) 경진년에 지평[庚辰地平]이 되게 한 것을 기준으로 삼아서 하게 하였는데, 공역이 끝나자 그 폐해가 제거되었다."

고종 때에도 청계천 보수는 계속되었다. 고종 24년(1887) 10월 19일 승정원일기에 호조가 아뢰기를, "수표교(水標橋)의 돌난간을 보수하고 소석교(小石橋) 세 곳을 개축하는 역사를 지금 끝냈습니다. 감히 아룁니다." 하니, 알았다고 전교하였다. 수표교를 개수한 후에 다리 난간에 '무자금영개조(戊子禁營改造)'와 '정해개

---

25 『순조실록』 부록, 순조대왕 행장.
26 내탕(內帑)_ 내수소(內需所)라고도 하며, 조선시대 왕실의 사유재산을 관리하기 위하여 설치한 관서이다. 세조 12년(1466) 관제개편 때 내수사(內需司)라 개칭하였다.

〔그림 9〕 1887년 이전의 수표교 모습

축(丁亥改築)'이라는 글자를 새겨 넣었다.

　이어 고종 30년(1893) 2월 17일 승정원일기에 한성부에서는 청계천을 준설하겠다고 상주한다.

　"개천(開川)을 준설한 지 지금 6년째입니다. 토사가 흘러와 쌓여서 하천의 막힘이 심각하여 큰 장마라도 진다면 도성 백성들의 집이 잠길 우려가 있으니, 미리 방비하지 않아서는 안 됩니다. 비가 오기 전에 힘을 다해서 토사를 파내야 하며, 겉핥기식으로 책임만 모면하지 않도록 해야 합니다……." 왕이 그리하라고 명령한다.

　옛 사진 중 수표교 하류 쪽에서 청계천 상류 쪽을 찍은 것이 있는데, 이 사진의 수표교에는 난간이 없다. 전문가들은 이 사진을 1884년에서 1887년 사이에 찍은 것으로 추정했다.〔그림 9〕고종 때인 1887년에 청계천을 준설하고 수표교에 돌난간을 새로 만든 것이다. 수표교 위쪽으로 보이는 다리는 장통교이다.

어쨌든 오늘에 전해진 청계천과 수표교의 모습은 고종 때 모양을 갖추게 된 것이다. 조선 여러 왕 때 청계천의 준설문제가 있었기는 해도 1백 년 전만 해도 청계천의 물은 맑았고, 물고기가 잡히기도 한 도심 속 하천이었다. 거기에 청계천의 수위를 재어 보던 수표가 있었다.

1910년경 청계천 수표교에 있던 수표의 모습에 대해 와다 유지는 다음과 같이 기록하고 있다.

"석주는 고르지 않은 6면의 방추형(方錐形)으로서, 길이는 뿌리로부터 3미터이고 폭은 약 20센티이다. 두부에는 연꽃모양[蓮華形]의 삿갓 돌을 씌우고, 바닥은 방주형(方柱形)으로 땅 속 깊이 묻혀 있다. 기둥면에는 주척 1척마다 직선을 새겨, 1척에서 12척까지 문자를 새겨 놓았다.

또한 수표교에 면한 동쪽 표면에는 3척 및 9척의 선 위에 각각 하나의 작은 동그라미[小圈]를 새겨서, 건설 당시의 보통 때와 큰 물 때를 쉽게 알 수 있게 한 듯하다. 다만 그 기저에 '계사갱준(癸巳更濬)'이라 새겨 있는 것을 보면, 이것 역시 영조 49년(1773)에 개조되었던 것으로 보인다. 이 수표의 구조는 세종 때 양식과 다른 것은 물론 그 위치도 다른 것으로 보인다. 세종 때의 마전교는 그 위치를 알 수 없지만, 현재의 수표교보다 하류 즉, 동쪽에 있었던 것 같다

[그림 10] 수표 기부에 새겨진 계사갱준(癸巳更濬)

고 하는 사람이 있다."

와다는 자신이 확인한 수표가 있어야 할 마전교의 위치에 대해 의문을 표시하고 있다. 있을 수 있는 오해였다. 세종 때에 마전교 천변에 수표를 세웠다지만, 『신증동국여지승람』(1530)에는 수표교가 중부 장통교 동쪽에 있다고 기록되어 있다. 나중에 마전교(馬前橋) 혹은 마전다리(馬廛橋)라 불린 다리는 태종 때는 창선방교(彰善坊橋)로 부르다가 성종 때부터는 태평교(太平橋)로 불렀던 다리로 서울 종로구 종로5가와 을지로 사이 청계천에 있었다. 다리 옆 광장에서 마필을 매매하면서 이런 이름이 붙었다.

수표교는 수표가 설치되고 나서 청계천 복개사업이 시작된 1958년까지 내내 중구 수표동 43번지와 종로구 관수동(觀水洞) 20번지 사이 청계천2가에 있었다. 세종 때에 수표를 세울 당시에 다리 옆에 우마(牛馬)를 매매하는 마전(馬廛)이 있었기 때문에 마전교(馬前橋) 혹은 마전교(馬廛橋)라 불리다 수표교가 된 것이고, 후에 마필을 거래하는 시장이 태평교 쪽으로 옮겨지자 '마전교'란 다리 이름도 말 시장을 따라 옮겨갔던 것이다.

『신증동국여지승람』 비고편에도 '태평교(太平橋)는 민간에서 마전교(馬廛橋)라고 하며 영종조에 옛 이름으로 회복하였다'고 기록되어 있다. 세종 때의 마전교와 영조 때의 마전교는 부르는 이름은 같아도 실은 다른 다리였다.

와다는 그 수표가 영조 49년(1773)에 만든 것으로 보았지만, 그 연대에 대해서는 국내 학자들도 의견이 다르다. 1974년 5월 12일에 열렸던 '세종의 날 577돌 기념 학술토론회'에서 '수표에 계사갱준(癸巳更濬)이라는 글자로 미루어 순조 33년(1883)에 세워진 것이다.'라는 의견과[27] '계사갱준은 그해에 청계천을 준설한 것을 의미하며, 수표가 세워진 연대는 성종 이후에서 영조 25년으로 잡을 수 있다. 영조 이전의 물건이다.'라는 주장이[28] 나왔으나 결론을 내리지 못하였다. 공교롭게도 청계천을 준설한 영조 49년

---

27 성균관대학 박흥수 교수.
28 성심여사대 전상운 교수.

〔그림 11〕 수표교 기둥에 새겨진 경진지평(庚辰地平)

과 순조 33년이 모두 '계사년(癸巳年)'이어서 의견이 갈리고 혼선이 일게 된 것이다.

그러나 "수표교가 청계천에 처음 세워졌을 때는 목제였으나 세종 4년(1422)에 화강암 다리로 교체됐다. 당초 세종이 처음 수표를 세웠을 때는 목제 수표였으나, 성종 때에 돌로 만들어 세웠으며, 영조 36년(1760, 庚辰年)에 대대적으로 개천을 준설한 후에 수표석을 다시 세웠다. 돌기둥의 3척까지 물이 차면 물이 적고, 6척이면 보통 수위이며, 9척이면 위험하다는 것을 나타낸다고 한다. 청계천 준천 이후 수표교 교각에 '경진지평(庚辰地平)' 네 글자를 새겨서 물높이를 4단계로 측정하였고, 이후 개천 준설의 표준을 삼도록 하였다."는 증언이[29] 있는 만큼 수표는 영조 때에 만들어진 것이라는 주장이 옳을 것이다.(그림 11)

　순조 33년(1833, 癸巳) 2월에는 청계천을 다시 준설하고 수위 측정의 기준점을 경진년 기준으로 재확인한 것이다. 그러나 수표가 영조 때 다시 만들어진 것이라 할지라도 수표에 계사갱준(癸巳更濬)이란 글을 새긴 해가 1773년인지, 1833년인지는 국고기록에 명확히 나와 있지 않다. 수표에 있는 '다시 준설하다[更濬].'라는 표현으로 보아 영조가 두 번째로 청계천을 보수한 1773년(계사년)의 기록인 것 같다.

　현재 남아 있는 수표가 세종 때 만든 것이 아님은 확실하지만 수표에 새겨져 있는 주척이 '옛날 자의 기본'이라는 점은 학자들이 의견을 같이하고 있다. 수표가 수리와 관련된 문화재로서의 중요성도 크지만, 조선의 척도(尺度)를 재현시킬 수 있는 기준으로 '우리나라 문화재 중 가장 중요한 것'이라고 보는 학자도 있을 정도이다.[30] 와다는 [그림 12]과 같이 수표교의 주척의 축척이 새겨진 모습을 묘사해 두었다.

　수표교는 1959년 청계천 복개공사 때 장충단공원으로 이전되었다. 2003년 6월 청계천복원공사의 일환으로 청계천 위에 원래의 수표교 대신 새로운 수표교가 가설되었다. 다만 보물 제838호로 지정되어 있는 수표는 세종기념관에 보존되어 있다.

---

29 서울특별시시사편찬위원회, 2009.
30 박흥수 교수의 칼럼, 동아일보 1974년 5월 13일.

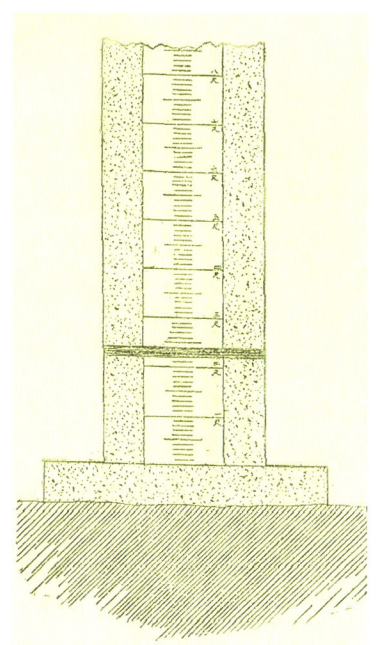

〔그림 12〕 와다가 그린 조선 후기의 청계천 수표 약도

　청계천 복원 공사가 이루어지면서 수표교를 본래 자리로 옮기자는 논의가 있었으나 결국 장충단공원에 남게 되었다. 본래 수표교의 길이와 복원된 청계천의 폭이 맞지 않기 때문이었다. 수표교는 서울시유형문화재 제18호로 지정되어 있는 만큼 제자리를 찾는 것이 더 좋았을 것인데 하는 아쉬움도 남는다.
　수표 역시 가뭄과 물난리로 인한 농업생산의 부진과 자연재해를 과학적으로 극복하기 위한 노력의 하나였다. 측우기는 가뭄에 대해 강우량을 알기 위해 만든 것이고, 수표는 홍수 피해를 알

[그림 13] 1백 년 전 수표교와 수표의 모습

고자 하는 목적으로 만들어진 것이다. 그러나 측우사업이 중단된 조선 중기에는 수표가 강우 정도를 파악하기 위한 측우기의 보완적인 기구로 이용되기도 하였다. 이러한 점에서 볼 때 수표 역시 넓은 의미에서 강우량 측정기(測定器)라 볼 수도 있는 것이다.

수표는 강물의 수위와 강우를 알기 위한 기구였지만 수표교와 더불어 서울의 유명한 볼거리이기도 하였다. 이덕무가 정조 왕의 명을 받아[應旨各體] 지은 한양시의 명소를 읊은 시에 수표와 수표교는 아름답고, 한유하게 묘사되어져 있다.[31]

---

31 〈城市全圖 七言古詩〉, 李德懋(1741~1793), 『靑莊館全書』卷之二十.
車車馬馬起晴雷, 幾坐虹橋列雁齒. 庚辰水平白玉柱, 一群花鴨弄淸泚.

〈한양 시가지를 읊은 시 1백수 중 수표교 풍경〉
오가는 수레와 말들 우레 소리 일으키고,
몇 자리의 무지개다리가 줄지어 서 있는가.
경진 해에 물을 다스리는 백옥 기둥 세웠으니,
한 무리 비오리가 맑은 물을 희롱하네.

시에서 안치(雁齒)는 나는 기러기나 치아처럼 교각이 나란히 서 있다는 표현이다. 그리고 백옥주는 흰 돌로 된 수표를 말하는 것이다. 경진년에 청계천을 개수하고 수위를 재는 수표를 세웠다는 설명도 나온다. 그리고 맑은 물에는 그냥 비오리[花鴨]가 맑은 물을 희롱하며 놀고 있는 것이다. 오늘날의 청계천과 비교하면 금석지감이 있다.

2.
바람을 읽는 깃발 풍기

바람도 중요한 기상현상의 하나로 우리 생활과 밀접한 관계가 있다. 우리나라에는 11~3월 사이에 북서계절풍이 불고 4~9월 사이에 남동계절풍이 분다. 겨울계절풍은 강하고 한랭건조한 데 비하여 여름계절풍은 약하고 고온다습하여 한국 기후의 특색을 준다. 계절풍은 한국의 건기와 우기를 결정하여 연중 강수량의 분포, 기온의 변화에 영향을 준다. 여름부터 가을이 시작될 무렵에는 해마다 태풍이 지나가게 되는데, 이것은 북태평양 남서쪽 해상에서 발생되어 폭풍우를 수반하는 열대성 저기압으로서 심한 피해를 입힌다.

우리 조상들은 바람이 사람의 생활, 그리고 농업에 주는 영향에 대해서도 관심을 두어왔다. 선조들이 바람의 움직임을 알기 위해 사용한 바람 관측기구가 바로 풍기(風旗)이다. 풍기는 돌 받침 위에 긴 대를 꼽고, 장대 끝에 좁고 긴 깃발을 매어 그것이 날리는 것을 보고 바람의 방향과 세기를 가늠해 보았다.

풍기는 풍향계의 일종으로 고대부터 알려져 있던 것이다. 풍향계는 고대 선박에서도 썼고, 또 군대에서도 바람을 재기 위해서 썼다. 이익의 『성호사설(星湖僿說)』에서도 '오냥·팔냥(五兩八兩)'이란 제목으로 풍향계를 논하고 있다.[32]

"8냥쯤 되는 닭 깃으로 깃대 머리에 너풀거리게 꾸미고, 또 둥근 반(盤) 위에는 발이 셋이 달리게 만든 나무 까마귀[木烏]를 세운다. 두 발은 위로 치켜들게 하고 한발은 아래로 내려지게 해서, 바람이 불면 까마귀 머리가 바람에 따라 제대로 돌도록 한다. 또 까마귀 입에는 꽃을 물려 놓는데, 이 꽃이 빙빙 돌면 바람이 분다는 것을 미리 알게 된다고 하였으니, 이는 군중(軍中)에서 만든 제도이다. 선박 위에 세운 오냥(五兩)이란 것도 역시 이름을 장오(檣烏)라 하니, 이는 반드시 물체는 같고 이름만 달라서 오냥이니 팔량이니[33] 하는 구별이 있는 것이리라."

『성호사설』의 설명에 의하면 풍기에 설치한 까마귀의 머리 방향을 보고 풍향을 알고 꽃잎의 회전속도에 의하여 바람의 세기를 짐작하였던 것으로 보인다. 이렇듯 풍기(風旗)는 바람의 방향

---

32 『星湖僿說』제5권 萬物門. 『성호사설(星湖僿說)』은 이익(星湖 李瀷, 1681~1763)이 1740년경에 저술한 오늘날의 백과사전과 같은 성격의 책이다.
33 팔량_ 팔량에 대한 어원을 찾을 수 없었다. 다만 발음에서 '팔랑개비'가 아닐까 생각된다. 어린이들이 바람에 맞으며 돌리는 '바람개비'를 말하는 것이다.

과 세기를 동시에 측정할 수 있는 풍신기(風信器)와 풍력계(風力計)를 겸한 바람 측정 기구였다.

풍기가 설치된 곳은 궁궐 안이었다. 『증보문헌비고(增補文獻備考)』에는 "대궐 가운데에 풍기(風旗)가 있는데, 예로부터 바람을 점치려는 뜻에서 창덕궁의 통제문(通濟門) 안과 경희궁의 서화문(西華門) 안에 돌을 설치하고 거기에 풍기죽을 꽂아놓았다[象緯考]."고 기록되어 있다. 국조보감에 숙종이 궁 안에 풍기를 설치한 사실이 나온다.[34]

"우리 조정의 태평시절로 말하자면 숙묘(肅廟) 때가 가장 성대했다고 하겠다. 그런데도 날씨를 염려하는 마음을 조금도 누그러뜨린 적이 없으셨다. 일영(日影)[35]·풍간(風竿)을 대궐 뜰에 두루 설치한 것이 모두 이때로부터 시작되었으며, 경자년의 가뭄에 이르도록 근심하시는 성념(聖念)을 감히 누그러뜨리지 못하셨다. 선조(영조)께서 하교하실 때 매번 숙묘의 고사를 거론하시면서 우러러 계술하지 못한다고 하셨으니, 더구나 부덕한 내가 어찌 감히 견주어 논하겠는가. 매년 가뭄을 당할 때마다 이 때문에 애가 타서 견디지 못할 지경이다."라 하였다.

정조 6년(1782년 7월27일)에는 풍기의 다른 이름인 상풍간(相

---

34 제75권, 정조 23년, 1799.
35 일영(日影)_ 해시계.

風竿)이 문관의 시험 문제에 등장한다.

> "조계문신(抄啓文臣)에게³⁶ 과시(課試)를 행했는데, 상풍간을 제목으로 삼았다. 경연의 신하에게 이르기를, 상풍간은 진(晉)나라 때의 고사인데, 우리 조정에서 이를 사용하여 창덕궁과 경희궁의 정전과 정침의 곁에 모두 이 간(竿)을 설치하였다."

풍기를 궁 안에 세워 놓고 왕이 직접 바람의 움직임을 항상 살피고 있었던 것이다. 풍기대는 궁 안에만 있었던 것은 아니다. 서운관지에는 관상감 안에 있는 관천대는 돌난간을 둘렀으며, '영조 경인년(1770)에 명나라의 옛 제도에 따라 돌난간 옆에 상풍간(相風杆)을 설치하여 아침저녁으로 바람을 점찰하는 일을 밝게 했다.'고 적혀 있다.³⁷ 그렇다면 풍기는 두 궁과 두 관상감에³⁸ 모두 있었던 것이다.

풍기대 역시 기상과 농사를 살피려는 마음에서 설치된 것이다. 바람은 사람의 일상생활에도 깊은 관련이 있어 태풍이 부는 철이면 주의 깊게 바람의 움직임을 살펴야 했다. 또 조선시대에 강우량 측정뿐 아니라 바람의 측정에도 관심이 높았던 것은 농작

---

36 초계문신(抄啓文臣)_ 당하문관(堂下文官) 중에서 문학이 뛰어난 사람을 뽑아서 다달이 강독(講讀), 제술(諸述)의 시험을 보게 하는 '초계'라는 시험에 합격한 문신. 정조 때 시행되었다.
37 『서운관지(書雲觀志)』, 「官廨」. 관해(官廨)는 관상감의 공관을 말함.
38 조선시대에는 관상감을 두 군데 두고 운영하였으며, 상세한 내용은 5장을 참조.

물의 성장과 바람이 밀접한 관계를 지니기 때문이다. 우리나라는 6월이면 이앙기를 맞아 이른 장마가 오기를 기대해야 한다. 뙤약볕이 내내 계속되더니 서풍이 불면서 저기압이 들어오고, 단비를 내려 주는 것이다. 이러한 바람과 구름의 움직임을 조사, 확인하는 것이 풍기, 풍간이었다. 양력 7, 8월이면 장마가 지고, 태풍이 불어온다. 풍기를 통해 태풍의 정도를 짐작하고, 농사에 주는 영향과 피해 정도를 살피는 것 역시 풍기의 역할이었다.

강희맹은 농서인『금양잡록(衿陽雜錄)』에서[39] '수해 다음으로 풍해가 농가의 가장 큰 걱정거리'라고 지적하고, "바다를 거쳐 불어오는 바람은 따뜻해서 쉽게 구름과 비가 되어 식물을 자라게 한다. 반면 산을 넘어 불어오는 바람은 차므로 식물에 해를 끼친다."고 하였다.

조선시대에도 바다를 거쳐 불어오는 바람은 쉽게 구름과 비가 돼 농작물을 자라게 하지만, 산을 넘어 불어오는 바람은 차갑고 건조해서 해를 끼친다는 푄현상을 이미 알고 있었던 것이다. 특히 경기지방에서는 농사철에 영동지방을 넘어 동풍이 불어오면 작물의 잎과 이삭이 말라버리는 피해를 입었기 때문에 가장 경계했다. 이 같이 바람의 방향과 종류 역시 작황에 많은 영향을 주었기 때문에 농사를 잘 짓기 위해서는 바람의 관찰에 관심이 클 수밖에 없었던 것이다.

---

39 『금양잡록(衿陽雜錄)』_ 조선 전기의 학자 강희맹(姜希孟, 1424~1483)이 쓴 농서(農書)로 1492년에 간행되었다.

관상감에서는 풍기로 바람 방향을 감풍(坎風, 북풍), 건풍(乾風, 북서풍), 태풍(兌風, 서풍), 곤풍(坤風, 남서풍), 이풍(離風), 손풍(巽風), 신풍(震風), 간풍(艮風)의 8방위로 나누어 매일 6회 풍운기에 기록하였다. 그러나 아쉽게도 풍력에 관한 구체적인 기록은 찾아 볼 수 없다. 관상감에서도 현대 풍력계급과 유사한 방법으로 풍속측정법을 활용했던 것으로 보이지만 몇 단계로 구분했는지는 확실치 않다. 과학사학자 전상운 박사(성신여대)는 강우 강도를 8단계로 나눈 것과 마찬가지로 풍속도 8단계로 나누었을 것으로 보고 있다. 옛 기록에는 나무가 뽑힐 정도의 바람은 대풍(大風), 기와가 날아갈 정도의 바람은 폭풍(暴風)이라고 불렀다 한다.

지금 풍기는 볼 수 없고 왕궁 안에 있던 것의 대석만 2개 남아 옛 궁궐 뜰을 지키고 있다. [그림 14], [그림 15]

풍기대는 화강암을 다듬어서 대를 만들어 놓고, 그 위에 구름무늬를 새긴 8각 기둥을 세운 구조물이다. 8각형 맨 위의 중앙에는 깃대를 꽂는 구멍이 있고, 그 아래 기둥 옆으로 물이 고이지 않게 배수구멍을 뚫었다. 깃대 길이는 확실치 않고 깃대 끝에는 좁고 긴 깃발을 매어 그것이 날리는 방향으로 풍향을 알고 나부끼는 정도로 바람의 세기를 알아냈다. 현재 남아 있는 두 풍기대의 제원은 [표 4]와 같다.

이상 수표와 풍기대를 살펴보았다. 수표와 풍기대 역시 측우기와 함께 조선왕조의 농업기상학의 활용 상황을 증명하는 유물인 것이다. 비는 너무 일찍 와도, 너무 늦게 와도 문제다. 또 적게 와도 문제고, 너무 많이 와도 문제다. 비가 작물을 심고 키우기 딱

[그림 14] 경복궁 풍기대   [그림 15] 창경궁 풍기대

좋은 시기에, 그것도 적당한 양만 내리면 얼마나 좋으랴. 옛 기상 기구에는 이러한 염원이 담겨 있는 것이다.

    풍기와 측우기가 같이 나오는 시가 있다. 두실(斗室) 심상규(沈象奎)가 정조를 모시고 일하던 옛일을 추억하며 지은 시이다.

단위: cm

	하부 대석			상부 기둥	전체 높이	문화재 지정
	높이	가로	세로			
창경궁 풍기대	92.4	62.8	61.5	135.7	228.1	보물 846호
경복궁 풍기대	80.8	69.0	68.0	143.5	224.3	보물 847호

자료: 문화재청 여러 자료에서 정리

[표4] 현재 남아 있는 풍기대의 제원

〈옛일을 생각하며 쓴 시 2수 중 첫 수〉[40]

벼슬 살며 모시던 날의 옛 일을 생각하니,

외람되게 새벽에서 저녁까지 임금님을 우러렀네.

풍기대와 측우기를 언제나 마음에 두시었고,

임금님의 깊은 생각은 오로지 농사일 걱정뿐이었네.

이 시는 정조대왕의 선정에 대해 읊고 있는데 그 사례로 풍기대와 측우기가 나온다. 시에는 설명으로[efeff] 정조대왕이 '묘당에 바람의 방향을 점치는 풍기대와 측우기를 만들어 침전 뜰에 두시었다. 8도(道)와 4도(都)에 반포된 측우기로 농사형편과 비가 와서 고인 상황을 자주 보고 받으셨다.'고 적고 있다. 8도 감영과 4곳의 유수부[江華, 開城, 廣州, 水原]에 측우기가 반포된 것을 말하는 것이다. 시인은 풍기와 측우기를 자주 살피며, 백성의 형편과

---

40 〈憶昔 二首中 一首〉, 沈象奎(1766~1838), 『斗室存稿』卷四.
憶昔簪紳侍中日, 叨陪晨夕仰宸旒. 風竿雨器常廑念, 廈殿深惟畎畝憂.
○ 正廟朌置占風竿測雨器, 於寢殿庭. 測雨器 又頒八道四都, 農形雨澤, 旬輒馳聞.

농사일을 항상 걱정하는 정조의 모습을 그리고 있다.

시인 심상규는 정조 때 규장각 측우기의 측우기명을 지은 심념조(沈念祖)의 아들이며, 정조 13년(1789)에 문과에 급제하여 규장각에서 관직생활을 시작하였다. 여러 관직을 거쳐 1821년 대제학이 되었고, 1832년에는 우의정이 되었다. 그는 이용후생(利用厚生)의 중요성을 강조하였으며, 백성의 생활근본을 제작(製作)에 두어야 한다고 늘 말하였다 한다.

[그림 16]은 「동궐도」에 있는 풍기대의 옛 모습이다. 현재 풍기죽은 남아 있는 것이 없으나, 「동궐도」를 보면 삼지창을 맨 위에 꽂은 가늘고 긴 깃대를 풍기대의 구멍에 꽂았으며, 깃대에는 가늘고 매우 긴 깃발을 달았다. 그림에 있는 풍기대에는 '상풍간(相風竿)'이라는 설명이 붙어 있다.

풍기는 바람의 정도와 방향을 알기 위한 도구이면서, 또 비 소식을 알리는 기구이기도 하였다. 그런 까닭에 농사와 백성을 걱정하는 임금은 풍기를 살펴보며 비소식이 있나 궁금해 했다. 풍기 역시 측우기를 보완하는 기상 관측기구의 하나였던 것이다. 그런 상황을 그린 홍석주의 시가 있다. 시인이 그린 임금은 정조일 것이다.

〈오랜 가뭄에 비 소식을 듣고 지은 시 3수 중 첫 수〉[41]

---

41 〈久旱餘聞雨志感三首中第一首〉, 洪奭周(1774~1842), 『淵泉集』卷之一.
啣綸紫鳳下雲端, 一夜滂沱萬姓歡. 尙憶宵衣淸穆地, 五更起視相風竿.
宵衣: 宵衣旰食에서 나온 말로 임금이 정사에 부지런하여 일찍 일어나고 저녁 늦게 식

〔그림 16〕 동궐도의 풍기 옛 모습

줄에 달린 자색 깃발이 구름 끝에 떨어지니,
하룻밤 퍼붓는 비에 만백성 기뻐하네.
정사를 살피시던 임금님의 맑은 모습 생각하노니,
한밤중에 일어나서 풍기대를 살피셨네.

사한다는 뜻.

재미있는 우리말 바람 이름

가는바람: 약하게 솔솔 부는 바람.
가새: 동쪽 물에서 불어오는 샛바람.
가수알바람: 서쪽에서 불어오는 바람[西風].
갈마바람: 서남쪽에서 불어오는 바람[西南風], 갈바람.
갑작바람: 갑자기 세게 부는 바람.
강쇠바람: 늦가을 동쪽에서 불어오는 센 바람.
갯바람: 갯벌이나 바다에서 뭍으로 부는 바람.
건들마: 남쪽에서 불어오는 건들바람.
건들바람: 방향이 일정하지 않게 거세고 세차게 마구 부는 바람.
고추바람: 맵고 독하게 부는 찬바람.
꽁무니바람: 뒤쪽에서 불어오는 바람, 꽁지바람.
꽃바람: 꽃이 필 무렵에 부는 찬바람, 꽃샘바람.
내기바람: 산비탈면을 따라 내리 부는 바람.
높새바람: 산을 넘어 동북쪽에서 불어오는 바람[東北風]으로 마르고 더운 바람.(휀풍)
늦갈: 서남서쪽에서 부는 바람.
늦바람: 빠르지 않은 바람, 저녁 늦게 부는 바람.
동부새: 동쪽에서 불어오는 바람[東風], 샛바람.
된바람: 북쪽에서 불어오는 바람, 빠르고 세게 부는 바람, 올바람, 덴바람, 뒷바람.

마칼바람: 서북쪽에서 불어오는 바람.

마파람: 남쪽에서 불어오는 바람.

명지바람: 보드랍고 화창한 바람.

물바람: 맑게 갠 날 밤 동안에 육지에서 바다로 부는 바람.

박초바람: 음력5월에 부는 바람.

살바람: 봄철에 부는 찬바람, 좁은 틈에서 새어들어 오는 찬바람.

색바람: 이른 가을에 부는 신선한 바람.

세칼: 서북에서 불어오는 바람.

세풍: 서쪽에서 불어오는 바람.

소소리바람: 이른봄에 살 속으로 기어드는 차고 음산한 바람 .

앞바람: 거슬려 부는 바람, 마파람.

피죽바람: 모 낼 무렵에 오래 동안 부는 아침 동풍과 저녁 북서풍.

하늬바람: 서쪽에서 부는 바람[西風], 갈바람.

바람의 강도에 따라 실바람(풍속이 초속 0.3~1.5m), 남실바람(1.6~3.3m), 산들바람(3.4~5.4m), 건들바람(5.5~7.9m), 흔들바람(8.0~10.7m), 된바람(10.8~13.8m), 센바람(13.9~17.1m), 큰바람(17.2~20.7m), 큰센바람(20.8~24.4m), 노대바람(24.5~28.4m), 왕바람(28.5~32.6m), 싹쓸바람(32.7m 이상)의 12등급으로 구분되기도 한다.

○ 『우리말갈래사전』에서[42] 뽑은 바람의 재미있는 우리말 이름이다. 강바람, 산바람, 봄바람 등 일반적인 바람은 제외한 것이다. 모내기철에 피죽바람이 불면 큰 흉년이 들어 피죽도 먹기 어렵다 한다.

---

42 박용수, 『(새로 다듬은)우리말갈래사전』, 서울대학교출판부, 2002.

5장
강우량 관측
규정과
측우제도의 운영

1. 기상관측 기구와 규정

예로부터 왕조의 임금이 되어 백성을 다스리는 사람은 반드시 하늘의 운행을 받들고, 백성들에게 절기의 변동을 알림으로써 정치를 하는 근본을 삼아왔다. 그러기에 고대부터 왕조에는 천문기상을 관측하는 기관을 두고 있었다.

고대 삼국시대에도 천문관측 기구를 두었었고, 고려시대에도 개국 초부터 천문(天文)·역수(曆數)·측후(測候)·각루(刻漏) 등의 일을 맡아보던 태복감(太卜監)과 태사국(太史局)을 두었다. 1023년에 태복감(太卜監)을 사천대(司天臺)로, 1116년에는 사천감(司天監)으로, 1275년에는 관후서(觀候署)로 여러 차례 이름이 바뀌었다. 충렬왕 34년(1308)에 사천감과 태사국(太史局)을 합쳐 서운관(書雲觀)이라 하였으며, 정3품의 판사(判事)를 우두머리로 하여 정(正), 부정(副正), 승(丞) 등의 여러 관원이 있었다.

조선시대에 천문기상 관측을 비롯한 강우 측정을 담당한 기관은 관상감(觀象監)이었다. 관상감은 예조에 속하는 정삼품아문(正三品衙門)으로 천문(天文), 지리(地理), 역수(曆數), 점주(占籌),[1] 측후(測候), 각루(刻漏)[2] 등의 일을 관장한 기관이다. 태조 1년(1392)에 설치하여 처음에는 서운관(書雲觀)이라고 하다가, 세조 12년(1466)에 관상감으로 개칭하였다.[3] 연산군 때에는 사력서(司曆署)로 개칭하였다가, 중종 때에 다시 관상감으로 환원되었다.

관상감 직제는 시대에 따라 변화되었으나 측우사업이 재건된 당시의 법령집인 속대전(續大典, 1746년)에 따라 직제를 살펴본다.

관상감의 책임자는 영사(領事, 正一品)로 영의정이 겸임하기도 하였고, 인원도 상당하였다. 명목상이기는 하지만 관상감 총책임자가 영의정이었다는 점도 당시 관상감의 위상을 보여준다. 영조시기에 관상감에 이처럼 많은 전문가를 확보하고 있었던 것은 천문기상의 변화가 왕과 왕실의 안위를 나타내는 것으로 보았기 때문이었고, 또한 기상이 농업에 주는 영향을 알기 위함이었다.

관상감에서 어떻게 업무를 수행해 나가는가는 『서운관지(書雲觀志)』를 통해 살펴볼 수 있다. 『서운관지』는 영조, 정조, 순조 3

---

1 점주(占籌)_ 기상현상이 뜻하는 길흉을 점치는 일로 당시 천문이나 지리현상을 해석하는 한 단면을 보여준다.
2 각루(刻漏)_ 밑에 작은 구멍 하나를 뚫은 누호(漏壺)라는 그릇 안에 눈금을 잘게 새긴 누전(漏箭)을 세우고 물이 새서 줄어드는 정도를 통해 시간을 알 수 있도록 하였던 물시계이다. 누수기(漏水器)라고도 한다.
3 일부 백과사전 및 국어사전에 세종 7년(1425)에 서운관을 관상감으로 개칭했다는 기사가 있는데, 왕조실록에는 세조 때 개칭한 것으로 나온다.

대의 관관(觀官, 관상감 관원)을 역임한 성주덕(成周悳, 1759~?)이[4] 10년에 걸쳐 관상감의 운영에 대해 저술한 귀중한 책이다.

『서운관지』는 총4권으로 되어 있으며 권1에서는 관상감의 역할과 관리 등용 및 근무양식을 적어 놓았고, 권2에서는 역서(曆書)의 편찬과 관상감의 업무 내용을 적어 놓았다. 권3은 옛 천문기상과 관련된 주요 사건과 관측 결과를 통해 관상감의 역사를 개괄하였고, 권4에서는 관상감의 주요 도서와 관측기구를 설명하였다. 발행 연월일은 확실하지 않지만 순조 18년, 즉 서기 1818년의 판본인 듯하며 현재 서울대학교 규장각에 보존되어 있다.[그림 17]

『서운관지』는 4권 22목으로 구성되어 있고, 제1권에 번규(番規)란 항목이 있다. 번규는 당직 일직자의 사무 취급 절차를 정한 규정[事務章程]으로서 그 기록 내용은 관측요령에서 보고형식에 이르기까지 실로 상세하여 오늘날의 기상 관측과 큰 차이가 없을 정도이다.

『서운관지』의 서문에 이르기를 "무릇 직무의 요체는 전적으로 세심정사(細心精査)하여 천문기상을 관측하는 것에 달려있으니, 그 중요하고 공경히 함은 다른 사(司)와 견줄 수 없다. 인조 병인년부터 관상감으로서는 이 측후가 막중한 것이니 각사(各司)는

---

4 성주덕(成周悳)_ 천문학자로『서운관지』와『국조역상고』를 편찬하였다.『서운관지』는 이경로·이의봉 등에 의해 교정간행되었으며 당시 조선 천문학의 제도와 기술을 서술한 귀중한 자료로 평가받고 있다. 정조 7년(1783) 음양과(陰陽科)에 급제하여 관상감(觀象監) 관원(觀)을 거쳐 중추부지사(中樞府知事)에 이르렀다.

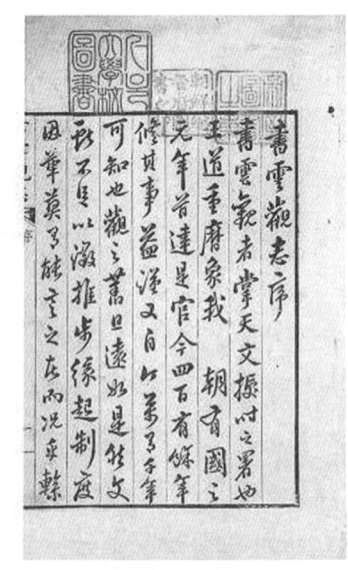

〔그림 17〕『서운관지』의 표지와 서문

여기 모일 수 없으며, 낱낱이 자세하게 한 조목씩 기록[開坐]하여[5] 교지를 섬겨 받들고, 관청의 일을 내걸며, 잡인 출입은 일절 금한다."라고 되어 있다.

관상감(觀象監)이라는 관아가 과연 다른 관아에 비해서 이처럼 중요시되었는지는 불분명하지만 나라의 중요한 일을 수행한다는 자부심이 엿보이는 글이다. 따라서 담당자로서 직무를 위반하는 자가 있다면 가차 없이 징벌한 예가 자주 기록에 나타나고 있다.

5 開坐_ 관원(官員)이 모여 사무(事務)를 봄.

번규에는 "관측 시기를 놓치고 보고하지 않으면, 그 담당자를 벌한다."고[6] 되어 있으며, 현종 15년(1684) 10월 무오조에 "밤에 지진이 있었지만 일관이 보고하지 않은 것이 수일간의 조사 끝에 드러나 벌을 받았다."고[7] 기록되어 있다.

정조 21년(1797) 겨울에 우수(雨水)의 절후를 잘못 계산해서 『서운관지』의 저자이며 당시 관상감 고준관(考准官)이었던[8] 성주덕도 감인관(監印官)[9] 최광빈(崔光賓), 최경렬(崔景烈)과 함께 벌을 받았다. 최경렬은 곤장 80대를 맞은 후 평창으로 유배를 당했고, 양주현에 살던 최광빈은 양주목사로부터 처벌을 받았다. 성주덕도 형조에 이송되었으나, 수속(收贖)으로[10] 장형(杖刑)과 유배를 면제받았다. 책임자였던 관상감 제조는 1등(等)의 감봉처분을 받았다.[11] 즉 녹봉의 10분의 1을 감봉 받은 것이다. 이만큼 관상감 업무는 정확히 시행되어야 했고, 이를 어기면 징벌이 엄격하였다.

번규에는 일직자가 관측 보고해야 할 사항을 둘로 나누고 있다. 갑(甲)은 천문기상의 비상현상의 관측 항목이고, 을(乙)은 일상현상 관측 항목이다. 관상감에서 천문과 기상에 관측하는 항목의 내용도 『서운관지』「번규」편에 상세하게 지정되어 있다. 관측 항목은 [표 5]와 같이 갑종이 8개 항목, 을종이 23개 항목으로 갑

6 失候不啓者, 當該官勘罪.
7 夜, 地震, 而日官闕奏, 校數日許, 積筮自而罪.
8 고준관(考准官)_ 대장(臺帳)과 대조하여 보는 업무의 책임자.
9 감인관(監印官)_ 서적(書籍)을 인쇄하거나 간행하는 사무를 감독하는 관원.
10 수속(收贖)_ 돈이나 물건을 받쳐 실형의 집행을 면제해 받는 것.
11 성주덕 저, 이면우 외 역, 『서운관지』, 소명출판, 2005.

관상감의 직제(『서운관지』)

실무급 책임자 제조(提調, 從二品~從一品) 1인,
첨정(僉正, 從四品) 1인,
판관(判官, 從五品) 1인,
주부(主簿, 從六品) 1인,
천문학교수(天文學敎授, 從六品) 1인,
천문학겸교수(天文學兼敎授, 從六品) 3인,
지리학겸교수(地理學兼敎授, 從六品) 1인,
명과학겸교수(命課學兼敎授, 從六品) 1인,
직장(直長, 從七品) 2인,
봉사(奉事, 從八品) 2인,
부봉사(副奉事, 正九品) 1인,
천문학훈도(天文學訓導, 正九品) 1인,
지리학훈도(地理學訓導, 正九品) 1인,
명과학훈도(命課學訓導, 正九品) 1인,
참봉(參奉, 從九品) 2인,
천문삼력관(天文學三曆官)이 35인,
대통추주관(大統推籌官)이 10인,
생도(生徒)는 60인(천문학생도 40인, 지리학생도 10인, 명과학생도(命課學生徒) 10인),

금루관(禁漏官)이[12] 30인,
이 밖에 별선관(別選官)이 있었다.
이속(吏屬)으로 서원(書員)이 24인,
고직(庫直) 1명,
금루사령(禁漏使令) 13명,
　　군사(軍士) 1명이 있었다.

---

12 금루관(禁漏官)_ 금루관은 궁중(禁中)에 설치된 물시계[漏]를 담당하는 관리로, 세종 때에는 천문의 비밀을 금루를 맡는 관원이 함께 익히게 할 수 없다고 해서 분리했으나 중국의 예에 따라 다시 천문에 합쳤다.

	기상 천문 관측 항목
甲種 (8항목)	백홍관일(白虹貫日), 백홍관월(白虹貫月), 지동지진(地動地震), 객성(客星), 혜성(彗星), 패성(孛星), 치우기(蚩尤旗), 영두성(營頭星).
乙種 (23항목)	일월식(日月食), 일월색적(日月色赤), 일월훈(日月暈), 이(珥), 관(冠), 배(背), 포(抱), 경(璚), 극(戟), 이(履), 일중흑자(日中黑子), 월오성범식입(月伍星犯食入), 태백주견(太白晝見), 유성비성(流星飛星), 운기(雲氣), 화광(火光), 무지개(虹), 천둥(雷動), 번개(電光), 우박(雹), 안개(霧), 서리(霜), 눈(雪), 비(雨), 흙비(土雨).

[표 5] 관상감의 천문 기상 관측 항목

종의 경우 즉시 왕에게 보고하여야 하며 을종의 경우는 정해진 서식에 의해 보고하도록 되어 있다.(항목별 관측 사항과 보고 내용은 부록에 실려 있다.)

관상감의 번규에는 천문기상 관측 항목을 "오전 오후 매 경마다 천기의 변화를 열거하고 성명을 기록하여 고증에 대비한다."고[13] 정해져 있다.

풍운기는 관상감(觀象監)의 관측을 기록한 원부(原簿)이다. 특정 기상 현상이 나타나면, 관측을 한 후 갑종에 해당되는 것은 즉시 서면으로 보고하기 위해서 풍운기(風雲記)에 등록하여 서명하여야 하고, 을종에 해당되는 것도 곧바로 풍운기에 기재해 둔다. 현재 남아 있는 풍운기에는 영조 16년(1740) 8월 3일부터 철종 12년(1861)에 이르는 121년간의 천문기상 관측 기록이 실려 있다.[그림 18]

13 午前後每更之下條, 列某變, 各記姓名, 以備考證.

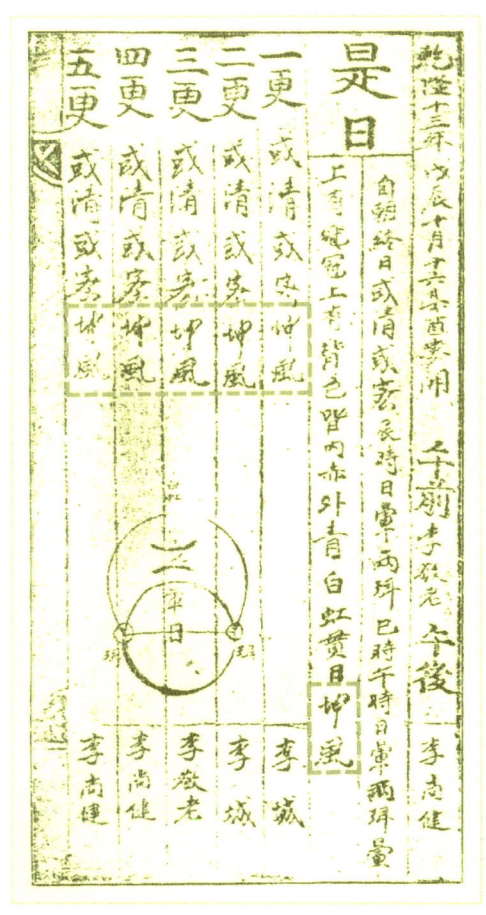

[그림 18] 풍운기 원문 예

1748년 10월 11일자 풍운기 원문이다. 관측자는 맑음[晴], 흐림[曇] 등 날씨와 바람의 방향, 그리고 특이한 기상 현상을 기입하고 관측한 사람의 성명도 기록하였다. 즉, 이경노(李敬老)는 오전(5시~12시)과 3경(23~01시), 이성(李城)은 1, 2경(19~23시), 이상건(李尚健)은 오후(12~19시)와 4, 5경(01~05시)을 상·중·하번이 되어 관측하고 있다. 그리고 아래의 원은 태양 주변에 생긴 흰 무지개와 주변 기상현상을 그림으로 그린 것이다.

관상감에서 관측한 천문기상의 관측기록을 모아놓은 것을 천변등록(天變謄錄)이라하며 객성등록(客星謄錄)이라고도 한다. 매년 정월과 7월 상순에는 도성에서 일어난 6개월간의 기상변화[天變]가 기록된 등록을 종합하였으며 이를 천변초록(天變抄錄)이라 한다.

성변측후단자(星變測候單子)는 관상감에서 별들의 변이(星變)를 관측 기록한 보고 양식이다.[그림 19] 신성(新星, 客星), 혜성(彗星) 등을 대상으로 하여, 그 출현 일시, 수도(宿度)와[14] 위치 및 이동상황, 크기와 색, 꼬리의 길이, 소멸 일시 등이 약도와 함께 상세히 기록되어 있다. 성변관측은 관상감 관천대에서 하였지만, 특별한 경우에는 서울 남산과 강화도 마니산에서도 했다. 이러한 경우에는 관상감 직원이 직접 마니산에 가서 관측을 하였다. 성변측후단자는 천변등록(天變謄錄)에 기록하여 보존하였는데, 이와 같은 관측기록은 세계의 유례가 없는 진귀한 것일 뿐더러, 그 내용이 정확한 것으로 평가받고 있다. 천문에 이상 현상[星變]이 있을 경우 관측과 동시에 승정원(承政院)과 시강원(侍講院)을 거쳐 국왕에게 보고하는 것이 규정이었다.

별의 움직임을 관측[星變觀測]하던 관천대는 관상감 관천대와 창경궁 관천대 두 개가 남아 있다. 관상감 천문대는 종로구 원서동 206번지 현대건설 사옥 앞 광장에 남아 있으며 사적 제

---

14 수도(宿度)_ 별의 위치를 도수(度數)로 표기한 것으로 인접한 두수(二宿)의 거성(距星) 사이의 거리[離角]이다.

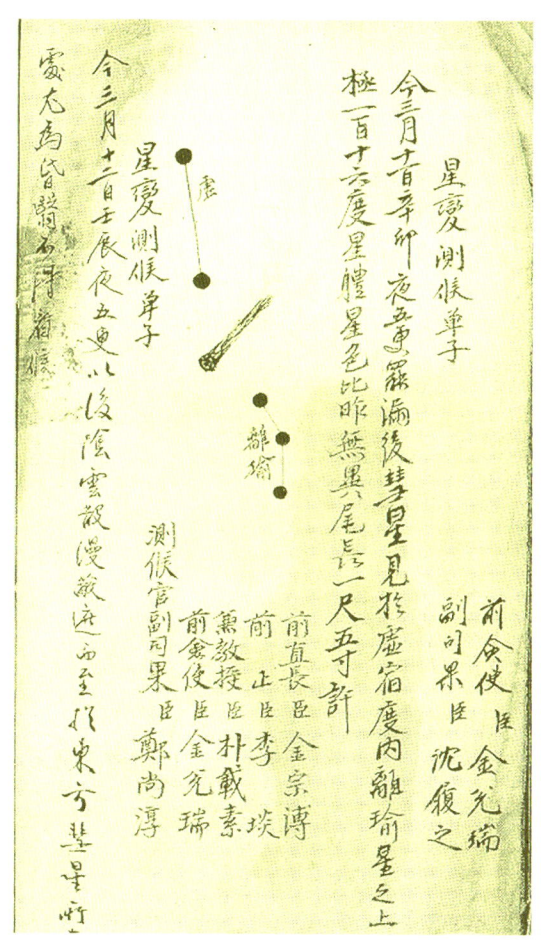

[그림 19] 천변초록의 성변측후단자 기록 예

영조 35년(1759)에 혜성을 관측한 성변측후단자이다. 3월 11일과 12일의 혜성 관측 보고로 '3월 11일 신묘, 밤 5경 파루 후에 혜성이 허수도(虛宿度) 내에서 관측되어…'로 시작되며 혜성의 움직임과 색깔, 별 꼬리의 길이를 기록하고 있으며, 관측자 5인의 직위 성명이 기록되어 있다. 이 기록은 1759년 핼리 혜성 출현에 관한 기록으로 세계에서 가장 완벽한 것이라 한다.

〔그림 20〕 일제 강점기의 관상감 관천대 모습. 와다 유지가 소장하였던 사진으로 경복궁 영추문 밖에 있었던 관상감 관천대의 1910년경 모습이다.

296호로 지정되어 있다. 이 관천대는 높이가 4.2m, 넓이가 2.8×2.5m의 크기이다. 조선 세종 16년(1434)경에 관상감 내에 설치한 것으로, 흔히 소간의대(小簡儀臺)나 '별을 관측하는 대' 라는 뜻에서 첨성대(瞻星臺)라고도 불렀다. 다른 하나인 창경궁 관천대는 숙종 14년(1688)에 만들어진 것으로 높이 3m, 넓이는 2.9x2.3m이며 보물 제851호로 지정되어 있다. 조선시대에 천문기상의 관측을 담당한 관상감은 서운관을 개칭한 것이다. 그러나 조선시대의 강우기록에는 서운관이란 명칭이 섞여서 나온다. 전부터 있던 옛 기구의 이름을 부르던 타성이 굳어져서인지도 모른다.

관상감은 2개소에 있었다. 『영조실록』에 보면 측우기를 반포하는 교서에서 '금번 두 궁궐과 두 서운관에 모두 석대를 만들되 높이는 포백척(布帛尺)으로 1척이요, 넓이는 8촌이며, 석대(石臺) 위에 둥그런 구멍을 만들어 측우기를 앉힌다.'고 되어 있다.[15] 분명히 '양 궐과 양 운관[兩闕兩雲觀]'이다.

실제로 조선시대에는 2개소의 관상감을 운영하였다. 내외 관상감, 내외 서운관이라는 기록이 실록에도 10여 군데 나오고 있다. 『세종실록』 27년(1445년 6월)에도 외서운관이 있었다고 했고, 『중종실록』과 『연산군일기』에도 내외 관상감이 있었다는 기록이 있다.

중종 27년(1532)과 28년에도 내관상감과 외관상감의 천문 측정 결과가 다르게 나와 문책을 받는다. 중종 27년 기사는 다음과 같다.

"외관상감의 관원을 추문하다. 정원이 아뢰기를, '오늘 내관상감(內

---

15 『영조실록』, 영조 46년, 1770년 5월 1일.

觀象監)의 단자에는 혜성(彗星)이 비록 형체는 희미하지만 묘방(卯方)에[16] 나타났다고 하였는데, 외관상감(外觀象監)의 단자에는 유성(流星)만 있고 혜성은 없었다고 하였습니다. 이는 외관상감의 관원이 필시 유심히 관찰하지 않았기 때문일 것이니, 추문하소서.' 하니, 그 죄상을 추궁하여 심문하라고 전교하였다."

위의 기사로 미루어 내외 관상감의 업무 기능이 다른 것 같지는 않다. 천문을 보는 일이 워낙 중요하다보니 별도의 기구를 두어 기상 관측을 두 군데서 하지 않았는가 짐작된다.『서운관지』에서도 관상감을 두 군데로 운영한 것을 다음과 같이 밝히고 있다.

"본 감의 하나는 경복궁(景福宮) 영추문(迎秋門) 안에, 하나는 북부 광화방(廣化坊)에[17] 있었으며 관천대(觀天臺)가 있었는데 중간에 병화를 만나서 창경궁(昌慶宮) 금호문(金虎門) 밖과 경희궁 개양문(開陽門) 밖에 다시 세웠다. 모두 관천대(속명 瞻星臺)가 있다."

금호문은 창덕궁의 서문이므로 창경궁은 성주덕이 잘못 기록한 것이다. 창덕궁은 조선 개국 초에 정궁이었던 경복궁이 임진란으로 불탄 후 왕이 거주하고 있었다. 따라서 관상감도 새로 지을 때 창덕궁 앞에 있게 된 것이다. 경복궁 영추문 안에 있었던 관

16 묘방(卯方)_ 이십사방위의 하나로 정동(正東)을 중심으로 한 15도 안의 방향이다.
17 광화방(廣化坊)_ 조선시대 한성부 북부 12방 중의 하나로서 현재의 행정구역으로는 종로구 원서동 일원에 해당한다.

상감이 내관상감이고, 궐외 광화방에 있던 관상감이 외관상감인 것이다.

임진왜란 때 관상감이 불타 없어지자, 1688년에 외관상감은 제자리에 재건되었고, 경희궁 개양문 밖의 관상감은 1702년에 재건되었는데, 대(臺)와 관(觀)의 설치 규모는 금호문 밖의 관상감과 거의 같았으며 관천대에는 일구대(日晷臺)와 측우대(測雨臺)가 있었다. 두 관상감은 기능과 관측기구의 비치된 것이 거의 같고 모두 궁과 가까이 설치되어 있다. 『서운관지』를 살펴보면 두 관상감 모두를 '본감(本鑑)이라고 칭하고 있으나, 1688년에 설립된 창덕궁 옆의 관상감이 본감이고, 1702년에 세워진 경희궁 옆 관상감을 분감으로 보기도 한다.'고 한다.[18]

세종대왕이 창시하고, 영조가 재건한 측우제도는 정조 시대에 꽃피게 되어 근대적 제도가 구축된 근세까지 이어져 오고 있다. 관상감은 1894년 8월에 관상국(觀象局)으로 개칭되었고, 1895년 4월에는 관상소(觀象所)로 개칭되었다. 고종 32년, 칙령 제47호로 공포된 관상소의 새 직제는 당시 청일전쟁에서 승리한 일본의 영향과 간섭을 받게 된다.

관상소는 학부대신 산하에 두었으며 관상, 측후, 역서 등에 대한 업무를 관장하게 되어 있다. 그러나 관상소에는 소장 1인, 기사 1인, 기수 2인, 서기 2인을 두어(칙령 제47호 2조) 조선 초·중기의 관상감보다 오히려 인원이 축소된 감이 든다.

---

18 성주덕 지, 이면우 외 역, 앞의 책, 2005 「관해편」 해설.

1905년 을사보호조약 체결 이후 1907년에는 측후소로 개칭 되었으며, 1908년부터 신식 기상자료가 발표되게 되고 측우기에 의하던 우량관측도 사라지게 된다. 1910년 경술국치로 조선이 일본에 합병되자 측후소는 '조선총독부관측소'로 바뀌게 된다. 이 시기에 와다 유지가 등장하여 측우기록과 만나게 되는 것이다.

천문기상 기구의 변천

고려에서 오늘까지 우리 기상관측 기구의 변천을 간단히 정리하면 다음과 같다.

고려시대: 서운관(書雲觀).
1392년 7월, 조선 태조 원년 서운관제(書雲觀制) 확립.
1466년 5월, 서운관을 관상감(觀象監)으로 개칭.
1894년 8월, 관상감을 관상국(觀象局)으로 개칭.
1895년 4월, 관상소(觀象所)로 개칭.
1907년 12월, 관상소 폐지. 통감부 측후소(觀測所)가 신식 통계 발표.
1910년 10월, 경술국치로 조선총독부관측소(朝鮮總督府觀測所)로 변경.
1939년 7월, 조선총독부기상대로 변경.
1948년 8월, 국립중앙관상대 발족.
1963년 2월, 중앙관상대로 개칭.
1990년 12월, 기상청으로 확대.

옛 기록에 나오는 비의 명칭

『서운관지』에는 비의 강도에 따라 미우(微雨), 세우(細雨), 소우(小雨), 하우(下雨), 쇄우(灑雨), 추우(驟雨), 대우(大雨), 폭우(暴雨)의 8단계로 구분하여 기록하고 있다. 한자 기록이어서 우리말로 새기기가 쉽지 않다. 한글사전에 의지해서 새겨보면 다음과 같다.

　　미우(微雨): 보슬보슬 내리는 비.
　　세우(細雨): 가랑비. 가늘게 내리는 비.
　　소우(小雨): 잠시 동안 조금 내리는 비.
　　하우(下雨): 조용히 내리는 비. 비가 내리다.
　　쇄우(灑雨): 쏟아지듯 오는 비.
　　추우(驟雨): 소나기.
　　대우(大雨): 상당한 기간에 걸쳐 많이 쏟아지는 큰비, 소우의
　　　　　　　반대 말.
　　폭우(暴雨): 갑자기 세차게 쏟아지는 비.

『서운관지』의 하우(下雨)는 비의 강도를 말하는 것이 아니지만, 비의 강도를 표현하기가 애매할 경우 '비가 왔다.'는 표현으로 이때 비의 강도를 중간 정도로 본 것이다. '비가 왔다.'는 우하(雨下)로도 기록되어 있다.

이외에도 왕조실록과 승정원일기에 여러 가지 비 이름이 나

오는데 이 역시 우리말로 표현하기가 애매한 것이 많다.

매우(霾雨)는 흙비, 황사비이고, 무우(霧雨)는 안개비이다. 삽우(霎雨)는 가랑비, 가늘게 내리는 비이다. 같은 장맛비라도 림우(霖雨, 장마 비) 혹은 음우(陰雨, 오랫동안 계속하여 내리는 음산한 비), 음우(淫雨, 장마, 굳은비), 장우(長雨, 장맛비, 장마 때에 오는 비), 주우(霔雨, 장마, 때맞추어 오는 비)로 표현되어 있다. 장맛비 중 요우(潦雨)는 큰비로 길바닥에 물이 고일 정도로 많이 온 비이다. 물이 넘치고 흙탕물이 진 상태이어 이때 강에는 요수(潦水)가 범람하여 요하(潦河)라 표현된다.

비가 오는 상태에 따라 쾌우(快雨)는 소나기처럼 시원스럽게 내리는 비이고, 급우(急雨)는 갑자기 쏟아지는 비이다. 뢰우(雷雨)는 천둥소리와 함께 내리는 비이고, 풍우(風雨)는 바람과 함께 내리는 비이며, 바람비 혹은 비바람이다.

비가 오는 하루 시간대에 따라 저녁비[暮雨], 밤비[夜雨], 새벽비[曉雨], 아침비[朝雨]로 기록되어 있다. 또 계절에 따라서는 봄비[春雨], 여름비[夏雨, 暑雨], 가을비[秋雨], 겨울비[冬雨]로 기록되고, 기온에 따라 찬비[寒雨, 凍雨, 冷雨]로 기록되어 있다.

농사철에 알맞게 적기에 내리는 비를 호우(好雨, 때를 맞추어 알맞게 오는 비), 감우(甘雨, 단비), 희우(喜雨, 반가운 비), 시우(時雨, 때맞추어 오는 비)라 불렀다. 식물의 성장 시기와 관련된 비 이름도 있다. 유협우(楡莢雨), 행화우(杏花雨), 도화우(桃花雨), 영매우(迎梅雨), 두화우(豆花雨)와 같은 것들이다.

한자 기록인 데다 수백 년을 두고 이어 온 문서들이어 기록한 사람마다 비에 대한 감이 다를 수 있어 오늘날의 이름으로 새기기가 참으로 애매하고, 아리송하다.

2. 측우제도의 운영 상황

관상감 직원들은 하루 24시간을 이어 근무하였다. 어떠한 천문 기상적인 변화에도 대응하기 위함이었다. 번규(番規)에 정한 바에 의하면 일직자는 천문학 3명, 명과학(命課學) 1명, 지리학 1명이 밤낮으로 이어 근무하고, 지리학 1명은 묘시(아침 6시)에 출근하여 유시에 파하여[卯仕酉罷] 3일 교대로 근무한다. 천문, 명과, 지리학의 분담사항은 다음과 같다.

- 천문학은 시분을 균분하여 밤에도 대에서 관측하고,
  [天文學則, 均時分, 夜懸臺占候.]
- 명과학은 길한 것을 가려 뽑기를 전담하며,
  [命課學則, 專掌選吉.]
- 지리학은 땅을 살펴보기를 전담한다.

[地理學則, 專掌相地.]

　　관상감의 3가지 업무 분야를 삼과(三課)라 하는데 이중 명과(命課)의 기능은 오늘날 천문기상 분야에서 볼 수 없는 것이다. 조선 당시에는 항성이 아닌 신성과 혜성 등의 출현을 천변(天變)이라고 보았으며 이러한 변화가 무엇을 뜻하는가를 판단하여야 했다. 즉 혜성의 출현이 왕과 나라에 어떤 영향을 주는가를 헤아려야 하는 학문이었다. 조선 개국 초에는 천문·지리·명과를 합쳐서 음양학이라 하였는데, 세종 이후 지리학은 풍수학이라 하고, 천문학은 일월성신(日月星辰)에 관한 학문만 지칭하게 되면서 세조대에 음양학을 명과로 개칭하게 되었다.
　　천문기상학자 3인이 당직하는 상·중·하 3번은 각 관등에 의해 정해져 있다. 상·중·하 3번으로 나누어 주야로 분담하는 방법은 다음과 같다.

　○ 초일(初日): 下番(오전)·中番(오후)·下番(1~2경)·上番(3~4경)·中番(5경~새벽)
　○ 중일(中日): 상번(오전)·하번(오후)·중번(1~2경)·상번(3경)·하번.(4경~새벽)
　○ 종일(終日): 하번(오전)·중번(오후)·하번(1경)·상번(2~3경)·중번(4경~새벽)

관상감의 보고 규정은 다음과 같다.

구 시각	3경	4경	5경	開東			正吾			初昏	1경	2경
	子刻	丑刻	寅刻	卯刻	辰刻	巳刻	吾刻	未刻	申刻	酉刻	戌刻	亥刻
신 시각	0시	2시	4시	6시	8시	10시	12시	14시	16시	18시	20시	22시

〔표 6〕 신구 시각 대비표

각 관측자는 아침[昧爽: 6시]에서 일몰[日入: 오후 6시]에 이르기까지 일어난 관측 상황은 저녁에 서면으로 보고하고, 초저녁[初昏]에서 새벽[昧爽]까지의 성적은 궁궐 문이 열리기를 기다려 보고[入啓]하는 것이 보통의 법식이다.

『서운관지』에는 동틀 무렵을 개동(開東)이라 하고, 해가 뜨는 시각을 일출(日出)이라 하고, 개동에서 일출 전까지를 매상(昧爽)이라 하였다. 저녁에는 해진 후를 일입(日入)이라 하고, 그 후 봉화가 오르기 전까지의 시각을 초혼(初昏)이라 하였다. 옛 시각과 현재 시간 대비는 [표 6]과 같다.

우량 관측 결과도 다른 기상현상과 같은 때에 보고되었으며, 기록 방식은 '몇 시부터 내리기 시작하여 몇 시에 그치고[自某時, 至某時], 비[灑雨, 下雨]로 인한 측우기의 수심은 몇 자, 몇 치, 몇 푼[測雨器水深某尺寸分]이었다.'라 하는 것이 기본 형식이었다. 또 비오는 강도에 따라 미우(微雨), 세우(細雨), 소우(小雨), 하우(下雨), 쇄우(灑雨), 추우(驟雨), 대우(大雨), 폭우(暴雨)의 8단계로 구분하였다.

강우 보고서는 강우단자(降雨單子)라고 하며, 매회 4통을 작성해서, 2통은 승정원(承政院)과[19] 당후(堂后)에,[20] 1통은 시강원(侍講院)에,[21] 그리고 1통은 분발(分撥)과 함께 내각(內閣)에[22] 보내는 것을 규칙으로 하였다. 경신년(1800) 10월 이후에는 관상감의 주청에 의하여, 매월 초하루에서 월말까지의 우량을 합친 월계를 아울러 보고토록 하였다. 강우에 관련된 사항은 관상감 업무의 '을종(乙種)' 사항으로 '지리학과'에서 담당했을 것으로 보인다.

일상 관측 사항은 하루 2회 보고지만 측우기의 단자[水深單子]는 3차에 걸쳐서 보고하되, 날이 밝고부터 정오까지와 정오에서 인정(人定, 저녁)까지, 그리고 인정에서 다음날 새벽까지이다. 이것은 정조 신해년(1791)에 바뀐 규정으로 일성록에 그 내용이 올라 있다.[23]

"예조참판 서호수(徐浩修)가 아뢰기를, '측우단자(測雨單子)는 하루에 세 번만 올리도록 하겠습니다.' 하여, 내가 이르기를, '이로써 규정을 정해도 무방하겠다. 문을 연 뒤에 한 번 올리고 신시(申時)에 두 번째 올리고 문을 닫을 때 세 번째 올리는 것으로 영원히 준행

---

19 승정원(承政院)_ 조선시대 국왕의 비서기관 격의 벼슬로 주로 왕명의 출납을 맡았다. 정종 2년(1400)에 승정원을 따로 설치하여, 승지의 기능을 맡게 하였다.
20 당후(堂后)_ 승정원(承政院)의 주서(注書)를 달리 이른 말. 혹은 주서가 시무(始務)하는 방을 가리킴.
21 시강원(侍講院)_ 조선시대 왕세자의 교육을 담당한 관청인 세자시강원을 이름.
22 내각(內閣)_ 규장각(奎章閣)의 별칭.
23 일성록, 정조 2년, 1778년 6월 20일.

(遵行)하되, 이 문제는 굳이 거조(擧條)에[24] 낼 것 없이 일기(日記)에 자세히 기록하라.'"

그 이전에는 1일 2회, 즉 아침에서 일몰까지의 보고는 일몰 후에 보고하고, 일몰에서 오경(새벽 3~5시)까지의 보고는 궁문이 열리기를 기다려 문서로 보고하였는데 정조 때부터 하루에 3차례 보고하는 것이 정례화된 것이다. 개정 후에도 일성록(日省錄)에 의하면, 1일의 총량을 서운관에서 합산하여 그것을 정원(政院, 승정원)과 내각에 문서로 보내 기록한 후에 이를 반포하는 것이 정해진 규칙이었다. 그리고 경신년(1800) 10월 이후에는 관상감의 주청에 의하여, 매월 초하루에서 월말까지의 우량을 합친 월계를 아울러 보고토록 되었다.

강우단자는 비가 오기 시작한 시각과 그친 시간을 적고, 측우 수심[尺寸分]을 적었다. 최소 측정단위는 푼(分, 2mm)이었고, 적은 양의 눈[降雪量]은 우량관측에서 제외되었다. 비가 여러 날에 걸쳐 계속 올 경우는 당직원의 교대 시간으로 나누어 날자별로 기록하였다.

강우량 보고는 1793년에 다시 낮보고를 생략하고 1일 2회 보고체제로 환원되었다. 그러나 심한 가뭄이 들었다가 비가 왔을 경우, '단비가 내리면 도수에 구애받지 않고 수심의 푼과 치를 그대로 아뢰도록' 한 규례도 있을 정도로 주요 농작업 시기에 내리

---

24 거조(擧條)_ 신하가 임금께 조목조목 들어 아뢰던 조항.

는 강우량은 위정자의 관심사였다.[25]

　중앙 관상감의 측우는 강우단자를 통해 하루에 2~3회 우량을 보고하고 있었지만, 지방 군현의 보고체계가 어떠하였는지는 『서운관지』에도 실록에도 나타나 있지 않다. 다만 "측우기 제도와 주척의 양식을 모든 도(道)에 발표하여 여러 읍에 각각 하나씩 만들게 하여 객사(客舍)의 뜰 가운데 두고, 비 온 뒤에는 항상 고을 원이 친히 물 깊이의 분촌을 관찰하여 아뢰게 하였다."는[26] 기록에서 지방에서의 측우도 중요한 사항이었음을 알려주고 있다.

　정조는 가뭄이 들면 농사를 걱정하면서 비가 내리기를 기다린다. 그리고 비가 내리면 백성과 함께 기뻐한다. 정조가 강우가 있었는가를 신하에게 물어보는 내용이 일성록에 있어 그 상황을 그대로 옮겨 본다.[27]

　내가 이르기를, "오늘은 어제보다 비 올 기미가 더욱 막연하니 참으로 매우 근심스럽다." 하였다. 내가 이르기를, "어제 내린 비가 동문(東門) 밖에는 실로 흡족히 내렸다고 한다." 하니, 서유방(徐有防)이 아뢰기를, "신이 겸춘추(兼春秋)[28] 김건수(金健修)의 말을 들으니 동문 밖 3, 4십 리(里)는 과연 흡족하게 내렸다고 하였습니다." 하여,

25 일성록, 정조 2년, 1778년 4월 1일.
26 『燃藜室記述』別集「天文典故」.
27 일성록, 정조 6년, 1782년 5월 24일.
28 겸춘추(兼春秋)_ 겸사(兼史)와 같은 말로 조선시대에 다른 관아의 벼슬아치가 겸임하던 춘추관의 사관(史官) 벼슬.

내가 기주관(記注官)[29] 김건수에게 이르기를, "그대가 상세히 아뢰라." 하니, 김건수가 아뢰기를, "영우원(永祐園)[30] 앞길에서부터 건원릉(健元陵)의[31] 능소(陵所)까지는 비가 세차게 쏟아져 높고 건조한 땅과 메마른 곳에 빗물이 불어나 내가 범람하였으며, 신도 다 젖었습니다." 하였다. 내가 이르기를, "어제 동촌(東村)은 어떠하였는가?" 하니, 김우진이 아뢰기를, "동촌은 상당히 흡족하게 내려 호미날 하나 이상 들어갈 정도의 비가 내렸습니다." 하였다. 조시위(趙時偉)가 아뢰기를, "성내(城內)로 말하면 남산(南山) 아래로는 전혀 적시지도 못하였다고 합니다." 하여, 내가 이르기를, "기영(畿營)[32] 서쪽도 적시지 못하였다고 하였다. 어제 관상감의 보고를 보면 수심이 5푼이었는데 궐중(闕中)은 측우기의 수심이 1치 3푼이었으니, 갑자기 지나가는 비라서 그랬던 듯하다." 하니, 조시위가 아뢰기를, "갑자기 지나가는 비는 비록 지척인 곳에서도 실로 다소의 차이가 있습니다." 하여, 내가 이르기를, "정원(政院)이 측우기를 만들어 설치한 것은 과연 잘한 것이다." 하니, 서유방이 아뢰기를, "그렇습니다." 하였다.

각지의 강우 상황을 신하들로부터 들으면서 걱정하고, 기뻐

---

29 기주관(記注官)_ 조선시대에 춘추관에 속하여 사료(史料)가 될 시정을 기록하던 벼슬.
30 영우원(永祐園)_ 정조의 아버지 사도 세자의 묘로 양주(楊州) 남쪽 중량포(中梁浦) 옆 배봉산(拜峰山)에 있었다.
31 건원릉(健元陵)_ 제1대 왕 태조의 무덤으로 구리시 인창동 산4-2번지 동구릉 안에 있다.
32 기영(畿營)_ 경기도(京畿道) 감영(監營)을 일컫는 말. 당시 서대문 밖이었던 서울 종로구 평동의 서울적십자병원과 서대문우체국 일대에 있었다.

하는 모습에서 현군 정조의 모습을 다시 보게 된다. 그날 일성록 말미에 정조는 '측우기를 만들어 설치한 것은 과연 잘한 것'이라며 스스로 대견해 하고 있다. 정조는 강우에 지대한 관심을 가지고 있었던 만큼 강우량 파악에도 꼼꼼하였다. 왕조실록보다 개인기록인 일성록에 자세히 나타난다.

정조가 측우기 운영에 지극한 관심을 보이는 만큼, 천문기상을 잘못 관측한 경우에 중벌을 주었지만, 강우 측정을 잘못해서 서운관 직원이 벌을 받는 경우도 발생하였다.

정조 2년 관상감에서 올린 강우단자로 보고된 우량에 허위가 있었던 것으로 밝혀진다.[33] 그날 서운관 당직원은 '새벽 전에 내린 비가 1푼이라고만 아뢰고 다시 보고하지 않고 있다가 지금 신시(申時) 이후에 신칙하는 전교를 내린 뒤에 미봉하고자 하여 그 뒤에 내린 비는 2푼이 안 되었기 때문에 서계하지 않았습니다.' 하였다며, 정조는 '매우 놀랍다.'고 일성록에 쓰고 있다. 그날 경기도에서 4푼의 비가 왔었다고 장계가 있었기 때문이다.

관상감 제조(提調)가[34] "해당 관원 안사덕(安思德), 조상렬(趙尙烈) 등을 해당 관청(攸司)으로 하여금 각별히 엄하게 다스리도록 하며 신 등은 황공하여 대죄합니다."하는 보고가 있자 제조에게 하교하기를, "대죄하지 말라."고 한다.

---

33 일성록, 정조 2년, 1778년 4월 1일.
34 제조(提調)_ 각 사(司), 각 청(廳)의 관제상의 우두머리가 아닌 사람이 그 관아(官衙)의 일을 다스리게 하던 벼슬로 종1품(從一品) 또는 2품(二品)의 경우를 일컬음. 정1품(正一品)이 되는 때는 도제조(都提調), 정3품(正三品)의 당상(堂上)이 되는 때는 부제조(副提調)라고 한다.

그 다음날인 4월 2일, 형조에서 관상감 관원 안사덕과 조상렬 등을 각각 장 일백(杖一百)의 벌에 처벌하겠다는 보고가 왔다. 정조는 허위보고를 한 관원을 엄하게 다스리라고 명한다. 우량을 잘못 기록한 것이 곤장을 1백 대나 때릴 만큼 중죄였는가는 알 수 없으나, 정조가 측우사업을 그만큼 중요하게 여겼던 것은 사실인 것으로 보인다.

정조 10년(1786) 6월 7일자 일성록에도 우량 보고가 문제가 있다는 정조의 지적이 있고 경기감사 서유방(徐有防)의 죄상을 특별히 추궁하여 심문하고 있다.

"서유방이 6일 해시에 비가 내리기 시작하여 7일 자시까지 내린 비로 측우기의 수심이 4푼[分]이라고 급히 보고[馳啓]한 것에 대해 하교하기를, '밤에 내린 비의 양이 1치[寸] 가까이 되는데, 4푼밖에 되지 않는다고 아뢴 것은 무엇 때문인가? 또 소낙비와는 다른데, 지척의 거리에 있는 경기 지역 안에서 어찌하여 양이 많고 적은 차이가 있단 말인가. 이는 필시 측량을 제대로 하지 못해서 일어난 소치일 것이니, 경을 추고하겠다. 앞으로는 이와 같이 하지 말라는 뜻으로 회유(回諭)하라.' 하였다."

그리고 정조는 왕궁에 있는 측우기로 우량을 재어보고는,"이렇게 밤낮으로 가뭄을 걱정하고 있는 때를 만나 한밤에 처마 끝의 풍경 소리를 듣고 있자니 마음이 안절부절못해서 편안히 잠잘 수 없었다. 수심 7푼의 비가 내렸다는 것을 안 것이 이른 새벽이었는데 본영(本營, 경기 감영)에서는 이제 한낮이 지난 뒤에야 비로소 아뢰니, 너무나도 지체하고 소홀히 한 것이다."라며 업무 태만을 단호하게 지적하고 있다.

정조는 경기감영이 보고한 우량이 잘못 조사된 것을 어떻게 알았을까? 같은 날짜 승정원일기에는 '임금께서는 창덕궁에 계시다[上在昌德宮].'라고 기록되어 있다. 창덕궁이 있는 현재의 종로구 와룡동에서 경기감영이 있었던 종로구 평동은 직선거리가 3km도 채 안 된다. 가까운 거리임에도 장마철 강수량 계측 결과가 심히 차이가 나는 것을 확인하고 경기감사를 책망하는 것이다. 정조는 창덕궁과 경희궁에 측우기를 두고 왕궁에서도 우량을 재어 보고, 강우보고에 올라온 우량과 대조하고 있었던 것이다. 이렇듯 꼼꼼 확실한 임금 아래서 신하 노릇 하는 것도 쉬운 일은 아니었을 것이다.

정조대왕 행장(行狀)의 '대왕대비전이 내린 행록(行錄)'에는 정조는 "해마다 비가 혹 철을 거르기라도 하면 침식을 다 잊고 마음이 타서 밤낮으로 안절부절하였기 때문에 내가 늘, 마음을 그렇게 쓰다가는 틀림없이 성체(聖體)에 손상이 올 것이라고 걱정하였다. 그러다가 단비가 내리려 하면 좌우가 감동할 정도로 기뻐하는 빛을 보이면서 그래도 부족할까봐 뜰에다가 측우기를 놔두고 우량이 어느 정도인가를 자주 물었으며 비가 흡족하게 내리고 난 뒤라야 비로소 마음을 놓았었다."고 정조의 강우에 대한 지대한 관심을 기록하고 있다.

정조대왕 행장에도 '비 한번 내리고 볕 한번 나는 것까지도 신경 쓰며 걱정하기를 마치 농부가 자기 농사 걱정하듯 했으며 측우(測雨)하는 기구와 바람을 살피는[占風] 장대 등을 설치하고 비 한번 내리고 볕 한번 나는 것까지도 다 관심을 두었다.'고 기록되어 있다. 이같이 영조·정조의 지극한 관심 가운데 조선 후기의 측우제도는 재건되고 육성되었던 것이다.

6장
측우기록의 현존 상황과 그 의미

1.
측우기 창설기의 측우기록

세종 23년에 측우제도를 창제하면서 측우기를 서운관에 설치하도록 하였고, 또 각도에서 지방 고을에 보내어 우량을 관측하도록 되어 있다.[1] 1442년에는 이 내용이 구체화되어 있다.

"외방(外方)에서는 쇠로써 주조한 측우기와 주척 매 1건(件)을 각도(各道)에 보내어, 각 고을로 하여금 한 결 같이 상항(上項)의 측우기의 체제에 의거하여 만들고 … 매양 비가 온 후에는 수령(守令)이 친히 비가 내린 상황을 살펴보고는 주척으로써 물의 깊고 얕은 것을 측량하여 비가 내린 것과 비오고 갠 일시(日時)와 물 깊이의 척촌분(尺寸分)의 수(數)를 상세히 써서 뒤따라 계문(啓聞)하고 기록"해 두도록 되어 있다. 그러나 세종 이후의 측우기록

---

1 『세종실록』, 세종 23년, 1441년 8월 18일.

이 소실된 지금 과연 어느 고을에 측우기를 두고 강우를 계측하였나, 그 전모를 확인할 수는 없다.

영조시대에 측우제도가 재건된 당시에는 측우기를 팔도와 양도[八道兩都]에 두도록 되어 있었다. 『영조실록』의[2] 측우기를 반포하는 교서에서 '금번 두 궁궐(宮闕)과 두 서운관(書雲觀)에 모두 석대(石臺)를 만들되 높이는 포백척(布帛尺)으로 1척이요, 넓이는 8촌이며, 석대(石臺) 위에 둥그런 구멍을 만들어 측우기를 앉힌다.'고 되어 있다. 실록에서 양궁이라 함은 창덕궁과 경희궁이고, 양도는 예전에 임금의 행궁(行宮)이 있었던 개성과 강화를 말한다. 그러면 1770년에 측우기가 있었던 장소는 모두 14개소가 된다.

1793년(정조 17년) 수원이 유수부로 승격되었고, 1796년(정조 18년)에는 경기도 광주(廣州)가 유수부로 승격되어 측우기를 설치해 강우조사를 하게 되었다. 그후 강원도 춘천도 유수부로 승격되어 1888년(고종 25년)부터 측우를 시작하였다. 이외에도 삼도수군통제영이 있는 통영에서도 1800년대 중반(1871년?)부터 측우기를 두고 강우기록을 남기고 있다.

세종이 측우기를 창시한 이후의 강우기록은 서운관의 관측원부인 풍운기와 승정원일기에 수록되어 있던 것이 임진왜란으로 인해 소실되어 버렸지만, 실록과 개인기록에 일부 기록이 단편적으로 남아 있다. 현재 남아 있는 임진왜란 이전의 측우기록은

---

2 『영조실록』, 영조 46년, 1770년 5월 1일.

모두 9건이며 4건은 실록에서, 5건은 개인일기에서 출전되었다. 『충재일기』의 측우기록은 현재로서는 문헌기록상 가장 이른 것이다. 『충재일기』는 중종 때 권벌(沖齋 權橃, 1478~1548)이 영천군수로 있을 때 기록한 일기이다. 이 측우기록은 도[八道雨郡] 이하의 지방[郡縣]에서도 측우기를 두고 실제로 강우를 계측했다는 것을 알려주며, 또 측우 시기가 겨울철이었다는 점도 흥미롭다.

와다는 「세종 영조 양조의 측우기」 첫 논문에서 1910년대에 측우기는 없어지고 측우대만 남은 것이 6기가 있었다고 기술하고 있다. 그 6개 중에는 전라남도 함평군, 강원도 강릉군, 함경북도 금성군의 측우대가 포함되어 있다. 이를 보아 도 이하의 지방군현에서도 측우를 한 것은 확실하지만, 이제까지 발견된 측우 전기시대의 지방 군현단위의 기록은 『충재일기』의 것이 유일하다.[그림 21]

왕조실록 외의 개인일기에 있는 측우기록은 측우기 관련 역사 연구에 전념하고 있는 한수당자연환경연구원의 한상복 박사가 개인적 노력으로 발굴해 학계에 소개한 성과이다.[3] 미시연구자와 아마추어연구자의 연구가 활발해야 인문학의 연구저변이 확충되고 학문은 발전된다. 기상청, 문화재청과 같은 국가기관에서도 하지 못한 측우사료 발굴에 개인적으로 매진하고 있는 그 모습이 아름답다.

3 http://blog.naver.com/hansudang/

임진왜란 이전 측우기 관련 기록

○ 1515년: 중종 9년 1월 9일, '측우기의 수심이 1치 8푼이다.[測雨器水深一寸八分.『冲齋日記』.[4]]'

○ 1518년: 중종 13년 9월 26일, '밤에 비가 와서 수심이 3푼이었다.[夜雨水深三分.『冲齋日記』중『承宣時日記』.]'

○ 1529년: 중종 24년 6월 26일, '비가 온 것이 9푼이었다.[雨水深九分.『中宗實錄』.]'

○ 1530년: 중종 25년 7월 초9일, '밤비가 수심이 9푼이었다.[夜水深九分.『中宗實錄』.]'

○ 1542년: 중종 37년 5월 29일, '28일부터 오늘까지 비가 오다말다 했으며, 측우기의 수량은 5푼이다.[自二十八日至此日, 或雨或晴. 測雨器量水五分.『中宗實錄』.]'

○ 1570년: 선조 3년 5월 13일, '관상감단자에 이달 12일 인시에서 13일 오시까지 비가 오다 말다 했으며 수심은 포백척으로 1치이다.[觀象監單子, 今月十二日寅時, 以十三日午時至, 或雨或晴, 水深布帛尺一寸.『眉巖日記』.[5]]'

---

4 『충재일기(冲齋日記)』_ 조선 중종조의 문신인 권벌의 일기로, 필자가 근무하던 곳에 따라『한원일기(翰苑日記, 2책)』,『신창령추단일기(新昌令推斷日記)』,『당후일기(堂後日記)』,『승선시일기(承宣時日記, 2책)』의 필사본이 있으며 보물 제261호로 지정되어 있다.
5 『미암일기(眉巖日記)』_ 조선 명종 때의 유학자 유희춘(眉巖 柳希春, 1513~1577)이 1568에서 10여년에 걸쳐 쓴 일기. 개인일기 가운데 가장 방대한 것으로, 자신의 일상생활과 당시 국정, 인물에 이르기까지 공사(公私)의 사실이 날짜순으로 기록되어 있어 사

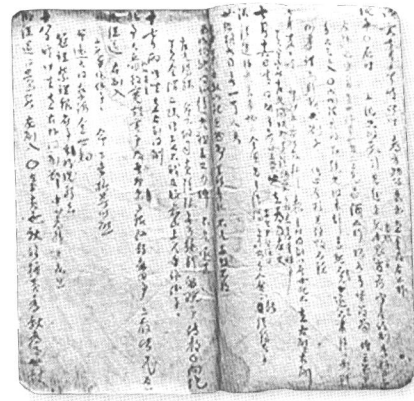

〔그림 21〕『충재일기』

○ 1574년: 선조 7년 6월 초9일, '관상감단자에 6월 초8일 술시에서 초9일 사시까지 비가 내렸다. 측우기 수심은 포백척으로 1치 5푼이다.[觀象監單子, 今六月初八日 自戌時至初九日巳時下雨, 水深布帛尺一寸. 『眉巖日記』.]'

○ 1576년: 선조 9년 6월 22일, '새벽부터 비가 내려 수심이 2치 8푼이다.[曉來亦雨水深二寸八分. 全舜弼의 日記.[6]]'

○ 1586년: 선조 19년 5월 초3일, '비가 온 수심이 포백척으로 1치 1푼이다.[雨水深, 布帛尺, 一寸一分. 『宣祖實錄』.]'

료로서 가치가 크다. 『미암일기』에 강우량을 포백척(布帛尺)으로 재었다고 하였는데, 포백척은 47cm로, 세종 때 측우에 사용된 주척(周尺, 약20cm)과는 차이가 있어 미상한 부분이다.

6 全舜弼의 日記_ 동오 전순필(東塢 全舜弼, 1514~1581)은 강화부사로 재직할 때 일기에 강우기록을 남겼다.(한상복의 '측우기 연구 자료, 2010년 8월 18일자.) 1549년 문과에 급제하였고 성주목사(星州牧使)까지 지냈다.

2.
측우기 재건 이후의 측우기록

1910년 경술국치에 의해 국권을 빼앗기고 관상감이 폐지되었다. 일방적 합방이라 정식 행정이관도 없어 측우 관련 문서와 자료가 사라져 버릴 시점이었다. 이때 와다 유지는 조선총독부 관측소에서 근무하면서 측우기록을 만나게 된다. 이때의 상황을 와다는 다음과 같이 기록하고 있다.

"이들 두 종류의 자료는 우연히 내가 찾아낸 것으로 이들 대부분은 조선합방 때 경성보통학교(예전 서울고등학교 터)의[7] 창고 마룻바닥

---

[7] 경희궁은 조선후기의 이궁으로 서궐이라고도 불렸다. 인조 이후 철종에 이르기까지 10대에 걸쳐 임금들이 이곳 경희궁을 이궁으로 사용하였는데, 특히 영조는 치세의 절반을 이곳에서 보냈다. 일제가 대한제국을 강점한 1910년, 경희궁에 일본인을 위한 학교인 경

에 폐기되어 있던 고지(古紙) 더미 속에 뒤섞여 있던 것이다. 이 학교의 위치는 원래 경복궁 서쪽 구석에 있던 관상감의 부속건물이 있던 곳이다. 내가 참고 자료를 찾기 위해서 전부터 남아 있던 창고 2개소의 문을 열었더니 난잡하고 더러워진 폐지가 산더미를 이루고 있었다. 「풍운기」와 「천변초출등록」도 이 고지 더미에 섞여 있던 것으로 후일 소독하고 정비하여 연월일별로 연속시킬 수 있었다."

와다는 옛 관상감 창고에서 측우기록이 담겨 있는 기상 보고 서식인 「풍운기(風雲記)」와 「천변초출등록(天變抄出謄錄)」을 만난 것이다. 우연스럽고도 기이한 인연이었다. 「풍운기」는 관상감의 관측원부(觀測原簿)로 당직자가 관측한 모든 기상현상을 기록한 것이고, 「천변초출등록」은 매년 춘추 두 번에 걸쳐 관상감이 춘추관에 제출한 반년보(半年報)의 원고이다. 「천변초출등록」에는 강우상황과 시각별 우량은 물론 우량의 월별, 연도별 합계까지 기록되어 있는 실로 놀라운 통계자료였다.

와다는 두 자료를 중심으로 서울 지역의 장기 강우통계를 정리해 보려 했지만, 결락분이 많아 승정원일기와 일성록의 자료로 보충해서 통계를 정리한다.[8]

성중학교가 들어서면서 숭정전 등 경희궁에 남아있던 중요한 전각들이 대부분 헐려나가 궁궐의 모습을 잃어버렸다.

8 "서울의 우량관측 성적은 1770년에서 1861년까지의 92년 중 60여년 치에 불과한 것이었으며, 여기에 또 낙정(落丁, 落張)과 충식(蟲食), 오염 등으로 연속된 통계를 얻지 못한 것이 유감스러웠다. 다행스럽게도 수개월 후에 그것을 보충할 수 있었던 것은 나를 환희하게 하였다. 그것을 보충할 수 있게 한 자료는 바로 승정원일기와 일성록의 두 문헌이다."

승정원일기는 조선 역대 왕이 신하에게 내린 교서와 신하가 올렸던 보고 등을 기록한 것이다. 1621년 이전의 일기는 전란으로 소실되어 버렸지만, 1621년 이후의 자료는 조선말까지 하루의 결락분도 없이 전해지고 있다. 일성록은 조선 왕들의 일기 형식을 취한 내각일지로 1776년부터 1910년까지 135년간의 기록이다. 승정원일기와 일성록에는 관상감이 보고한 천변(天變)을 수록하고, 강우의 시각과 강우량이 기록되어 있다.

와다는 이 네 자료를 가지고 1770년에서 1907년까지의 138년간 연도별 우량통계를 정리할 수 있었다. 와다가 장기 강우상황을 정리한 결과는 다음과 같다.

○ 6월분: 138년 동안 빠짐없음.
○ 1·2·3·5·7·10·11·12월분
  : 138년 동안 1개년 빠짐.
○ 4·8·9월분: 138년 동안 2개년 빠짐.

와다 유지는 1770~1907년의 강우량을 월별로 정리하고는 1671~1907년의 237년간의 강수일수(강우일수와 강설일수) 기록까지 정리해 남겼다. 와다는 138년간의 연도별, 월별 우량통계 결과를 현대 방식으로 계측한 측우기 시대 이후의 강우 통계와 비교하는 작업을 한다. 비교에 적용된 신식 강우 측정 결과는 당시 경성에서 관측된 러시아 공사관의 강우자료(1888~1903)와 서울 남부지역의 일본 재정 고문관 관저(目賀田 재정고문관)에서 1907

년에 계측된 것이었다.[표 7], [표 8]

　와다가 정리한 측우기의 우량 측정치와 신식통계의 차이는 [표 9]와 같다. 12월에서 2월까지의 강우량에는 차이가 컸는데 측우기로 겨울철의 강설량이 계측되지 않았던 탓이다. 그러나 농사철인 봄에서 가을까지의 월별 강우량은 약 10%정도밖에 차이가 나지 않았다. 그리고 말이 신식통계라지만 2가지 통계를 엮어 적용한 계측치이고, 또 강우 측정 장소가 다르기 때문에 그 오차는 무시해도 좋을 정도의 수치이다. 어쨌든 측우기의 강우통계는 1910년 당시의 신식(?) 관측기술로 보아도 정확한 것이었고, 138년 동안의 강우통계도 과학적이었음은 확인된 셈이다.

　와다는 측우기록의 장기 통계를 정리하기 위해서 측우기록의 보정작업을 한다. 당시 만국기상회의에서 결의한 기상요소의 평균 기본기간(1881~1905년)인 25개년 우량을 적용하여 측우기록을 보정한다. 또 측우기록이 음력으로 기록된 것을 연중변화와 월간 우량을 비교하기 위해서 각 월의 수치(큰달, 작은 달, 윤달)를 조정한 다음 연간 우량에 대한 월별 우량의 편차를 적용하여 강우량을 조정한다. 그 결과를 와다는 '우량 갱정치(1770~1914)'라 하고 논문 말미에 싣고 있다.

　[그림 22]는 와다가 강우통계 분석을 마친 후 장기 강우량의 월변 변화를 도시한 것이다. 당연하게도 봄가을에는 강우량이 적고, 6월부터 장마가 시작되나 6월 강우량보다 7, 8월의 강우량이 많은 우리나라의 강우 특성을 잘 보여주고 있다.

　와다가 정리한 측우기록을 통해 몇몇 특징적인 기상 사례

단위: mm

연도	1월	2월	3월	4월	5월	6월	7월	8월	9월	10월	11월	12월	계
1888	26.2	31.0	48.5	58.8	46.9	33.2	335.9	128.3	72.4	18.7	29.5	15.3	844.7
1889	10.0	35.5	24.8	94.7	91.3	286.3	206.0	115.3	73.7	28.8	32.2	106.6	1,104.7
1902	-	-	-	-	97.3	89.4	275.5	136.7	108.0	32.8	61.2	26.2	-
1903	68.1	-	37.6	76.5	323.2	55.7	362.2	304.5	197.4	13.7	14.1	38.7	-
1907	11.1	5.7	28.4	144.0	131.2	49.5	157.6	181.1	27.8	46.8	54.4	25.2	862.8
평균	28.9	23.9	34.8	93.5	138.0	102.8	267.4	173.2	95.9	28.2	38.3	42.4	937.4

[표 7] 신식 관측법에 의한 월별 강우량

단위: mm

연도	1월	2월	3월	4월	5월	6월	7월	8월	9월	10월	11월	12월	계
1888	0.0	0.0	8.0	64.0	14.0	16.0	330.0	100.0	70.0	20.0	18.0	16.0	656.0
1889	0.0	22.0	22.0	74.0	96.0	276.0	192.0	96.0	14.0	24.0	22.0	16.0	854.0
1902	-	-	-	-	74.0	86.0	262.0	114.0	54.0	24.0	32.0	8.0	-
1903	16.0	-	14.0	58.0	336.0	56.0	312.0	222.0	186.0	4.0	0.0	26.0	-
1907	0.0	0.0	12.0	76.0	88.0	34.0	158.0	194.0	0.0	56.0	40.0	0.0	658.0
평균	4.0	7.3	14.0	68.0	101.6	93.6	250.8	145.2	64.8	25.6	22.4	13.2	722.7

[표 8] 측우기 관측에 의한 월별 강우량

단위: mm

	1월	2월	3월	4월	5월	6월	7월	8월	9월	10월	11월	12월	계
신식평균(a)	28.9	23.9	34.8	93.5	138.0	102.8	267.4	173.2	95.9	28.2	38.3	42.4	937.4
구식평균(b)	4.0	7.3	14.0	68.0	101.6	93.6	250.8	145.2	64.8	25.6	22.4	13.2	722.7
a/b	7.2	3.3	2.5	1.4	1.4	1.1	1.1	1.2	1.5	1.1	1.7	3.2	-

[표 9] 신식 강우통계와 측우기 통계의 비교

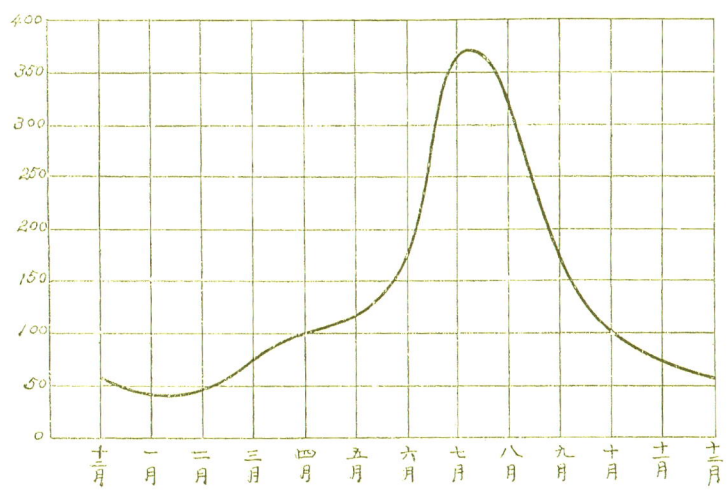

〔그림 22〕 와다가 보정한 강우량의 월별 변화도

를 살펴본다. 연속 강우기록이 남은 1770~1907년 동안 가뭄이 가장 심한 해는 1901년으로 연간 강우량이 370mm에 불과하였고, 6월 강우량이 12mm에 불과하였다. 그 다음으로는 1904년 602mm, 1774년 622mm, 1876년 638mm로 강우량이 평년의 반도 안 되었다. 혹심한 가뭄에 시달린 해였다. 비가 가장 많이 온 해는 1821년으로 연간 2,582mm의 비가 왔고, 그 다음으로 1789년 2,288mm, 1787년 2,270mm이었다. 평년 강우량의 약 2배가 되는 비가 온 것이다.

    호우나 폭설이 내리면 일기예보에서는 백 년만의 폭우니 하며 호들갑을 떤다. 그러면 측우기로 계측한 동안의 강우 상황을

	1	2	3	4	5	6	7	8	9	10	11	12월
강우량 (mm)	547	442	1033	322	470	451	1426	1058	1230	200	233	301
연도	1828	1820	1839	1806	1903	1787	1832	1833	1847	1872	1840	1789

자료: 와다 유지의 논문 '最近百四十年間ノ京城雨量'

[표 10] 측우기록의 월별 최대 강우량과 발생 연도

살펴보자. 측우기록이 있는 140년간의 월별 최대 강우량을 정리하면 [표 10]과 같다. 단 이 수치는 와다가 신식 관측치로 환산한 것이다.

측우기로 계측한 우량 중에는 비가 적게 내리는 것이 정상인 1월에도 547mm라는 많은 강우를 보인 해가 1828년였고, 최대 강우가 있었던 달은 1832년 7월의 1,426m였다. 1년 동안에 내리는 평년 강우량이 한 달에 쏟아진 것이다.

우리나라의 강우 특성상 여름에는 비가 많이 오기도 하지만, 단시간에 집중적으로 내리는 호우의 특성을 보이기도 한다. 와다가 신식 관측치로 정리한 집중호우, 즉 강우밀도(强雨密度)의 사례는 [표 11]과 같다. 표에서 시간당 강우량은 총 강우량을 시간으로 나눈 것이어서 시간당 최대 강우량, 즉 순간 강우 집중도와는 다른 개념이다.

와다가 정리한 측우기록은 오늘날에도 기상학 분야에서 널리 이용되고 있다. 장기 강우패턴의 변동 상황과 장기 우량의 극단치 고찰을 통한 이상기상의 출현 빈도 분석에도 이용된다. 그러나 측우기 통계의 보정과 장기 강우 통계분석에 대한 기상학적

강우 일시		강우량(mm)	강우 시간	시간당(mm)
1770년 6월	6일 6시~7일 16시	264	34	8
1779년 7월	25일 4시~26일 4시	275	24	12
1782년 6월	23일 12시~24일 12시	242	24	10
1792년 6월	30일 20시~1일 22시	288	26	11
1792년 7월	1일 4시~1일 12시	187	8	23
1796년 6월	30일 16시~1일 12시	211	20	11
1816년 7월	10일 6시~10일 20시	196	14	14
1828년 7월	3일 20시~4일 20시	235	24	10
1830년 8월	12일 14시~13일 6시	276	16	17
1832년 7월	19일 6시~19일 20시	253	14	18
1833년 8월	16일 20시~17일 6시	257	10	26
1847년 9월	10일 6시~11일 12시	423	22	19
1851년 9월	4일 20시~5일 12시	342	16	21
1871년 7월	22일 6시~23일 6시	275	24	11
1871년 8월	16일 6시~17일 4시	262	22	12
1875년 8월	18일 0시~19일 20시	348	20	17
1884년 7월	31일 6시~1일 20시	328	38	9
1885년 7월	16일 6시~16일 20시	321	14	23
1888년 7월	8일 6시~9일 6시	266	24	11

자료: 와다 유지의 논문 '最近百四十年間ノ京城雨量'

〔표 11〕 측우기록의 집중호우의 사례

비교는 이 책의 목적이 아니므로 측우기에 의한 연도별 강수량 확인에서 그치기로 한다. 와다가 밀리미터(mm)로 환산한 연도별, 월별 강우량과 강수일수 자료를 부록으로 실었으니 관심 있는 분이 참고하고, 더 발전시키기를 바란다.

　와다의 서울 지역의 장기 측우기 측정치의 발굴과 복원은 현대 기상학자들도 '역작(力作)'이라고 칭찬할 만큼 대단한 성과이다. 또 당시 와다가 없었다면, 이러한 장기 강우통계 복원이 가능했을지도 의문이다. 와다는 측우기의 강우통계를 연도별, 월별로 발표하였다. 그 월별 강우량을 집계하기 위해서는 당연히 시간별, 일별 강우 통계가 존재할 것이다. 만약 그 원자료가 오늘까지 존재한다면 더 정확한 강우통계를 정립할 수 있을 것이고, 더 많은 연구 성과를 유도해 낼 수도 있을 것이다. 그 자료가 혹시라도 기상청 창고 한 구석에서 잠자고 있는지 관심 있는 분은 한 번 찾아 볼 노릇이다.

와다는 1770~1907년의 연도별, 월별 강우량을 정리해 남기는 한편, 1626~1907년의 강수일수를 정리해 놓았다. 승정원일기를 1626년부터 매 일자마다 하나하나 살펴 본 것이다. 승정원일기는 날씨부터 시작된다.[9] 인조 연간의 기상기록부터 살펴본다. 요즘 초등학교 학생의 일기처럼 날씨가 간략하게 적혀 있다.

와다는 승정원일기를 날짜마다 살펴 1770년까지 강우일수와 강설일수를 일일이 밝히고 정리한 것이다. 혹시 나올지도 모르는 강우 자료를 찾기 위해 144년간의 승정원일기를 일일이 확인한

---

9 인조 연간의 기상기록부터 살펴본다. 요즘 초등학교 학생의 일기처럼 날씨가 간략하게 적혀 있다.
  ○ 인조 4년 병인(1626, 천계6) 1월 1일(을사) 맑음.
  ○ 인조 4년 병인(1626, 천계6) 5월 3일(갑진) 맑기도 하고 비 오기도 함.
  ○ 인조 4년 병인(1626, 천계6) 5월 16일(정사) 흐림.
  ○ 인조 4년 병인(1626, 천계6) 5월 17일(무오) 아침에 흐리고 밤에 비 옴.
  ○ 인조 4년 병인(1626, 천계6) 6월 4일(을해) 비.
  ○ 인조 4년 병인(1626, 천계6) 12월 1일(기해) 눈.

단위: 일

	1	2	3	4	5	6	6	7	8	9	11	12
1626~1906	2.5	2.5	3.8	4.9	5.1	6.0	10.9	8.9	5.5	3.7	4.4	3.5
1907~1914	7.7	6.2	7.5	7.3	9.7	10.5	16.8	13.8	8.7	6.2	8.5	8.3

〔표 12〕 측우기록의 월별 평균 강우일수의 비교

것이다. 그리고 측우 자료는 발견하지 못했지만 강우일수, 강설일수라도 따로 정리한 것이다. 이것도 대단한 기록이다. 측우기록에 있는 월별 강수일수를 와다가 신식 통계와 대비한 것이 [표 12]이다.

    강수일수는 1월에 가장 적었다가 봄이 되면 차츰 증가하고, 4월 이후에야 강우가 빈번해지고 6월이 되면 본격적인 우기가 되어 강우가 잦아진다. 10월이 되면 강우가 적어지다가 11월 이후 겨울이 되면 강수일수는 절대적으로 감소한다. 강수일수 기록을 현대 강우 통계와 비교해 보는 것은 기록의 측정 연도와 신신 관측의 연도 수가 많은 차이가 있어 무리인 점이 있지만, 참고삼아 비교한 것이다.

    측우기록의 강우일수는 경성측후소에서 관측한 것보다 강우일수가 적다. 그 이유는 측우기록의 강수일수는 많은 량의 비와 눈이 내리지 않으면 파악하지 않았고, 또 최소 눈금이 2mm인 주척으로 계측했었기 때문에 1mm까지 측정한 신식통계보다 강우일수가 적게 파악될 수밖에 없었던 것이다.

와다의 노력으로 서울 지역의 강우통계는 일단 정비되었다고 하자. 남은 과제는 영조 이후 측우기가 반포되어 있었던 곳의 지역별 강우 자료이다. 8도 감영을 비롯한 유수부의 강우 통계는 어떻게 기록되었는가?

1770년 영조에 의해 측우제도가 재건되면서 첫 기록은 승정원일기에 다음과같이 나온다.

"흐림. 왕께서는 경희궁에 계시다. 밤 2경부터 비가 오기 시작해서 14일 아침까지 내리다. 측우기의 수심은 1치이다."[10]

양력으로 하면 6월 6일이 재건된 첫 측우기록이다. 영조의 측우기 재건 당시에는 8도 감영과 개성과 강화 양 유수부(兩都)에만 측우기를 반포하였다. 그 후 행정구역이 변화되어 수원과 광주, 그리고 춘천이 차례로 유수부로 승격되면서 측우를 시작한다. 1871년에는 삼도수군통제부가 있던 통영에서도 측우를 하게 되었다. [표 13]은 영조가 측우제도를 재건한 이후 현재 남아있는 지역별 측우기록을 총괄해 본 것이다.

지역 강우자료는 [표 13]에서와 같이 누년자료가 아닌 단속적이고, 일정 기간만의 강우자료들이다. 그 이유는 뭘까? 각 지역에서 조사된 측우기의 우량은 지역에서 보낸 장계(狀啓)로[11]

---

10 陰. 上在慶熙宮. 夜自二更始雨至十四日平明. 測雨器水深一寸. 1770년 5월 13일.
11 慶尙監營狀啓謄錄. 왕명을 받고 지방에 나가 있는 신하가 자기 관하의 중요한 일을 왕에게 보고하던 일 또는 그런 문서를 등록이라 하는데, 계장(啓狀)이라고도 한다.

	지역명	측우시작연도	측우기록이 남은 기간	기록 수 (건)
유수부	강화부	1442	1830~1892	79
	개성부	1442	1861~1892	169
	수원부	1793	1845~1876	137
	광주부	1795	1861~1893	303
	춘천부	1888	1888~1889	11
팔도감영	경기감영(畿營)	1442	1783~1784	23
	충청감영(錦營)	1442	1836~1895	302
	전라감영(完營)	1442	1829~1889	124
	경상감영(嶺營)	1442	1863~1902	47
	강원감영(原營)	1442	1831~1892	59
	함경감영(咸營)	1442	1856~1891	14
	황해감영(海營)	1442	1832~1899	194
	평안감영(箕營)	1442	1822~1884	442
수군통제영	통영(統營)	1871	1871~1873	23

자료: 한상복, '측우기연구자료', 한수당자연환경연구원, 2008년 3월 일, 2010년 8월 31일, 2010년 9월 6일, 2010년 10월 2일, 2010년 10월 11일, 2011년 1월 25일자 자료에서 요약 발췌.

[표 13] 영조 측우제도 재건 이후 남아 있는 지방의 측우기록

중앙에 보고되었다. 한 예로 경상감영의 경우 그 장계는 「등록(謄錄)」에[12] 기록되고, 다시 「각사등록(各司謄錄)」에 기재되어 오늘에 전해지고 있다.

지역에서의 강우량 조사 결과는 정기적으로 중앙에 있는 관상

12 「등록(謄錄)」_ 참고자료로 활용하기 위해 관청에서 조치하여 행한 일이나 사실 가운데 중요한 것을 주무 관서에서 그대로 기록하여 둔 책.

감에 보고되어 집계된 것이 아니라 지역에서 농사형편[農形]과 관개수 상황[雨澤]을 왕에게 보고하는 과정에 첨부되어 있었다. 이러한 상황의 한 예가 있다. 정조 15년에 심한 가뭄이 들어 평안관찰사를 해직시켰다. 그리고 평안도 전임 관찰사 심이지(沈頤之)가 장계를 올려 기우제를 지내기를 요청하니, 다음과 같이 전교하였다.

"팔도 가운데 본도만 유독 하늘이 공정하게 내리는 큰 비의 혜택을 입지 못한 것은 모두 인사(人事)에 돌이켜 그 원인을 찾지 않을 수 없다. 어떤 일이 화기를 침범하고 어떤 정사가 억울함을 쌓게 하여 봄부터 여름까지 비가 올 듯 말 듯 하다가 끝내 오지 않는지 모르겠다. 관서 백성들의 식량 문제가 어려운 것을 생각하면 어찌 한순간인들 마음을 놓을 수 있겠는가. 어제 도백을 죄주자 오늘 아침에 단비가 내려서 오시에서 신시 사이에 도랑의 물이 흘러 넘쳤다. 눈앞에 본 것으로 헤아려보면, 본도에도 반드시 같을 것이므로 지금 막 묘당으로 하여금 공문을 띄워 물어보게 하려던 참이었는데 지금 장계에 기우제를 지내자는 말을 한 것을 보니, 애타는 마음이 한결 더 사무친다. 오늘 비가 내린 내용을 우선 감영에 있는 측우기의 수심이 얼마인지 아뢰고 각 고을에 내린 비에 대해서도 계속 알리도록 하라."[13]

가뭄이나 재해가 들면 왕의 부덕의 소치로 임금도 자숙하였

---

[13] 『정조실록』, 정조 15년, 1791년 4월 22일.

지만, 지방 도백들도 추궁을 당한 것도 알 수 있다. 관서 지방의 관찰사가 해임당하자마자 단비가 내렸다니, 그 관찰사도 관운이 옹색한 사람이었나 보다.

이 교서에서 평안도에 별도의 측우기 조사 자료를 보고하라 요구하고 있는 것으로 미루어 각 감영과 유수부의 강우보고는 상시 정기보고는 아니었던 것으로 추측된다. 그리고 실록의 끝 부분에 '각 고을에 내린 비에 대해서도 계속 알리도록 하라.'는 부분은 도(道) 이하의 지방 군현의 강우 상황을 보고하라는 지시이다.

조선 후기에는 중앙정부에서 전국의 농업생산을 감농해 왔다. 농사철에는 곡물, 특히 논농사의 경종 상황을 감독하고 그 결과를 왕에게 보고했다. 이러한 농사 진행 상황[農形]을 파악해 보고하는 것은 지방수령과 각도 감사의 일상 농정 수행 업무였다.[14] 농사철에 수령은 대략 10일에 한 번씩 농형장계를 작성하여 감사에게 올렸고, 감사는 각 군읍 수령으로부터 받은 장계를 모아 호조에 보고하였다. 특히 가뭄이 심하다가 비가 오면 당시까지의 농형을 보고하도록 왕명이 내려 있었다. 정조 23년(1799 5월 9일) 황해도 관찰사의 우택 장계(雨澤狀啓)에는 지방 군현의 강우 상황이 다음과 같이 기록되어 있다.[15]

"지금 황해도에서 올라온 장계를 보니, 3일에 내린 비로 도내의 23

---

14 염정섭, 「18세기 후반 정조대 농정책의 전개」, 『한국문화 32』, 서울대학교한국문화연구소, 2003.
15 雨今觀海西狀聞, 初三之雨, 道內卄三官, 得犂許九邑, 鋤餘十二邑, 浥塵二邑云.

개 고을 가운데 쟁기 날이 들어갈 정도의 고을이 9개이고 호미 날이 들어갈 정도의 고을이 12개이고, 먼지나 적시고 만 고을이 2개라고 하였다."

이 기사를 보면 도(道) 이하 지방 군현은 측우기가 보급되어 있지 않아 '쟁기가 들어갈 정도, 호미 날이 들어갈 정도[一犂一鋤]'로 강우 정도를 파악하는 옛 방법인 입토 조사에 의존하고 있었음은 알 수 있다.

[표 13]의 지역별 강우가 기록된 자료는 한수당자연환경연구원의 한상복 박사가 노력해서 발굴한 2011년 2월 현재의 기록이다. 그러나 그 자료들만 있다고 볼 수만은 없다. 지방에서는 주기적으로 농형이나 우택 상황을 중앙에 보고하여 왔다. 더 찾아본다면 지방 군현까지는 아니라도 감영, 유수부의 측우기록 자료는 더 발굴될 수 있을 것이다. 와다가 서울의 월별, 연도별 강우자료를 정리한 것처럼, 영·정조 측우기 재건 이후의 지역별 강우자료도 연도별로 정비될 날이 있을 것으로 기대한다.

우리말 비 이름

가는비: 가늘게 내리는 비.
가랑비: 조금씩 내리는 비.
가루비: 가루처럼 포슬포슬 내리는 비.
개부심: 장마로 홍수가 진후 다시 내려 진흙(명개)을 씻어주는 비.
건들장마: 초가을에 비가 내리다 개고, 다시 내리다 개는 비.
고치장마: 초여름에 치는 누에를 올릴 무렵의 장맛비.
그믐치: 음력 그믐에 내리는 비나 눈.
눈비: 눈과 섞어 오는 비, 눈과 비.
단비: 꼭 필요한 때 알맞게 내리는 비.
마른비: 땅에 닿기도 전에 증발되어 버리는 비.
목비: 모낼 무렵에 한목 알맞게 내리는 비.
못비: 모를 다 낼만큼 충분히 오는 비.
무더기비: 갑자기 쏟아 붓는 많은 양의 비, 폭우.
발비: 빗발이 보이도록 굵게 내리는 비.
보름치: 음력 보름 무렵에 내리는 날씨나 그 비.
보리장마: 장마철에 들어서기 전 보리를 벨 무렵에 오는 장맛비.
싸락비: 싸라기처럼 포슬포슬 내리는 비.
소나기: 갑자기 세차게 쏟아지다 곧 그치는 비, 소낙비.
실비: 실처럼 가늘게 내리는 비.
약비: 요긴한 때에 내리는 비.

억수장마: 여러 날을 억수로 내리는 장마.
여우비: 맑은 날에 잠깐 뿌리는 비.
오란비: 장마의 옛말.
웃비: 비가 다 그치지 않고 한참 내리다가 잠시 그친 비.
작달비: 굵고 세차게 퍼붓는 비.
장대비: 빗줄기가 굵고 억수로 쏟아지는 비.
장마: 여름철에 여러 날을 계속해서 비가 내리는 현상이나 날씨. 또는 그 비.
줄비: 줄줄 내리는 비.
큰비: 오래도록 많이 오는 비.

7장
측우기는
우리에게
어떤 것일까?

1. 측우기는 누가 발명했나?

측우제도는 세종대왕이 창시하였고, 세계에 널리 자랑할 제도이다. 오늘날 많은 사람들이 측우기를 세종대왕이 만든 것으로 생각하고 있다. 또 측우기라는 과학적 도량기기를 발명한 사람이 장영실(蔣英實, 1390?~1450?)로 알려져 있기도 하다.

장영실의 아버지는 중국에서 귀화한 사람으로 어머니가 기생이었다고 전해진다. 당시로서는 천민이어서 관직에 오르기는 어려운 신분이었지만, 그의 과학적 재능을 높이 산 태종에 의해 발탁되어 궁중 기술업무에 종사하였다. 제련(製鍊), 축성(築城), 농기구, 무기 등의 수리에 뛰어났다. 1421년에는 세종의 명으로 윤사웅, 최천구와 함께 중국으로 유학하여 각종 천문기구를 익히고 돌아와서 천체관측용 기기인 대소간의(大小簡儀), 해시계[日晷], 일성정시의(日星定時儀) 등 과학기기의 개발에 참여하였다.

1441년에는 '측우기와 수표(水標)를 발명'하여, 그 공으로 상호군(上護軍)에¹ 특진되었다는 설(?)도 있다.

장영실은 세종이 '영실이 만대에 이어 전할 기물을 능히 만들었으니 그 공이 작지 아니하므로 호군(護軍)의 관직을 더해 주고자 한다.'고 말할 정도로 신임을 받았다.² 자격루(自擊漏), 간의대(簡儀臺), 흠경각(欽敬閣), 앙부일구(仰釜日晷) 등과 같은 과학기기를 제작하는 과정에서 장치가 워낙 정밀하여 여러 장인[工匠]들이 세종의 뜻을 맞추는 이가 없었는데, '오직 장영실만이 임금의 지혜를 받들어 기묘한 솜씨를 다하여 부합되지 않음이 없었으므로' 임금이 그를 매우 소중히 여겼다고 한다. 또한 장영실은 천문기기뿐 아니라 주전(鑄錢), 광산채굴, 금속활자 제작에도 참여한 당시의 첨단, 만능 기술자였다.

이상이 오늘날 손쉽게 만날 수 있는 여러 인터넷 백과사전에 실려 있는 내용이다. 초등학교 학생에게 측우기 발명자가 누구인가 물어보면 즉각 장영실이란 대답이 나올 것이다. 그러나 왕조실록을 비롯한 국고문헌에서 '장영실이 측우기를 만들었다'는 기록은 나오지 않는다. 개인문서에서도 '측우기는 세종 때 만들었다[測雨器, 世宗時製].'는 유중교(柳重敎, 1832~1893)의 기록 정도만 남아 있고,³ 이것이 일반론일 것이다. 단지 임진란 이후에

---

1 상호군(上護軍)_ 조선시대 5위(五衛)에 속하는 정3품 당하관(堂下官)의 무관직(武官職).
2 『세종실록』, 세종 15년, 1433년.
3 『性齋集』卷之十「象緯考」.

만들어진 아산 장씨(牙山蔣氏)의 족보에 장영실이 측우기를 만들었다고 기록되어 있다지만, 사실성이 있는 실증사료라고 보기는 어렵다.

그럼에도 여러 책에는 장영실이 측우기를 발명한 것이 기정사실로 실려 있다. 심지어는 한국과학기술원(KAIST)[4] 정원에는 측우기에 손을 얹고 있는 장영실의 동상이 세워져 있다.[그림 23] 이 뿐 아니다. 역삼동 과학기술총연합회, 서울과학원, 부산대학교, 아산역 등 여러 기관에 세워진 장영실 동상은 측우기를 옆에 두고 서 있는 장영실의 모습이다. 이 외에도 학교 등까지 합하면 측우기를 곁에 둔 장영실 동상은 더 많을 것이다.

그러다 보니 장영실의 동상에 함께 세워진 측우기의 받침대에는 유명한 측우대의 명문(銘文)인 '건륭경인오월조(測雨臺, 乾隆庚寅五月造)'란 글자까지 그대로 새겨져 있는 경우도 있다. 그 측우대는 영조 때인 1770년(경인년)에 만든 것인데 장영실 동상에 함께 새겨놓고 보니 우스운 모양새가 되고 말았다. 1440년대의 장영실이 1770년의 측우기를 옆에 두고 서 있으니 말이다.

과연 장영실이 측우기를 만들었을까? 미심쩍은 부분이다. 물론 장영실 선생의 업적을 깎으려는 것이 아니다. 장영실은 측우기 말고도 천문기기를 비롯한 여러 분야의 과학기구를 만드신 분인데 꼭 측우기가 대표적 업적이어야 하는가, 해서 하는 말이다. 장

---

4 한국과학기술원(KAIST)_ 1971년 한국과학기술원법에 의해 고급 과학기술인력 양성을 목적으로 설립한 대학이다. 이후 한국과학기술연구원이 독립하고 1989년 7월에는 한국과학기술대학(KIT)와 통합되었다.

[그림 23] 한국과학기술원의 장영실 동상

영실 동상에는 해시계 등 다른 과학기구와 함께 서 있는 모습으로 묘사된 동상도 많다. 그런데 과학기술 연구의 본산이라는 곳에서 별다른 고증 없이 측우기를 장영실이 발명했다고 선전하는 모양새가 어색해서 하는 말이다.

〔그림 24〕 장영실 만화, 소년조선일보 2007년 5월 25일

[그림 24]는 장영실이 측우기를 만들었다는 것을 소재로 한 어린이 대상의 신문 기사이다. 이 외에도 비슷한 신문기사가 많다. 이러니 측우기의 발명자에 대한 오해가 발생할 수밖에 없는 것이다.

아동을 위한 위인전의 장영실 묘사에도 측우기가 등장한다. 현재 나와 있는 '장영실'이란 이름의 위인전은 10여 권이 넘는데 모두 측우기를 발명한 것으로 되어 있다. 그 한 예를 들어본다.[5]

"어느 날 세종대왕이 장영실을 불러 명하였습니다. '요즘 가뭄이 심하여 백성들이 농사를 짓는데 어려움이 많구나. 네가 내리는 비의 시기와 그 양을 매년 조사할 수 있다면, 우리 백성들이 미리 가뭄에 대비할 수 있을 것 같구나. 그대가 한번 비의 양을 잴 수 있는 물건을 만들어 보라.' 임금의 명을 받은 장영실은 그날부터 오직 비의 양을

---

5 글나라 어린이 마당의 위인 이야기.

재는 물건을 만드는 일에만 정신을 집중하였습니다. 결국 1441년, 장영실은 세계 최초의 우량계인 '측우기'를 발명하였습니다. 이로써 농부들은 보다 편리하게 농사를 지을 수 있었습니다."

글을 쓴 사람이 꽤 상상력이 풍부한 사람이었나 보다. 상황이 이와 같으니 어린이를 대상으로 퀴즈를 내면 측우기의 발명자가 장영실이란 대답은 곧바로 나오게 마련인 것이다. 아니, 어른들을 상대로 퀴즈를 내도 장영실이란 대답이 대부분일 것이다. 확실하지 않은 사실을 정설로 보고, 아름답게 표현한 나머지 어린이들에게 선입관을 심어 준 것이 아닌가 싶다.

측우기의 발명자가 측우제도를 시행한 세종의 세자인 문종(文宗, 1414~1452)이란[6] 주장이 있는데 매우 설득력이 있다. 『세종실록』에 측우기 발명과 관련되어 다음과 같은 내용이 실려 있다.[7]

"근래 세자가 가뭄을 걱정하여 비가 올 때마다 비가 그친 후 땅을 파서 깊이를 살펴보았다. 그러나 정확한 깊이를 알 수 없어 구리로 된 기구를 중중에 설치하고 그 그릇에 고인 빗물을 재어보았다."[8]

---

6 문종(文宗, 1414~1452)_ 8세 때인 1421년에 세자로 책봉되어 37세인 1450년에 왕위에 올랐다. 29년이나 세자 신분으로 있었으며 장성한 후에는 세종을 도와 국정에 참여하였다.
7 『세종실록』, 세종 23년, 1441년 4월 29일.
8 近年以來, 世子憂旱, 每當雨後入後土分數, 掘地見地. 然未可的知分數. 故鑄銅爲器, 置於宮中, 以驗雨水盛器分數.

문종은 흙비[土雨, 黃雨]에 대해 관심을 갖고 궁에 구리기구를 두어 빗물을 받아서는 그 양을 재어보고, 흙비가 아니라 송화(松花) 가루 때문에 빗물이 붉은 것이라고 밝혀내는 등 기상관측에 관심을 갖고 있었다. 흙비의 원인 규명을 위한 설명과정에서 측우기가 실록에 최초로 등장하는 것이다. 실록의 내용을 그대로 받아들인다면 측우기의 창안자는 문종이다.

문종은 측우기가 나타난 1441년에는 이미 28세란 장성한 나이였다. 세자 신분으로 한글 창제와 자격루 제작 등에 깊숙이 관여하여 세종시대의 주요 업적에도 힘을 보탰고, 1445년에는 세종을 대신해 직접 국정을 다스릴 정도였다. 세종보다 오히려 문종이 측우제도 개발에 직접 참여하고 더 주도적인 역할을 했을 수도 있다.

그런데 측우기 제작에 참여한 사람의 이름이 명기된 한 기록이 있다. 이유원(李裕元, 1814~1888)이 지은 『임하필기』에 여러 과학기기를 제작한 것을 설명하는 과정에서 '세종 24년(1442)에는 측우기를 만들었는데 이순지(李純之, 1406~1465)가 이를 주관하였다.'고 명기되어 있다.[9]

그러나 이 해는 측우기가 창안된 지 1년이 지난 해여서 이순지를 측우기의 발명자로 보기는 어려운 면이 있다. 1442년에 측우기를 여러 개 만들어 지방에 보내는 업무를 과학기술에 밝은 관료인 이순지가 담당했다고 보는 것이 옳을 것이다. 이순지는 세

---

9 二十四年製測雨器, 李純之主之.(「文獻指掌編」 '儀器'.)

종 때에 예조참판, 한성부 판사를 지낸 문신으로 천문학, 수학, 풍수에 밝았던 당시로는 드물게 과학기술에 밝은 관료였다.

　이 점을 확인시켜주는 다른 기록이 있다. 이덕무가 쓴「측우기명」에는 "측우기는 실로 세종 24년에 만들어진 것이다. 구리를 녹여 모형을 떠 만든 것으로 길이는 1척 5촌이고, 직경은 7촌이다."라[10] 기록되어 있다. '구리를 녹여 틀을 떠서[範銅] 만든 것'이라 기록되어 있는 점으로 미루어 1442년에 지방에 보낼 측우기를 한 번에 여러 개 만드는 업무를 이순지가 담당했던 것이다.

　그런데 과연 어느 과학기기의 발명자를 어떤 관점에서 비정하여야 하는가 하는, 논리학적인 의문이 나온다.

　'피라미드는 파라오가 만든 것이다.'라는 억설적인 논제를 설정해 보자.

　고대 이집트에서 피라미드의 축조를 명령하고, 추진한 주체는 당대의 파라오이다. 그러나 피라미드라는 거대한 구조물을 만들기 위해서는 그 설계를 담당한 고급 기술자가 있었을 것이다. 또 피라미드 건축에는 수많은 인력이 동원되어 땀을 흘렸을 것이다. 그렇다면 피라미드의 건설자는 파라오일 수도 있고, 당시 최고의 토목건축 기술자일 수도 있다. 그리고 건설에 투입된 노동력인 당시 이집트 민중일 수도 있다. 즉 한 사업의 추진 주체, 개발 주체, 실행 주체에 따라 다른 답이 있을 수 있다.

---

10 測雨之器, 實創於世宗朝二十四年, 範銅爲之. 長一尺五寸, 圓徑七寸.(李德懋,『靑莊館全書』「雅亭遺稿」, '測雨器銘竝書'.)

측우기에 관련되어서도 비슷한 논리 전개가 가능하다. 세종이 측우제도를 추진한 것, 그리고 문종이 측우에 관심을 갖고 실제 측우기를 사용한 것은 분명한 사실이다. 그러나 측우기란 장치를 만든 것은 장영실을 비롯한 세종대왕의 주위에 있던 과학기술 인력이었을 수도 있다.

강우라는 기상현상에 대해 지대한 관심을 가진 현명한 군주인 세종이 있었고, 또 측우기란 장치를 이용하여 강우량을 측정하려는 과학적 탐구심을 가진 문종, 그리고 여러 가지 과학기기의 개발을 담당하였던 우수한 기술자들이 있었기에 가능한 제도, 발명이었다. 즉 제도의 개발과 기계의 발명을 추진할 수 있는 현명한 리더가 있었고, 리더의 과학적 탐구욕을 충족시킬 수 있도록 기계·기기를 개발할 수 있는 과학자 집단이 있었기에 가능한 사업이었다. 또 과학적인 제도와 기술을 필요로 했던 사회경제적 수요가 있었기에 가능한 일이다.

'측우기의 발명'에 대해 '모년, 모일, 세종대왕이 누구에게 측우기 개발을 명하였다.'는 구체적인 사료가 나온다면 궁금증은 해소될 수 있을 것이다. 이러한 기록은 아직 알려져 있지 않다. 좀 더 찾아볼 수밖에.

측우기는 당시로서는 수평적 사고에서 나온 획기적인 고안품이었지만, 실제 기기의 제작에는 기술적으로 아무런 어려움이 없었다. 복잡한 천문기기를 만들 때처럼 장영실과 같은 고급 기술자가 필요한 기구도 아니었다. 이런 경우 그 기술의 발명자는 원천 아이디어를 낸 창안자의 몫이 되어야 할 것이다. 이렇게 보면 측우기의 발명자는 문종으로 봄이 타당할 것이다.

현재로서는 측우기 발명과 관련하여 이와 같이 우수한 과학적인 기기 발명에 있어 아이디어는 누가 냈고, 개발을 주도한 인물이 누구이고, 그 발명을 현실적으로 적용한 사람은 누구이고, 또 제작에 관여한 사람들은 어떤 사람인가라는 지적 호기심의 충족에 만족해야 하는 것이 아닐까 싶다.

와다는 1910년 논문을 끝내면서 측우기에 대해 다음과 같이 평하고 있다.

"요컨대 한국에 있어 460여 년 이전에 이미 측우제도를 구축하여 전국에 널리 보급한 것은 측후사상 일대 특필하여야 할 사항이다. 명군 세종의 거룩한 뜻에 의한 것이라지만, 당시 장영실 등의 학식은 실로 비범하였던 것으로 인정된다. 다시 후세에 영조, 정조, 헌종조까지 세종대왕의 미거를 계승하여 오늘에 이르도록 그 자취를 후세에 남긴 것에 이르러는 다시 한 번 기리고 찬탄(賞嘆)하지 않을 수 없다고 말할 수 있을 것이다."

와다는 누가 측우기를 발명했다고 단언하지는 않았지만, 장영실이 측우기를 만든 것으로 보았던 것이 아닌가 싶다. 어떤 사료를 보았던 것일까?

측우기가 세상에 나타난 날을 기념한 날이 있다. '발명의 날'은 국가에서 '발명사상을 앙양하여 기술의 진보를 도모하기 위해 제정한 날'로 법정기념일이다. 1957년 2월 제19차 국무회의에서 세종 때 세계 최초로 측우기를 만든 날을 기념하여 5월 19일을 발명의 날로 정하였다. 1973년 기념일을 축소하려는 정부의 방침에 의해 '상공의 날'로 통폐합되었다가, 1999년부터 법정기념일로 다시 채택되었다.

요즘은 인터넷 세상이다. 많은 사람들이 인터넷 지식을 이용하고 있으며, 전문 연구자들도 인터넷 자료에 의존하기도 한다. 인터넷에서 발명의 날이 5월 19일로 정해진 연유는 찾아보았다. 자료마다 내용이 조금씩 다르다. 찬찬이 살펴보시라.

- '조선 세종 때 세계 최초로 측우기를 만든 날을 기념하여……(네이버 백과사전)'
- '1441년(세종 23년) 장영실이 세계최초로 측우기를 발명한 후 1442년 5월 19일 세종대왕이 측우기를 공식적으로 사용하기 시작한 날을 기념하여……(네이버 용어사전)'
- '1442년(세종 24년) 5월 19일 조선 세종대왕의 세자인 문종이 측우기를 고안했다는 『세종실록』으로부터 이 날을 발명의 날로 정했다.(야후 백과사전)'
- '장영실(蔣英實)이 세계 최초로 측우기를 만든 날인 5월 19일을 기념해서……(네이트 지식백과)'

아마도 1957년 국무회의에서 측우기가 처음으로 세상에 소개된 세종 23년(1441) 음력 4월 29일자 실록을 기준으로 발명의 날을 잡은 것 같긴 한데, 자료마다 연도, 측우기 제작자 이름이 각기 차이가 있다. 인터넷 자료는 어디까지나 참고자료이지 신빙성이 있는 사전은 못 된다. 그럼에도 손쉽게 찾을 수 있는 편리성 때문에 많은 사람의 상식백과 노릇을 하고 있다. 잘 알고 써야 할 것이다.

측우기가 나타난 날인 1441년 음력4월 29일을 양력으로 환산하여 5월 19일이 발명의 날이 되었다는데, 이 점에 대해서도 다른 의견이 있다. 음력을 양력으로 환산할 때 기준력(基準曆)을 어느 것으로 하냐에 따라 날 차이가 생기는 것이다. 1년을 365.25일로 잡고 있으며 기원전부터 사용하던 쥴리우스력(Julian Calendar)보다는 더 후대에 제정되었고 1년을 365.2425일로 잡는 그레고리력(Gregorian Calendar)으로 환산하는 것이 더 정확하다는 것이다. 그레고리력으로 환산한 결과 1441년 음력 4월 29일은 양력 5월 19일이 아니라 양력 5월 28일이 된다는 것이다.[11] 9일이나 차이가 있다. 5월 28일이라는 의견이 더 정확히 음력을 양력으로 환산한 것이다.

발명의 날을 제정한 사유의 설명도 영 소삽하고, 또 날짜를 양력으로 잡은 기준도 애매모호한 것이다. 우리는 훌륭한 선대 분들이 만들어 놓은 세계적인 발명과 창조적 정신을 이어 발전시키지 못하고, 오히려 그 분들의 업적에 누를 끼치고 있는 것은 아닌지. 발명의 날이 제정된 지 어언 50년이 지났다. 이제 와서 발명의 날을 바꾸기도 어렵고, 참으로 난감한 일이다.

---

11 한상복, 「측우기 연구」, 2007년 12월 28일.

2. 현재 남아 있는 측우기

와다는 1910년에 첫 논문인 「세종 영조 양조의 측우기」에서 당시에 존재하고 있던 측우기에 대해서 언급하고 있다. 와다가 직접 확인한 것은 서울 경복궁의 옛 관상감에 있던 측우기, 함경감영의 측우기, 경상감영 선화당의 측우기 3기이고, 충청감영에 있는 금영측우기(錦營測雨器)는[12] 직접 확인하지는 못했고, 또 강원도 춘천에 또 1기가 있다는 것을 들었다고 기록하고 있다. 일단 1910년경에 측우기가 5기가 남아 있었던 것이다.

와다는 영영측우기를 대구에서 입수했으며, 당시 경상도 관찰사인 '박중양이 내게 선물한 것'이라고[13] 논문에 적고 있다. 박

---

12 금영측우기(錦營測雨器)_ 금영은 충청도 감영의 별칭이다. 선화당 측우기는 경상감영의 별칭이 영영(嶺營)이어서 영영측우기(嶺營測雨器)라 부르는 것이 자연스러울 것이다.
13 朴重陽君より余に贈られたもの.

중양(朴重陽, 1874~1955)은 브리태니커 백과사전에 '일본 통감부 초대 통감인 이토 히로부미의 수양아들'이라 소개될 정도의 친일 인사였고,[14] 일제 강점기의 관료로 조선총독부 중추원 부의장직을 지낸 고문이자, 조선귀족 백작 작위를 받았으며, 조선임전보국단(朝鮮臨戰報國團)[15] 상임고문이사직을 지녔던 친일거두 중 한 사람이다.

선화당측우기 혹은 영영측우기라 불리는 그 귀중한 문화유산을 도백(道伯)이라는 사람이 아무런 생각 없이 일본인에게 선물한 것이다. 와다는 이 상황에서 한 도의 관찰사인 박중양을 '군(朴重陽君)'이라 부르고 있을 정도이니,[16] 와다가 일본의 관료로서 기세가 등등했거나, 아니면 박중양을 심히 깔본 것이다. 와다는 이 측우기를 가져다가 인천측후소에 비치하였다.(그림 25)

와다는 후일 다른 논문에서[17] 함경감영 측우기, 경상감영 측우기'는 조선총독부 관측소가 보유하고 있고, 금영측우기는 '본인의 소유[余の所有品]'라고 밝히고 있다. 어떤 경로인지 와다가 금영측우기를 손에 넣은 것이다. 와다는 측후소를 은퇴하고 난 후

---

14 다큐인포, 『부끄러운 문화답사기』, 북이즈, 2004.
15 조선임전보국단(朝鮮臨戰報國團)_ 일제 강점기 말기인 1941년에 태평양 전쟁 지원을 위해 조직된 단체이다. '전쟁에 대한 임전태세를 확립하여 보국하자'는 일본의 황민화(皇民化) 정책에 선도적 역할을 했던 친일 어용단체이며, 전쟁협력운동을 하였다. 구체적 사업으로 '2400만 전 민중이 한 사람도 빠짐없이 적성(赤誠)의 헌금을 다하여 대 헌납운동을 추진한다.'는 군수자재 헌납운동을 추진하였다.
16 와다 유지, 「世宗英祖兩朝ノ測雨器」.
17 와다 유지, 「朝鮮古代の雨量觀測補遺」.

〔그림 25〕 인천측후소에 있던 영영측우기, 와다 유지 촬영

[그림 26] 금영측우기의 반환 장면, 1971년 4월 3일

이 측우기를 가지고 일본으로 돌아갔다.

　1970년 당시에 우리나라, 적어도 남한에는 측우기 실물이 한 개도 남아 있지 않았다. 해방 전후의 혼란, 6·25 전란으로 인해 그 귀중한 문화유산이 모두 흩어지고 행방이 묘연해진 것이다. 금영측우기는 1971년에야 우리나라로 돌아온다. 와다가 사망한 후 이 측우기는 일본 기상청에서 보관하고 있었다. 와다의 기록에 따라 측우기를 존재를 확인한 우리 기상관계 기관에서 문화재 찾기 운동의 일환으로 끈질기게 교섭한 끝에 1971년 4월에 반환받게 된 것이다. [그림 26]은 일제 강점기 때 와다 유지가 일본으로 가져갔던 금영측우기를 일본기상청장 다카하시(高橋)가 양인기(楊寅祺, 오른쪽) 중앙기상대장에게 반환하는 역사적인 장면이다.

우리 매스컴의 표현대로 '측우기의 귀국'인 것이다. 이 측우기는 충청감영이 있던 공주 충청관찰사인 숙소의 선대당(善代堂)에 있었던 것으로 충청감영의 약칭이 금영(錦營)이어서 '금영측우기(錦營測雨器)'라 불리는 것이다. 또 측우기 몸체에 '금영측우기'라고 새겨져 있다.

그러면 금영측우기 외에 다른 측우기는 없는 것일까?

1994년에 금영측우기 외에 다른 측우기가 나타나 학계를 흥분시켰다. 해군사관학교박물관이 보유하고 있는 측우기에 '만력 십구신묘오월조성(萬曆十九辛卯五月造成)'이라는 명문이 새겨져 있고, 또 측우기 전문가가 조사한 결과 진품으로 확인하여 공식 발표했다는 것이다.(그림 27) 명문대로 1591년에 만들어진 것이라면 지금 남아있는 세계에서 제일 오랜 측우기인 영국 렌의 측우기(1662년)에 앞서는 것이다. 또 세종연간의 측우제도를 확인할 수 있는 귀중한 발견인 것이다.

그러나 흥분은 잠깐, 바로 어이없는 사실이 밝혀졌다. 이 '만력 명문 측우기'는 해군사관학교가 한 골동품상으로부터 화포(火砲)를 구입하는 과정에서 기증받은 것이었다. 해군사관학교박물관은 곧 문화재청에 문화재로 지정해줄 것을 신청하였고, 문화재 지정 검토 과정에서 진품이 아닌 것으로 판명된 것이다. 그 측우기는 골동품상이 조작한 것이었고, 모조품을 만들어 몇 해 동안 바닷물 속에 넣어 두었다가 건져낸 것이었다.

또 문제는 그 골동품상이 화포(火砲), 측우기 등 고유물(古遺物) 감정 전문가로 '족집게'라는 별명을 얻을 만큼 유명한 사람이

〔그림 27〕 세계 최고(最古)의 측우기 발견(?) 신문기사

었다는 점이다. 참으로 어이없는 해프닝이었다. 그러나 해사박물관에서는 그 측우기가 진품이라는 일부 전문가(?)의 감정을 믿고, 문화재 지정에 대한 미련을 버리지 못하고 있다 한다.

이 '만력 명문 측우기' 말고도 가짜 측우기 소동은 그 이전에도 있었다. 1987년 '고려시대에 만들어진 세계 최고(最古)의 측우기'를 한 문화재 수장가가 일본에서 구해 온 사실이 밝혀져 신문지상에 보도된 적이 있다. 그러나 이 측우기는 바로 서울 소재 한 공예품 제작사에서 '우산꽂이'로 만들어 3만 원에 판매한 것임이 밝혀졌

[그림 28] 고려시대의 것이라는 가짜 측우기

다.[18] 우산꽂이를 가공하여 측우기로 둔갑시킨 것이었다.[그림 28]

가짜 측우기에는 '정우이년무인칠월일조, 삼각산중흥사우량기(貞祐二年戊寅七月日造三角山重興寺雨量器)'라는 명문까지 새겨져 있었다. 그러나 고려시대에는 측우기를 만들었다는 기록이 전혀 없는 데에다, 명문의 정우이년(貞祐二年)의 간지(干支)는 무인(戊寅)이 아니라 갑술(甲戌)이라는 점에서 가짜가 분명하였다.

18 동아일보, 1987년 2월 19일자.

몇몇 과학사 전공 학자들은 런던의 한 박물관에 측우기가 하나 더 있는 것으로 알고 관심 있게 살피고 있었다. 영국 런던 사우드킹스턴(South Kingston)에 있는 과학박물관에는 1990년까지 측우기가 전시되어 있었고 일부 과학사 관련 학자들도 진품으로 여겨왔다. 아니 진품으로 확신하고 있는 학자도 있었다. 그런데 무슨 이유에선지 박물관에서는 우리 측우기를 치우고 그 대신 서양 사람이 만든 1600년대의 우량계를 세계 최초라고 설명하고 있다고 한다. 중국의 입김이 있었다는 소문도 있다.

그런데 이 측우기 역시 진품이 아니라는 증거가 있다. 1924년 영국왕립기상학회지에 H.G.Lyons가 쓴 「An early Korean Rain-gauge」라는 논문에서 '깊이 15인치, 직경 약 7인치, 무게 15파운드의 청동제 우량계의 복제품이 동경기상대 다나카 교수와 오카다 교수의 도움으로 만들어졌고 과학박물관에 전시되어 있다.'고 밝히고 있다.

또 1970년 영국의 Asit K. Biswas는 『수문학사(History of Hydrology)』라는 저서에 그 측우기의 사진을 게재하고, 이 우량계가 1837년에 제작된 것이라 하였다.(그림 29) 사진에 있는 '우량계'는 금영측우기였고, 그나마 사진에는 측우기의 위아래가 바뀌어 있었다.[19]

결국 현존하는 우리 측우기는 금영측우기 하나뿐이었다. 금영측우기는 헌종 3년(1837)에 만들어진 것으로 보물 561호로 지

---

19 한상복, 네이버 블로그 측우기연구 글, 2010년 11월 29일자.

〔그림 29〕 런던 과학사박물관에 비치되어 있던 측우기 모형

정되어 있으며 현재 기상청에 보관되어 있다.

우리는 측우기가 세계 최초(最初), 최고(最古)라며 자랑스럽게 여기면서도 측우대의 존재에 대해서는 소홀히 한 면이 있다. 청동제 기구인 측우기는 돌로 된 받침에 올려놓고 우량을 계측하였다. '측우기 받침', '대석(臺石)'으로도 불리고 있지만, 경상감영 선화당에 있던 측우기의 받침을 비롯한 여러 대석에 '측우대(測雨臺)'라는 이름이 음각되어 있어 '측우대'라 부름이 마땅할 것이다.

측우대는 단순한 받침이 아니라 측우기와 함께 강우 계측을 위해 과학적으로 설계된 것이었다. 또한 측우대에는 측우기를 건설하게 된 경위와 연도가 기록되어 있어서 당시의 귀중한 정보를 오늘에 전하고 있다.

측우기는 측우대와 함께 존재해야 완전한 한 세트가 된다. 측우기는 금영측우기 하나만 남았지만, 다행히 측우대는 돌로 된 것이어선지 몇 개가 남아 있다. 와다는 1910년 첫 논문에서 측우대에 대해서도 언급하고 있다. 와다는 측우기가 없이 그 대(臺)만 남은 것이 서울 창덕궁 안 규장각의 측우대 외에 전라도 함평군, 강원도 강릉군, 함경도 금성군에 남아있어 지방에 3기가 있고, 평안감영과 경상도 통영에 있는 것을 관측소에 옮겨놓은 것 2기를 합쳐 6기가 된다고 하였다. 그 측우대들은 어디에 어떤 것이 남았을까?

1971년 6월 14일 금영측우기가 돌아오자, 공주박물관 측에서는 그 측우대가 '공주 박물관 뒤뜰에 있다.'고 7월 14일자로 발표하였다. '문헌상으로만 기록되어 있던 이 측우기의 받침대를 면

밀히 조사해서 확인되었다.'는 것이다.[20] 그러나 공주박물관 측이 밝힌 측우대란 석주는 높이가 150cm가 넘고, 측우기 삽입구의 지름도 30.2cm이어서 측우대가 아님이 밝혀졌다.

　　1972년에는 매동초등학교에 있던 측우대가 발견되었다. 신문에서는 '운동장 잡석 중에서 발견되었다.'고 하며, '세종 때 것으로 보인다.', '측우기 70년만에 받침대에 되찾아', '일제 때 몸통만 납치되어 이별되었던 것.'이라는 표현으로 호들갑을 떨었지만 금영측우기의 대는 아니었다.[21] 매동 초등학교는 대루원(待漏院) 자리에 있었고 관상감에 가까이 있었다. 학교가 필운동으로 이전하면서 측우대를 가지고가서 보관하고 있었던 것이다. 이 측우대는 관상감측우대란 이름으로 보물 제843호로 지정되어 기상청에 보관되어 있다. 관상감측우대는 세종 때 만든 것으로 추정되고 있으며, 현재 남아 있는 것 중 연대가 제일 오랜 것이다.(그림 30)

　　대구 경상감영 선화당에 있던 측우대는 보물 842호로 지정되어 있다. 대 후면에 '건륭경인오월조(乾隆庚寅五月造, 1770년)'라고 정확한 제작연대가 기록되어 있다. 선화당측우기는 경상감영 선화당 앞에 있던 것으로 일제 강점기에 총독부관측소로 옮겨왔다.(그림 31) 해방과 6·25의 혼란 중에 측우기는 없어지고 대만 남아있다. 선화당(宣化堂)은 '조선시대에 각도 감영에서 관찰사가 정무를 처리하던 건물'을 말하는 일반명사이므로 '대구 선화당 측우대' 혹은

20　매일경제 1971년 7월 15일.
21　동아일보 1972년 1월 27일자.

〔그림 30〕 관상감 측우대(측우기 복원)   〔그림 31〕 경상감영 영영측우대 (측우기 복원)

경상감영의 다른 이름을 따서 '영영(嶺營)측우대'로 부르는 것이 옳은 이름이란 주장이 있다. 현재 기상청에 보관되어 있다.

    와다는 1910년 논문에서 측우대 중 '가장 귀중한 것은 규장각 앞뜰에 현존하는 것으로 그 재료가 백색 대리석일 뿐 아니라, 그 4면에 조각되어 있는 측우기명(測雨器銘)은 그 분야에 귀중한 자료이다.'라고 밝히면서 측우기 석문(石文) 전문을 기록해 두었다. 명문의 내용은 정조 6년(1782년)에 규장각에 측우기를 설치하며 그 사연을 기록한 것이다. 정조대왕의 비를 기원하는 정성이 절절이 배어나오는 내용이다. 이처럼 백성을 걱정하고, 농사를 걱정하는 마음에서 측우기는 재건된 것이다. 왕조사회에서도 훌륭한 임금님 노릇은 쉽지 않은 일이었다.

와다가 규장각측우대라 부르고 명문을 정리한 측우대는 창덕궁측우대란 이름으로 보물 제844호로 지정되어 있다. 창덕궁 측우대는 정조 때 창덕궁의 규장각 이문원에 설치했던 측우기의 대로 다른 측우대가 화강암인 것에 비해 이 측우대는 대리석으로 만들어져 있어 '대리석측우대'란 이름으로 불리기도 한다. 명문을 새기기 위해 대리석 소재를 택한 것으로 추측된다. 대 4면에 366자의 측우기 명문[測雨器銘]이 작은 글씨로 새겨져 있다. 그 내용에 측우기의 제작 경위와 국가적 의의를 함께 수록하고 있어 선조들이 측우에 대한 큰 관심을 오늘에 잘 전해 준다. 이 측우대는 1910년 규장각에서 당시의 경성박물관으로 옮겨졌다가 지금은 국립고궁박물관에 보존되어 있다.[그림 32]

통영측우대는 삼도수군통제영[統營]에 설치했던 측우기의 대로 신미이월(辛未二月)이란 명문이 새겨져 있어 1871년의 것으로 추정되고 있지만, 1811년에 설치된 것이라는 설도 있다.[그림 33] 통영측우대는 현재 대전 국립중앙과학관에 보관되어 있으며, 각도 감영뿐 아니라 수군통제영에서도 우량을 관측하였다는 귀중한 정보를 전해주고 있다.

마지막으로 연경당(演慶堂)에[22] 있는 측우대는 1981년 '한국의 과학문화재 조사'에서 창덕궁 연경당에서 발견된 것이다.[그림 34] 8각 기둥 모양을 하고 있으며 1828년(순조 28년)에 만들어진

---

22 연경당(演慶堂)_창덕궁 후원에 있는 건물로 순조 때 사대부의가옥 형식으로 지은 것이다.

[그림 32] 창덕궁측우대(측우기 복원)

것으로 추정되고 있으며 현재 창덕궁 연경당 장락문(長樂門) 앞에 세워져 있다. 다른 측우대가 보물로 지정되어 있는데, 연경당측우대만은 보물 지정이 안 되어 있지만 그 이유는 공식 발표가 없다. 국립기상연구소의 '측우기·측우대 리플렛(2010)'에도 연경당측우대가 수록되어 있어 옛 측우대인 것은 사실인데, 문화재로 취급받지 못하는 연유가 어떤 것인지 궁금할 따름이다.

    이상과 같이 세종 대에 창시되고, 영조 대에 재건된 측우기기(測雨器機) 중 현재 남아있는 것은 금영측우기와 측우대 5기뿐이다. 그나마 측우기와 측우대가 제 짝이 맞는 것도 없다. 안타까운 일이다. 그리고 측우기와 더불어 실제 비가 내린 양을 계측하는 계량척인 주척(周尺)도 현재 남아 있는 것이 없다.

〔그림 33〕 **통영측우대**
(후면, 측우기 복원)

〔그림 34〕 **연경당측우대**

 와다는 금영측우기를 가지고 일본으로 갈 때 우량 계측용 주척(周尺)도 가져갔다. 고대 주척은 우리 도량형의 원기(原器)로 측우기뿐 아니라 옛 도량형 복원에도 매우 중요한 증거물이다. 기상청에서는 일본 기상청과 와다 씨의 유족에게 주척의 행방을 물었으나 끝내 찾을 수 없었다고 한다.
 측우기와 측우대, 그리고 주척이 만나는 날이 언제일까? 그 날이야말로 세종대왕이 창시하고 영조, 정조가 계승한 측우기가 온전히 복원되는 날이 될 것이다. 그날이 과연 올까? 아니 와야만 하는 것이 아닌가.

3.
금영측우기의
과학성

이제 측우기가 어떠한 과학성을 지니고 있는지 살펴본다. 와다는 1910년경에 자신이 확인한 3기의 측우기의 크기에 대한 실측 결과를 남기고 있다.(표 14)

3개 측우기 중 현재 남아있는 유일한 측우기인 금영측우기를 가지고 측우기의 제원을 좀 더 자세히 살펴본다. 금영측우기는 청동으로 만들어진 원통형 기구로 세 부분으로 분리될 수 있는 일종의 조립식 기구이다.(그림 35)

전면에는 '금영측우기 높이 일척 5촌, 지름 7촌, 도광정유제, 무게 11근'이라는[23] 22자의 명문이 새겨져 있고,(그림 36) 바닥에는

---

23 錦營測雨器高一尺五寸徑七寸道光丁酉製重十一斤.

단위: cm

	깊 이	지 름	두께
함흥 측우기	29.5	14.5	0.24~0.49
대구 선화당 측우기	22.2	14.4	0.30~0.45
공주 금영측우기	31.6	14.0	0.50~0.73

자료: 와다 유지, '朝鮮古代ノ雨量觀測補遺'

[표 14] 1910년경 확인한 당시 측우기의 제원

'입번통인급창차지사령'이라는[24] 10자가 새겨져 있다.(그림 37)

    전면의 명문은 측우기의 이름과 제원을 설명하고 있고, 바닥의 글자는 통인 및 급창, 차지, 사령이 갈마들어 교대로 우량을 재어야 함을 적은 것이다. 차지, 통인, 급창, 사령 모두 조선시대에 고을 관가에서 부리던 구실아치들이다. 세종 때는 지방에 있는 측우기는 해당 수령이 직접 강우량을 재도록 하였는데, 영조 재건 이후는 측우 담당자가 아전들로 바뀐 점이 눈에 띈다.

    금영측우기가 돌아온 후 실물을 계측한 결과, 빗물을 받는 입구[受水口]의 안지름은 14cm이고, 바깥지름은 15.3cm였다. 하기(下器) 위에 중기를 놓고, 또 그 위에 상기를 얹는 분리형으로 3기를 합쳤을 경우 높이는 31.5cm였고 무게는 6.2kg이다. 대체로 와다의 기록과 일치한다.

    1442년에 세종이 지방에 보냈던 측우기가 쇠를 주조하여 만

---

24 入番通引及唱次知使令.

〔그림 35〕 금영측우기 전면

〔그림 36〕 측우기 중기의 명문

〔그림 37〕 측우기 바닥면의 명문

지름(mm)	나라 수	지름(mm)	나라 수
112.8	3	200.0	4
127.0	13	203.0	6
151.0	1	213.0	3
159.0	8	253.0	12
169.0	1	299.0	1

자료: 나일성, '한국천문학사', 172쪽

〔표 15〕 세계 각국의 우량계 지름과 사용 국가 수

들었다지만 금영측우기는 청동제품이다. 세종 때의 측우기가 높이는 1척 5촌(30cm 정도)이고 직경이 7촌(14cm)이었던 것은 같지만, 금영측우기는 3부분으로 분리된다. 우량 관측의 정밀성을 기하고, 현장에서 편리하게 쓰기 위해 개량된 것으로 보인다.

현재 세계 각국이 사용하고 있는 우량계의 지름을 비교하면 [표 15]와 같다. 금영측우기는 13개국이 채택하고 있는 127.0mm와 8개국이 채택하고 159mm의 사이에 해당된다.[25] 570년 전에 만들었어도 현대 측우기의 규격에 잘 들어맞는 크기인 것이다.

측우기의 빗물을 받는 부분인 수수구(受水口)의 입구 면적은 바람 등의 역학적 영향을 받아 빗방울이 무질서하게 떨어질 때 강우량을 측정할 때 생기는 측정오차와 밀접한 관련이 있다. 수수구가 너무 넓으면 비의 양이 적을 때 측정 오차가 커지고, 너무 좁으면 바람이 불 때 빗물을 받는 데 불리하다. 빗방울의 평균 반지

---

25 나일성, 『한국천문학사』, 서울대학교출판부, 2000.

름이 1mm이고, 단위 시간당 강우량이 10mm라고 가정할 때 지름이 14cm인 금영측우기의 강우량 견본 채취 오차는 0.51%로 계산된다.[26] 현재 세계기상기구(WMO)에서는[27] 강우 채취 표본 오차 범위를 1%이내로 정하고 있다. 조선시대에 만든 우리 측우기는 오늘날 현대적인 우량계의 국제규격에도 합치되는 크기인 것이다.

측우기의 깊이는 30cm 전후이다. 실제 비가 많이 오더라도 짧은 시간에 30cm를 넘길 수는 없다. 그러나 측우기의 깊이가 너무 얕을 경우 빗방울이 강하면 밖으로 튀어 나갈 수가 있다. 또 밖에 떨어진 빗방울이 측우기에 튀어들어 올 수도 있다. 측우기 깊이는 빗방울이 측우기 내에 떨어질 때 튀어 나오는 양을 고려해 정해진 것이다.

측우기를 세 부분으로 분리할 수 있게 한 것도 과학적인 고려가 담겨 있다. 대체로 하루에 내리는 비는 측우기 하기(下器) 10cm도 채우지 못한다. 또 한 번 우량을 잰 후에는 빗물을 버리게 되어 있어 특수한 경우가 아니면 깊을 필요가 없다. 그러나 측우기가 긴 원통으로 되어 있으면 밑바닥에 고인 빗물을 자를 넣어 눈금을 읽기 힘들다. 이런 경우 금영측우기는 상기(上器)와 중

---

26 매일경제 1990년 8월 12일자, 연세대학교 나일성 교수.
27 세계기상기구(WMO: World Meteorological Organization)_ 기상예측, 기후변화, 오존층 파괴, 열대 폭풍 예보 등에 대한 국제적인 협력과 일반 국민·국제 항공·해운 사업을 포함한 민간 분야의 상업적 수요자들을 위한 신속 정확한 기상정보 제공 등을 목적으로 설립된 기상 수문 국제기구로 국제연합의 산하기구이다.

단위: cm

	높이	가로	세로	보물지정	관리처	비 고
1. 관상감측우대	87.6	94.5	59.7	843호	기상청	세종 때(?)
2. 선화당측우대	46.2	37.0	37.0	842호	기상청	乾隆庚寅伍月 (1770년)
3. 창덕궁측우대	30.3	45.3	45.5	844호	국립고궁박물관	測雨器銘 음각, 1782년
4. 통영측우대	44.3	43.0	44.0	1652호	국립중앙과학관	辛未二月 (1811년?)
5. 연경당측우대	60.5	28.5	28.5	-	창덕궁	1828년(?)

[표 16] 현재 남아 있는 측우대의 제원

기(中器)를 떼어내고 하기(下器)에 자를 넣어 빗물이 고인 깊이를 쉽게 재는 것이다.

지상에 놓인 측우대도 빗물이 땅에서 튀어 측우기로 들어오는 것을 방지할 수 있는 장치이고, 또 측우기를 보존 관리하기에도 편리하다. 문화재 관리 관련기관에서 측우기의 총 높이를 150~170cm로 설명한 자료가 혹간 있는데, 이는 측우기가 아니라 별도의 기구를 이르는 것인 듯싶다.

현재 남아 있는 측우대의 제원을 살펴본다. 문화재청에 등록된 측우대 이름으로 정리하면 [표 16]과 같다.

현재 남아 있는 측우대는 모두 측우기는 없어지고 대석만 남아 있다. 측우대의 높이는 창덕궁측우대가 30.0cm로 가장 낮고, 관상감측우대가 87.6cm로 가장 높다. 여기에 금영측우기를 얹는다고 가정해 보면 측우기기(測雨器機)의 총 높이는 60cm에서 120cm 사이가 될 것이다. 성인이 선 자세에서 측우기에 고인 우량을 살피기에 어려움이 없는 높이다. 거기에 측우기의 상기와 중기를 분리해내면 더욱 관측하기가 쉬울 것이다. 측우기란 원통형 계측기의 발명은 단순하면서도 그 이전에 다른 나라에서 생각지도 못했던 독창적인 것이다. 게다가 측우기가 3단 분리형으로 만들어진 것도 수평적 사고의 발상에서 비롯된 놀라운 창안인 것이다.

이상 살펴 본 것과 같이 측우기기(측우기+측우대)는 측정의 과학성과 관리의 합리성을 두루 갖춘 창의적인 발명품이다. 이러한 규격화된 측우기가 조선시대에 이미 지방까지 보급되어 있었던 것이다.

우리는 측우기의 최초 논쟁에 앞서 어떤 기구로 빗물을 재었느냐 하는 사실부터 깊이 인식해야 할 것이다. 외국에서 어쩌다 바가지로 혹은 목욕통으로 우량을 측정해 보았다는 사실과 비교되어 최초, 최고 논쟁을 벌이기도 창피스런 상황이다.

4.
와다 유지는 어떤 사람인가?

와다 유지[和田雄治]는 1859년 9월 29일 일본 후쿠시마현 니혼마쓰시[福島県 二本松市]에서 태어나 만 58세인 1918년 1월 5일 사망했다. 동경대학 이학부 물리학과를 졸업한 기상학자이자 해양학자로 일본 일기예보 창시자의 한 사람이었고, 일본의 해류 조사에 많은 업적을 남겼다.

1879년 동경대학을 졸업한 후 내무성 지리국 측량과에 들어가 기상을 담당하였고, 일본의 폭풍경보, 일기예보 제도를 창시한 사람 중 하나이기도 하다. 1885년 중앙기상대 예보과장이 되었고, 1904년 러일전쟁 시기에는 조선에 건너와 조선과 만주의 여러 곳에 기상관측소를 설치하여 군사행동에 기여했다.

일본이 경술국치 이전인 1904년에 조선에 거점을 마련하고자 부산, 인천, 진남포, 원산 등 5개소에 임시측후소를 설치하였

[그림 38] 와다 유지의 초상

는데, 이것이 와다가 조선에 발을 디디게 된 계기였다. 이때 와다는 조선 파견을 자원한 것으로 알려져 있다. 1907년 3월에 일본 중앙기상대 직할이던 재한임시측후소(在韓臨時測候所)를 통감부 관측소로 개칭하자, 이에 조선 정부도 인천측후소를 개설하여 와다를 측후소장사무대변(測候所長事務代辯)으로 임명하였다. 1910년 국권 상실로 조선정부의 관상감(觀象監)이 조선총독부관측소로 개편되자 인천측후소는 조선총독부관측소가 되었다. 와다는 1914년 신병으로 제1대 관측소장직을 사임하기까지 만 10년 동안 줄곧 이 땅의 측후업무에 관여한 근대 기상측후사업의 개척자였다.

와다는 조선에 체제하면서 세종 때부터 시행된 조선의 측우기록을 발굴하고 분석하였다. 와다는 일제가 조선을 합병한 후 행정문서 이관 과정에서 소홀하게 취급되고 있던 「풍운기(風雲記)」, 「천변측후단자(天變測候單子)」 및 「천변등록(天變謄錄)」과 같은 측후기록을 찾아내어 측우기의 연혁과 강우통계를 정리하고 복원하고자 하였다. 1910년 와다는 일본천문학회에서 「조선에서의 우량관측」이란 초청논문을 발표하였으며, 그 내용은 일본 「천문월보(天文月報)」 제6월 5호(1913년 8월)와 제6권 6호(1913년 9월)에 실려 조선의 측우기록이 세계 최초임을 알렸다.

1910년에는 조선의 측우제도를 프랑스어로 발표하였고, 1911년에는 영어로 발표하여 세계적으로 유명해졌다. 이런 면에서는 조선의 측우사업을 세계적으로 알린 공로자이기도 하다. 1912년에는 조선의 측우제도 연구로 이학박사 학위를 취득하였다. 조선 연구를 주제로 한 일본의 최초 박사였다. 그의 성품은 '취미가 매우 많고 교우가 넓으며 애정이 넘쳤던 것'으로 친지들에게 기억되고 있다.

와다는 기상학자 입장에서 조선의 측후과학에 경탄을 아끼지 않았고, 측우기와 관련된 자료 수집에 힘을 기울였다. 와다는 비록 침략자 일본의 첨병으로 조선에 왔지만, 그가 아니었다면 과연 우리의 과학문화유산인 측우기록이 오늘에 전해질 수 있었을까 의문이 들 정도이다. 그가 남긴 저서로는 『조선의 조선고대 관측기록 조사보고』[28] 외에 『일본 환해해류조사 업적』[29]이 있다. 와

---

28 朝鮮總督府觀測所, 「朝鮮古代觀測記錄調査報告」, 朝鮮總督府觀測所, 1917.
29 『日本環海海流調査業績』, 1922.

다는 조선의 기상제도 설립에 기여한 공로로 1910년 1월에 대한 제국 순종으로부터 팔괘장(八卦章)이라는 훈장을 받기도 하였다.

와다는 조선의 측우제도와 측우기록 조사를 위해서 많은 예산을 썼고, 이 때문에 조선총독부 관료들과 사이가 좋지 않았다고 한다. 불필요한 곳에 예산을 낭비한다고 보는 측면도 있었을 것이고, 조선의 측우제도를 세계적으로 알리려는 와다의 노력이 고깝게 보였던 것이다. 또 와다가 세계적인 기상학자로 부상하는 적을 질투하는 시선도 있었을 것으로 짐작된다. 식민지 통치기구인 조선총독부 입장에서 조선의 찬란한 과학문화가 세계적으로 알려지는 것이 싫었을 수도 있다. 여하튼, 조선의 측우제도를 연구하는 와다의 노력은 순수했고, 학자적 입장을 견지했던 것이다. 이러한 점에서 볼 때 와다는 우리 기상학계의 은인인 것이다.

1915년, 와다는 조선총독부 관측소를 퇴직하고 금영측우기와 그 부속물인 주척을 가지고 일본으로 돌아갔다. 이러한 행위로 인해 금영측우기를 '와다 유지가 감쪽같이 일본으로 빼돌려 행방이 묘연했던 것'이라며 마치 문화재 반출범 취급을 하는 매스컴의 비판도 있다. 그러나 와다는 '선물로 받았다.'는 대구의 영영측우기(嶺營測雨器)를 기상대에 두고 간 반면, 개인 소장품이라고 자신이 밝힌 금영측우기는 일본으로 가져갔다. 어떤 경로로 그 측우기를 갖게 되었는지는 알려지지 않았지만, '본인의 소유품'이라고 논문에서 밝힐 정도인 것을 보면 구입한 것이 아닐까 짐작된다.

와다는 측우기의 중요성을 잘 알고 있었기에 개인적인 욕심을 부렸고, 또 식민지 지배자의 입장에서 조선의 문화재란 측면은

가볍게 생각할 수도 있었을 것이다. 아무튼 이러한 문화재 반출은 입수 경위가 어땠는지에 상관없이 올바른 행위는 아니었다. 그러나 그가 쓴 논문에서 보여준 우리 측우제도에 대한 깊은 인식과 애정을 보면 일부 매스컴의 논조와 같이 '문화재 도둑'과 같은 선에서 와다를 평가할 수는 없을 것이다.

세상일은 선악 두 가지로 확연히 구분 지을 수 없는 면이 있다. 와다가 수집해서 총독부 관측소에 두고 간 측우기는 해방과 6·25라는 사회적 혼란을 겪으면서 없어져 버렸다. 만약 와다가 금영측우기를 일본으로 가져가지 않았다면 오늘날 그 측우기가 우리 땅에 지금까지 남아 있었을까, 하는 의문이 들 정도이다.

아무튼 와다는 경술국치 이후 소홀히 취급되고 있었던 측우 기록을 정리하고, 측우기가 세계 최초의 발명임을 해외에 알려 준 기상학계의 은인이기도 하다. 그리고 와다가 있었기에 유일한 측우기인 금영측우기가 우리 땅에 남게 될 수도 있었다는 생각도 해 볼 수 있다. 만약 금영측우기가 남아 있지 않고, 또 와다가 측우제도에 대한 기록을 정리해 놓지 않았다면 우리 측우기가 세계 최초(最初), 세계 최고(最古)라는 자부심도 빛이 바랠 수 있었을 것이다.

5.
세계 최초(最初), 최고(最古)의 발명

우리의 자랑스러운 과학문화유산인 측우기가 세계 최초의 것이라는데 자부심을 품고 있다. 이제까지 세계 기상학계에서도 대체로 수긍하는 사실이다. 그런데 근래 이러한 측우기의 역사성에 대해 딴죽을 거는 나라가 있다. 중국이다.

이제까지 알려진 세계 여러 나라의 측우에 대한 옛 기록을 살펴본다.

① B.C. 400년경에 인도에서 강우량을 관측한 기록이 있다.
② 12세기경, 중동지역 유태인이 농작물 경작과 관련되어 시기별 강우량 기록.
③ 1247년, 중국의 진구소(秦九韶)가 원뿔 모양의 항아리에 고인 빗물의 양을 재었다.

④ 1424년, 중국 명나라 성조[永樂帝]가 우량기(雨量器)로 지방마다의 강우량을 조사하라 하였다.(대만 木鐸출판사, 『중국과학문명사』, 1983.)

⑤ 1639년, 이태리 베네데토 카스텔리(Benedetto Castelli)가 갈릴레오(Galileo)에 쓴 편지에 우량계 사용 언급.

⑥ 1658년, 프랑스 이스마엘 부이얀(Ismael Bouillan)이 파리의 강우량을 3년간 기록.

⑦ 1662년, 영국의 크리스토퍼 렌(Christoper Wren)이 측우기를 만들어 강우량 조사.

⑧ 1695년, 영국의 로버트 훅(Robert Hooke)이 강우량 계측.

⑨ 1716년, 일본 막부 3대 장군인 요시무네[吉宗]가 에도성(현 도쿄)에서 우량을 관측.

우리나라에서 측우기가 발명된 것이 1441년이니 5번 자료 이하는 새삼 검토할 것이 없다.

자료 ①은 1912년 영국왕립기상학회에서 발표된 것으로 인도의 한 왕국에서 농업경영과 관련되어 강우량을 관측한 기록이 있다는 것이다. 그 내용은 잔갈라(Jangala)국의 우량은 16드로나스(dronas: 단위 미상)이고 다른 국가는 이에 비해 50% 더 많다는 것이다. 또 우기의 초반과 종반에 전체의 1/3이 내리고, 그 사이에 3분의 2가 내려야 풍년이 된다는 것이다.[30] 고대의 이야기이고

---

30 와다 유지, 「內外國雨量觀測史」.

정밀한 우량관측이 이루어진 것 같지는 않으며, 우량 계측을 위한 특별한 기구도 없었던 것으로 보인다.

자료 ②는 1908년 영국왕립기상학회에서 독일 기상학자 헬만이 발표한 자료로 유태지역에서 1년을 1~3우기(雨期)로 나누어 우량을 확인했고, 확인 방법은 토양이 물에 침투된 깊이로 보았다는 것이다. 이 자료도 우량을 가늠해보았다지만, 정밀한 측우기기가 있었던 것은 아니다.

문제는 중국의 자료들이다. 인접국이면서 비슷한 문화권이어서인지, 동양 혹은 세계 최초라는 우리 기록에 대해 자주 시비를 건다. 우선 ③의 자료이다. 중국의 주커전(쓰可楨)이 발표한 자료로 1247년에 중국의 진구소(秦九韶)가 원뿔모양의 항아리에 고인 빗물의 량을 재었다는 것이다. 그러나 그 근거로 제시하고 있는 '수서구장(數書九章)'의[31] 천지측우(天池測雨) 계산은 원뿔형의 용량을 재기 위한 계산을 보인 것이지 강우량을 계측하기 위한 것은 아니다. 즉 일종의 수학문제에 불과한 것이다.

[그림 39]는 천지측우(天池測雨)에 사용되었다는 천지분(天池盆)의 그림이다. 크기도 그렇거니와 이런 모양의 그릇으로 강우량을 매일, 매시간 재야 한다는 것이 어불성설이다. 복잡한 수학적 계산을 통해 우량을 파악한 예는 될 수 있다지만, 이는 어디까지나 수학문제에 불과한 것이다.

---

31 수서구장(數書九章)_ 중국 남송(南宋) 시대 진구소가 저술한(1247) 실무 관리의 수학책(數學書)이다. 영(零)에 개념을 동그라미로 사용한 것이나, 원주율을 3.16으로 본 것도 다른 책에 없는 특징이다.

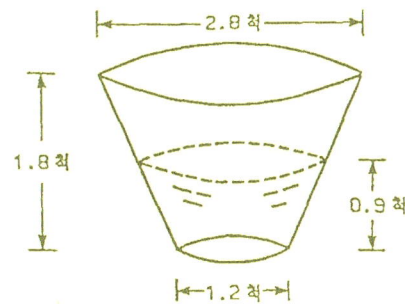

〔그림 39〕 중국 천지측우의 천지분(天池盆)

문제는 자료 ④이다. 우리나라보다 17년 앞선 명나라 때인 1424년에 우량기(雨量器)라는 기구로 강우량을 조사했다고 하지만, 그 지역별 측정 결과는 남아 있지 않다. 그리고 그 때의 '우량기'라는 기구도 현재 찾아 볼 수 없다. 주커전(竺可楨)이 『중국기상학사』를 소개한 글에 이런 구절이 있다. 즉 중국에 있어서 "풍향과 우량의 관측은 한나라 때부터 행하여졌으며, 명나라 1424년에는 이미 우량계(雨量計)가 국내에 널리 설치되어, 청나라 건륭황제(1770) 때에는 조선까지 송부하였다. 이 시대에는 북경·남경·소주·항주의 4개소에 우천·청천일의 기록이 있다."고 했다.[32]

만약 주커전의 주장대로라면 세계적인 측우기의 최초 발명은 조선의 세종 23년(1441)이 아니라, 이보다 더 앞선 명나라 성조 영락제 22년(1424)이었다는 결과가 된다. 그러나 명사(明史)

---

32 吉野正敏編, 陳國彦譯, 『中國の雨と氣候』, 大明堂, 1975.

권25 천문지(天文志)를 보더라도 측우를 했다는 흔적은 전연 발견되지 않는다. 단지 명사 권28(1607)에 '경사에 홍수가 나서 장안가의 수심이 5척'이라는[33] 기사가 있지만 이 역시 정확한 기구로 수심을 잰 것이 아니다. 이런 기록이라면 더 오랜 시기인 우리 고려 때에도 있다. 고려 예종 8년(1113) 7월에 '큰비가 내려서 평지의 수심이 한 자가 넘었다.'는 기록이 있다.

1421년에 남경에서 북경으로 천도한 명나라가 1424년부터 측우 업무를 개시했다고 보기도 어렵다. 또 북경시 기상국이 간행한 「북경기후지(1987)」의 북경지구 기상 사료에도 명대 측우기는 전연 언급되지 않았다. 일본의 국립천문대가 매년 간행하는 1983년 「이과년표(理科年表)」의[34] '기상학상 주요업적'에도 "1442년, 조선에서 우량계에 의한 우량관측 개시."로 되어 있다.

중국에서 강우를 우량계로 계측하지 않았다는 논리적인 증거는 더 있다. 중국에서 비가 온 상황 보고[雨澤報告]는 청나라 때까지도 입토 검사에 의한 것이었다는 다무라의 증언이 있다.[35] 중국은 고대의 달관적 우량 보고를 개선하여 청대에 이르러서야 비로소 '연일 흐리다 비가 오다 하여 현재 입토심이 1자 가량이

---

33 京師大水, 長安街, 水深五尺.
34 일본에서 1925년에 창간된 과학데이터북이며 천문부, 기상부, 지학부, 생물부, 환경부 등 자연과학의 모든 분야를 망라하고 있다. 국립천문대가 편집하여 마루젠(丸善)이 발간하고 있다.
35 田村專之助, 『中國氣象學史硏究』, 三島科學史硏究所, 1979.

다.'[36] '흙에 스며든 정도가 분촌에도 못 미친다.'고[37] 입토 조사를 기록하고 있다는 것이다. 빗물이 흙에 스며든 정도를 파악하는 입토 조사도 우리보다 3백여 년 뒤진 것이다.

그러나 2010년 5월 14일에 개최된 세종대왕 탄신 613돌 기념 '측우기와 측우대 세미나' 토론에서 나왔던 '1849년까지 중국에는 측우기록이 전무했다.'는 일부 학자의 주장은 수정될 필요가 있다. 그리고 와다가 조선후기에 계측된 138년간의 측우 통계를 실존하는 통계 중 가장 오랜 것으로 본 점도 수정될 필요가 있다. 왜냐하면 중국 북경에는 이보다 더 오랜 장기 측우 통계가 전해 오기 때문이다. 북경 고궁박물관에 소장되어 있는 「청우록(晴雨錄)」에는 1724년부터 1903년까지 180년간의 강우 통계가 수록되어 있으며, 1975년에 중국 중앙기상국 연구소가 현재의 강수량(mm)으로 환산하여 「북경 250년 강수(1724~1973)」란 자료로 간행하였다. 이 기후지에는 북경 한 곳의 연도별 한발 등급, 하절기 강수량, 연간 강수량이 기록되어 있다.(부록 「북경의 기후표」 참조.) 이 자료는 1578년부터 북경지구의 기상 사료를 수록하고 있으나 가뭄 상황을 한발등급으로만 기록하고 있고, 실제 강우량이 기록된 것은 1724년부터이다.

우리보다 뒤졌지만 중국에도 측우기가 있었던 모양이다. 청나라 천문기상을 관장하던 흠천감(欽天監)이 관할하던 것으로서,

---

36 連日忽陰忽雨, 現在入土尺許. 1738. 3.
37 入土總不及分寸. 1817. 7. 3.

그림으로만 전해 오는 황동제의 측우대는 조선의 측우기와 매우 흡사하여 높이 1척, 넓이 8촌이다.[38]

　북경의 측우사업이 개시된 유래는 확실히 언급되지 않고 있지만 북경주재 독일전도사 피터(Peter Gaubil)가 1743년에 별도로 측후소를 설치하여 기상관측을 시행하였으며 그 결과가 『Poggendor's Annalen』(1843)으로 간행되었다. 또한 북경주재 러시아 정교회 선교사 Amiot가 1755~1760년간 기상을 관측했었다. 1700년대 후반에는 북경에 있던 천주교당이 중국의 관상대 격인 흠천감(欽天監)을 겸하고 있었다.[39] 이로 미루어 청나라 측우사업은 당시 북경에 진출해 있던 기독교 선교사들에 의해 서양의 측우 방식이 전파되었던 것으로 볼 수 있다. 따라서 북경보다 무려 314년 전에 발명된 세종대왕의 측우기(1441)가 세계 최초이며, 우리 고유의 독창적 발명이었다는 사실에는 아무런 변함이 없다.

　주커전(쓰可楨)의 주장에서 가장 황당한 점은 '중국에서 측우기를 발명하고 조선으로 보내주었다.'고 하는 점이다. 우리 보물 842호인 경상감영 선화당(宣化堂)에 있던 영영측우기 받침대(測雨臺)에 새겨진 '건륭경인오월조(乾隆庚寅五月造, 1770년)'라는 명문을 증거로 들고 있다. 정말 '기가 막히고 코가 막히는' 억지주장이다. 우리 문물에서 혹간 중국연호를 사용한 것을 견강부회한 것이다. 주커전은 현재 남아있는 금영측우기(錦營測雨器)에

---

38 北京市氣象局氣候資料室,『北京氣候志』, 北京出版社, 1987, 120~137.
39 김태준,『홍대용』, 한길사, 1998.

'도광정유제(道光丁酉製, 1837년)'라는 명문이 새겨져 있는 것은 몰랐던 모양이다. 아마 알았다면, 이 측우기마저 중국 거라고 우겼을 텐데.

중국의 측우기가 세계 최초라는 니담 설의 오류

니담(Joseph Needham, 1900~1995)은 영국의 생화학자였으나, 『중국의 과학과 문명(Science and Civilization in China)』이라는 저서를 통해 과학기술사 학자로서 더욱 유명하다. 니담은 중국의 우수한 고대 과학기술을 서양에 소개한 큰 업적을 남겼으나, 우리나라 입장에서는 일부 내용에 불만스러운 점이 없지 않다.

니담은 경주 불국사에서 발견된 세계 최초의 목판 인쇄물이며 우리의 국보인 불경 무구정광대다라니경(無垢淨光大陀羅尼經)을 중국의 인쇄물이라 단정하였다. 또 우리의 측우기보다 앞선 시기에 중국에 우량계가 있었다고 주장하고 있다.

니담은 저서 『중국의 과학과 문명』(1959)에서 '15세기 한국에 측우기라는 우량계가 있었다. 그러나 우량계는 한국의 발명이 아니고 훨씬 더 옛날 중국으로 거슬러간다.' 그리고 '한국에 측우기와 측우기록 사료가 보존되어 있지만 측우기 발명은 중국이 먼저'라고 단언하고 있다. 그 근거로 진구소의 천지측우 용기를 들고 있다.

게다가 우리의 선화당 측우기 사진을 저서에 수록하고는 '한국에 보존되어 있는 1770년의 중국 우량계'라고 설명하고 있다. 니담이 조선의 정보에 어두운데다가 자신이 접한 중국 고대 과학기술에 매료된 나머지 범한 오류이다. 이로 인해 우리 측우기가 중국 것이라는 오해를 세계적으로 받았고, 중국학자들의 주장에 힘을 실어 준 것이다. 실로 황당한 경우이다.

6.
너무나 자랑스러운 우리의 측우제도

측우기는 우리 문화의 크나큰 자랑거리이다. 그런데 왜 자랑스럽냐는 질문에 세계 최초(最初)의 최고(最古)의 것이어서 자랑스럽다고 한다. 측우기가 세계 최초의 발명이라는 점은 의심할 필요가 없다. 그러나 최초이어서 자랑스럽다는 논리는 좀 애매하다. 최초가 아니면 자랑스럽지 못하단 말인가? 요즘 "1등만 기억하는 더러운 세상!"이란 어느 코미디언이 남긴 유행어가 있다. 우리의 자랑거리가 꼭 세계 최초, 유일의 것이어야만 하는가? 최초가 아니면 안 된다는 것인가? 다시 생각할 필요가 있다.

'필요는 발명의 어머니(necessity is the mother of invention)'란 명언이 있다. 측우기가 세계 최초로 발명되기에는 그 원인이 되는 '필요성', 즉 그 기술의 '사회경제적 수요'가 있었을 것이다.

이제까지 와다 유지를 길잡이 삼아 측우기의 역사를 더듬어

보았다. 과연 대단한 발명이지만 측우기를 자랑하려면 그 내용이 '육하원칙(六何原則)'의 각 요소에 들어맞아야 한다. 측우기의 역사성도, 과학성도 논리적인 원칙에서 벗어나지 않아야 한다는 말이다. 이제 마지막으로 측우기에 대해 이제까지 더듬어 온 것을 정리해 보자.

우선 측우기의 등장 이유(why)이다. 측우기는 하늘에서 내린 비의 양을 그냥 재어본 것이 아니라, 농업이라는 나라의 기간산업을 안정시킨다는 뚜렷한 목적 아래 강우량과 강우 패턴을 파악하기 위해서 창안된 것이다. 즉 가뭄이라는 재해에 보다 적극적으로 대응하기 위한 과학적 사고에서 만들어진 것이다.

누가 만들고, 누가 우량을 관측했는가(who)? 세종대왕이라는 영명한 왕이 1441년에 창제한 것이다. 세종시대는 조선 전기의 문물이 꽃피었던 황금시대이다. 그 시대에 나왔던 여러 천문과학기구도 훌륭한 것이지만 한글과 측우기는 우리 민족의 독창적인 발명인 것이다. 두 발명 모두 세종이라는 위정자가 백성의 어려움을 덜고자 고심 끝에 창안한 것이다. 당시에는 장영실을 비롯한 고급 과학기술자 집단이 존재하고 있었고, 정인지와 이순지와 같은 유능한 기술 관료들이 있었다. 이들이 세종과 문종의 아이디어를 측우기, 측우제도란 구체적인 모습으로 만들어낸 것이다. 또 측우제도를 운영할 우수한 기상학자도 있었다. 당시 관상감에는 일식과 월식, 그리고 혜성의 출현 시기까지 예측할 수 있었던 고급 천문기상 과학자들이 있었다.

당시(when)는 조선의 개국 후 안정기로 모든 문물이 발전하고, 주산업이었던 농업상으로도 새로운 농업기술이 확산되고, 또 농업의 생산력이 증강되는 시기인 것이다. 수도작 이앙법이란 발전된 농업기술이 확산되는 시기에 가뭄이란 재해에 대응하고, 뒤집어 말하면 수도작의 용수 확보 상황과 적기 이앙 가능성을 적극적으로 파악하기 위한 과학기술이 등장한 시기인 것이다.

어디(where)에서 측우를 하였는가? 세종 때에 측우를 한 곳은 서울의 2개소와 지방의 8도(道), 그리고 개성과 강화의 2개 유수부(留守府)는 물론이고, 지방 군현에서 측우를 한 흔적이 있다. 영조 때에 측우제도가 재건되고는 서울과 8도, 5개 유수부에서 측우를 했다. 우리 측우체제는 국가 주도로 전국적인 측우망을 구성하고 있었던 것이다. 또 조선의 군현제도는 매우 효율적이어서 측우제도를 운영함에 부족이 없었다.

측우기로 강우는 어떻게(how) 확인되고 기록되었던가? 측우는 언제부터 언제까지 비가 얼마나 내렸나를 측우기로 계측한 다음 기록을 남겼다. 측우의 최소 측정 단위가 2mm일 정도로 정교한 측정이었다. 강우량뿐 아니라 강우일수와 강설일수까지 확인할 수 있다. 세종조의 측우 자료는 전란으로 소실되었지만, 영조 이후의 측우 자료는 서울의 경우 1770년부터 현재까지 연결된다. 또 강우량은 매일 2~3회 계측되고 기록되어 시기별, 연도별로 누년통계가 축적되어 있다. 필요하다면 1일 강우량, 시간당 강우량까지 확인할 수 있는 정밀한 통계이다. 이러한 강우통계는 다른 나라의 한 곳에서 어쩌다 빗물의 양을 계산해보았다는 것과는 질적, 양적으로 차원이 다른 기상과학기술의 대 성과인 것이다.

조선의 측우사업은 측우기라는 한 발명품만의 소산이 아니라, 측우제도, 측우체제라는 국가 차원의 종합적이고, 과학적인 시스템을 구축하고 있었던 것이다. 측우기 그 자체도 우리의 자랑이지만, 우량을 재고 이를 통계로 처리하는 과학적 사고방식이 더욱 중요하다. 그러기에 측우기를 자랑하기에 앞서 우리의 측우제도가 얼마나 과학적이고, 세계에서 찾아 볼 수 없는 효율적인 제도였나를 자랑하여야 한다.

측우제도의 창설은 기상과학 기술을 농업생산 현장에 적용하여 농업증산을 구현하려는 조선의 국가적, 제도적 노력의 성과인 것이다. 이같이 일찍이 15세기 전반에 강우량 측정이 정밀한 계측기에 의해 전국적인 규모로 실시된 나라는 세계에서 조선뿐이다.

우리는 측우기가 세계 최초가 아니면 안 된다는 강박관념에 사로잡혀 있을 수만은 없다. 다른 나라가 측우기를 가지고 감히 '최초 논쟁'을 걸더라도 우리는 의연히 이렇게 말할 수 있어야 할 것이다.

"우리나라는 1441년에 측우기라는 정밀한 우량 계측기를 발명하여, 국가의 주도 아래 연중, 전국 지역 단위로 우량을 정밀하게 계측하였으며, 조사 결과를 농업생산에 활용하였다. 그 강우통계의 일부는 지금도 존재하고 있다. 이는 세계 고대 기상학에 유래가 없는 과학적 성과이며, 강우 측정의 시스템화에서 비롯된 것이다. 당신 나라에는 어떤 측우기기와 측우제도, 그리고 강우통계가 실존하고 있는가?"

와다 유지를 길잡이 삼아 떠난 측우기에 대한 고찰이 이제 끝나 간다. 이 글을 측우기를 읊은 옛 시로 마감하고자 한다. 정조 시대의 학자인 존재(存齋) 박윤묵(朴允默)의 시이다. 정조 시대 학사들이 근무하던 내각(內閣), 즉 규장각(奎章閣)에는 정조가 하사한 14종의 물건과 왕의 명을 받들어 새로 제작한 6가지 물건이 있었다. 시인은 내각에 있는 20가지 물건에[40] 대해 시를 지어 남겼으며 그 중 측우기에 대한 시는 다음과 같다.

〈내각에 있는 하사품을 읊은 시 중 측우기〉
한 자 크기 구리 병은 대마디처럼 푸르고,
늙은 홰나무 그림자 진 둔덕의 뜰 안에 놓였어라.
어진 임금님의 하늘을 공경하시는 뜻을 알고 싶다면,
돌에 새긴 신하의 측우대 명문을 살펴보시라.[41]

시인은[42] 규장각에 있는 측우기를 살펴보고 있는데, 이 측우

---

40 정조가 내각에 하사한 물품은 특종(特鐘), 특경(特磬), 금(琴), 슬(瑟), 슬(瑟), 팔환배(八環盃), 화반(畵盤), 옥합(玉盒), 혁후(革帿), 의항(衣桁), 발불(髮拂), 서안(書案), 연갑(硯匣), 죽필가(竹筆架)의 14종과 새로 제조한 것은 아패(牙牌), 서적패(書籍牌), 금패(金牌), 옥등(玉燈), 측우기(測雨器), 동활자(銅子) 6종이었다.
41 〈內閣二十詠中測雨器〉朴允默(1771~1849), 『存齋集』.
   一尺銅壺竹節靑, 老槐陰畔植中庭. 欲知聖主欽天意, 看取詞臣勒石銘.
42 시인 박윤묵은 중추부동지사(中樞府同知事)를 거쳐 1835년(헌종 1년) 평신진 첨절제사(平薪鎭僉節制使)로서 선정을 베풀어 송덕비(頌德碑)가 세워져 있다. 시문에 뛰어났으며 명필로도 이름을 남겼다. 이 시는 시인이 규장각 검서(檢書) 시절에 쓴 것으로 보인다.

기는 정조 6년(1782)에 설치한 것이다. 측우기는 규장각의 이문원(摛文院) 뜰에 설치되었고, 그 측우대(測雨臺)에는 측우기의 설치 경위를 기록한 명문이 새겨져 있다.

시인은 측우기 명문을 살펴보면서 나라와 백성 그리고 농업을 생각하는 정조대왕의 어진 뜻을 헤아리고 있다. 시의 첫 구에서 '한 자 크기 구리 병은 대마디처럼 푸르고'라고 한 것은 청동으로 만들어졌고 3단으로 마디진 측우기의 형상을 읊은 것이리라.

1441년에 만들어진 측우기는 우리문화의 자랑이며, 우리민족의 자부심이다. 조선시대에 만든 그 측우기는 지금도 남아있어 옛 분들이 하늘을 우러르며 나라를 생각하고, 단비를 고대하며 농업과 농민을 걱정하던 그 마음을 오늘에 전해주고 있다. 측우기, 한 자 크기의 구리 병이여, 대마디처럼 푸르구나.

우리 문화의 자랑인 측우기,

측우기의 영광이여 무궁하라.

부록1. 와다가 정리한 강우량(1770~1907)

雨　　量　(粍)

年	一月	二月	三月	四月	五月	六月	七月	八月	九月	十月	十一月	十二月	合計
西紀 1770	?	?	?	?	?	82	774	166	184	44	14	0	?
1771	10	0	88	16	48	264	116	44	40	24	30	0	680
1772	10	0	28	?	36	8	?	190	?	18	24	2	?
1773	0	0	56	54	2	156	258	214	130	104	14	10	998
1774	10	0	2	156	14	28	134	168	60	30	10	10	622
1775	10	0	6	172	64	156	140	?	22	4	24	48	?
1776	6	0	22	70	68	16	392	38	42	24	0	42	720
1777	0	0	14	6	46	18	186	154	78	4	122	0	628
1778	0	26	0	16	60	108	266	142	104	24	4	0	750
1779	0	2	96	74	38	332	146	182	60	98	50	10	1088
1780	2	4	18	74	38	203	388	260	188	54	42	0	1271
1781	0	14	44	36	50	260	292	208	150	0	14	2	1070
1782	0	8	38	8	54	42	422	172	96	44	16	60	960
1783	4	0	8	68	64	122	96	512	58	94	6	0	1032
1784	0	60	16	102	84	158	364	182	420	92	82	8	1568
1785	0	0	8	42	66	74	252	38	78	94	18	8	678
1786	0	0	8	32	86	76	366	188	32	8	2	18	816
1787	0	0	46	70	16	410	802	596	284	14	32	0	2270
1788	40	18	48	34	88	100	320	166	236	50	14	0	1114
1789	0	0	44	104	64	224	442	392	100	56	20	14	1520
1790	8	0	24	82	128	106	340	174	98	48	26	4	1038
1791	20	0	20	26	144	182	344	622	142	114	76	70	1760
1792	0	0	26	60	98	126	844	214	124	22	6	0	1520
1793	0	0	22	132	106	182	222	38	152	48	30	16	948
1794	26	6	16	38	112	132	280	168	92	94	56	18	1038
1795	2	0	14	28	64	74	312	146	22	10	40	0	712
1796	0	10	130	92	94	246	366	218	82	116	88	0	1442
1797	0	0	66	78	0	146	274	204	112	6	30	0	922
1798	0	22	12	82	92	22	244	224	164	12	62	44	980
1799	10	2	20	96	50	34	400	280	38	52	58	28	1074
1800	8	0	10	162	72	50	516	394	272	80	28	16	1608
1801	0	38	4	42	80	130	268	94	60	60	38	10	980
1802	12	0	64	90	112	104	420	294	66	32	99	2	1352
1803	12	0	56	62	28	52	302	32	86	100	56	6	792
1804	0	0	8	84	46	60	572	378	56	24	58	58	1344
1805	0	12	154	86	102	164	256	276	176	70	118	20	1434
1806	28	20	94	230	248	352	146	204	250	70	90	10	1742
1807	0	0	14	38	100	126	202	312	34	50	34	8	918
1808	0	0	28	86	44	116	464	164	48	54	80	6	1090
1809	10	0	76	54	98	38	276	202	150	12	34	0	950
1810	0	6	0	28	182	32	604	346	260	88	22	4	1572
1811	0	0	96	30	8	28	498	340	78	38	60	12	1188
1812	0	76	100	96	70	128	244	82	30	80	52	4	962
1813	0	0	124	6	36	104	400	366	48	46	22	18	1170
1814	4	4	48	4	34	56	204	598	94	62	30	10	1148

雨　　量　(粍)

年	一月	二月	三月	四月	五月	六月	七月	八月	九月	十月	十一月	十二月	合計
西紀													
1815	0	0	44	38	24	152	352	266	256	50	10	0	1192
1816	0	46	14	82	112	66	800	522	74	34	68	0	1818
1817	0	0	50	104	52	86	552	568	146	34	46	24	1662
1818	0	8	0	46	150	40	428	350	154	102	68	12	1364
1819	0	0	58	40	30	84	254	198	384	12	44	26	1130
1820	0	134	0	80	94	172	492	54	158	32	40	0	1256
1821	0	38	10	98	96	66	1282	652	200	106	28	6	2582
1822	0	0	92	46	84	150	96	146	90	26	42	12	784
1823	4	30	76	16	88	328	114	134	24	50	12	1022
1824	0	20	38	44	108	142	462	282	42	122	80	20	1360
1825	0	0	0	48	52	38	164	312	94	92	24	8	832
1826	0	18	6	38	124	250	358	268	48	6	8	0	1122
1827	0	0	34	110	100	238	242	406	586	42	24	32	1814
1828	76	0	36	40	32	102	390	524	272	6	48	34	1560
1829	6	0	58	70	110	76	288	32	202	106	8	964
1830	0	0	12	106	20	56	414	406	56	136	10	8	1224
1831	0	22	50	54	134	168	246	180	132	56	30	0	1072
1832	14	10	0	94	28	34	1296	328	230	8	76	34	2152
1833	0	0	12	26	114	82	450	882	32	18	48	42	1706
1834	0	0	6	12	100	12	102	196	84	246	94	8	10	858
1835	0	0	6	60	56	144	472	602	48	16	22	10	1392
1836	0	0	30	132	28	178	306	62	6	6	18	0	772
1837	0	0	12	54	28	46	358	350	24	18	16	50	956
1838	16	0	76	20	56	32	212	170	44	38	48	42	754
1839	12	8	252	62	300	258	454	482	28	10	68	12	1946
1840	0	0	28	52	72	208	200	94	82	62	132	22	952
1841	0	0	34	132	82	130	214	244	48	142	10	0	1036
1842	2	20	28	84	20	52	354	326	84	18	56	58	1102
1843	0	0	22	42	128	136	334	410	122	164	50	6	1414
1844	0	0	22	92	162	196	288	180	20	40	78	16	1094
1845	6	0	118	74	76	138	428	298	66	30	18	0	1252
1846	0	6	6	64	206	252	714	398	206	4	20	6	1882
1847	2	6	120	92	144	82	350	68	824	0	4	4	1696
1848	0	68	2	54	40	92	336	318	50	32	40	2	1034
1849	30	34	20	192	102	74	68	250	82	26	8	72	964
1850	2	0	4	38	100	196	588	344	62	32	64	20	1450
1851	0	0	42	52	56	100	204	630	394	180	14	0	1672
1852	18	0	4	14	116	240	552	90	106	6	64	0	1210
1853	2	0	40	128	84	22	268	92	78	28	54	0	796
1854	28	0	6	36	68	142	540	426	98	56	8	6	1414
1855	18	0	34	182	200	338	66	158	96	52	48	2	1202
1856	2	8	78	56	80	72	218	218	334	32	26	12	1136
1857	0	44	44	118	172	256	300	238	362	134	0	30	1698
1858	14	0	6	60	58	124	316	174	140	28	60	16	996
1859	0	0	6	162	64	188	418	252	100	12	50	6	1258
1860	0	0	12	78	96	68	712	446	30	42	44	14	1542

最近百四十年間ノ京城雨量

雨　　量　(粍)

年	一月	二月	三月	四月	五月	六月	七月	八月	九月	十月	十一月	十二月	合計
西紀													
1861	0	26	0	72	68	290	112	96	84	24	56	30	858
1862	0	4	2	76	86	20	714	168	168	14	2	20	1274
1863	0	2	46	8	30	182	472	436	34	18	10	32	1270
1864	0	10	34	118	70	66	204	236	100	94	56	74	1062
1865	36	16	26	132	78	52	174	602	103	30	48	22	1524
1866	26	16	68	50	78	14	254	186	30	10	18	0	750
1867	0	30	4	74	78	172	590	294	84	64	48	8	1446
1868	22	26	60	32	94	266	490	382	50	44	42	24	1532
1869	0	6	4	58	64	160	274	166	142	22	6	4	906
1870	18	8	0	58	42	140	42	294	202	8	20	44	882
1871	0	0	10	46	86	112	450	572	188	38	40	12	1554
1872	16	0	48	148	72	44	198	156	34	182	38	52	988
1873	0	0	30	82	84	140	220	264	262	98	64	38	1282
1874	0	0	6	22	154	358	466	536	78	30	58	10	1718
1875	0	0	66	84	172	180	520	656	16	14	14	18	1740
1876	0	0	32	22	30	90	82	298	72	0	12	0	638
1877	14	26	36	142	134	146	544	274	108	44	88	0	1556
1878	0	0	28	140	124	88	382	28	160	150	6	8	1114
1879	8	0	74	86	166	160	1056	542	62	24	16	94	2288
1880	0	0	28	144	114	256	86	144	236	34	38	0	1080
1881	0	20	0	94	70	94	254	170	228	56	52	4	1042
1882	34	0	0	12	86	20	44	168	188	74	56	18	10	722
1883	0	24	24	54	34	26	366	144	94	78	18	0	862
1884	24	0	8	74	166	146	340	250	162	36	10	0	1222
1885	0	0	0	28	22	26	524	366	184	12	8	18	1188
1886	0	0	0	118	56	342	138	244	138	20	34	4	1094
1887	0	0	6	44	18	42	126	278	16	30	26	8	594
1888	0	0	8	64	14	16	330	100	70	20	18	16	656
1889	4	0	0	12	46	136	394	22	62	58	40	0	774
1890	0	22	22	74	96	276	192	96	14	24	22	16	854
1891	0	0	22	36	110	112	284	214	206	26	28	88	1126
1892	0	0	4	32	8	66	322	404	56	24	26	0	942
1893	0	0	22	138	116	64	250	230	58	32	6	0	916
1894	0	0	46	18	6	360	82	?	?	?	?	?	?
1895	0	0	38	58	92	46	216	168	114	18	6	0	756
1896	2	4	4	138	36	368	200	212	38	42	20	4	1068
1897	20	0	32	48	44	50	698	396	14	22	50	0	1374
1898	0	10	0	72	24	148	370	298	132	0	4	0	1058
1899	0	36	10	6	40	286	174	242	6	4	0	20	824
1900	0	0	38	28	86	46	148	110	164	48	0	0	668
1901	26	0	20	54	58	12	66	66	4	36	28	0	370
1902	0	76	32	28	18	74	86	262	114	54	24	32	780
1903	16	20	14	58	336	56	312	222	186	4	0	26	1250
1904	0	10	12	16	50	30	224	132	4	20	0	8	602
1905	0	0	18	36	168	42	290	216	224	24	34	34	1086
1906	16	14	10	22	120	10	44	176	198	10	0	18	638
1907	0	0	12	76	88	34	158	194	0	56	40	0	658

부록2. 와다가 정리한 강우일수(1626~1907)

年	一月	二月	三月	四月	五月	六月	七月	八月	九月	十月	十一月	十二月	合計
西紀 1626	1(3)	1(2)	4(4)	5(0)	3	4	5	9	2	4(0)	3(1)	0(0)	41(10)
1627	1(3)	3(2)	2(1)	2(0)	1	9	5	14	1	0(0)	2(1)	1(2)	41(9)
1628	1(2)	3(0)	6(1)	4(0)	5	5	3	3	8(0)	3(1)	4(2)	50(6)	
1629	2(2)	2(4)	3(2)	4(0)	3	3	13	5	6	2(0)	6(0)	3(2)	52(10)
1630	0(0)	0(0)	1(0)	3(0)	2	0	6	5	2	2(0)	3(0)	2(3)	26(3)
1631	2(1)	1(1)	1(0)	5(1)	2	2	13	12	11	4(0)	4(0)	0(6)	57(9)
1632	0(4)	1(1)	0(0)	4(0)	6	1	2	6	0	0(0)	0(1)	0(0)	20(6)
1633	0(1)	1(4)	5(0)	8(0)	6	7	6	12	5	5(1)	3(0)	0(3)	58(9)
1634	0(7)	1(3)	1(1)	4(0)	4	5	11	8	4	3(0)	2(0)	1(5)	44(16)
1635	2(4)	1(2)	2(1)	8(0)	3	7	5	3	3	4(0)	11(3)	1(1)	50(11)
1636	1(2)	2(5)	3(0)	2(0)	3	3	7	12	4	0(0)	2(0)	2(3)	41(10)
1637	1(5)	0(3)	2(3)	4(1)	5	10	10	7	4	0(0)	4(1)	2(4)	49(17)
1638	1(5)	3(2)	2(1)	2(0)	4	4	2	2	6	3(0)	2(0)	1(0)	32(8)
1639	1(1)	0(3)	4(2)	8(0)	3	7	5	13	5	0(0)	2(3)	3(1)	51(10)
1640	0(3)	0(3)	3(2)	2(0)	1	3	2	1	3	1(0)	2(0)	4(4)	22(12)
1641	0(1)	0(1)	0(0)	0(0)	0	2	3	0	2	3(0)	0(1)	0(1)	10(4)
1642	0(1)	0(4)	0(1)	3(1)	9	4	14	11	3	1(0)	2(0)	1(1)	48(8)
1643	1(3)	0(2)	3(0)	6(1)	2	8	3	6	1	1(0)	2(0)	2(1)	35(7)
1644	2(2)	0(1)	2(1)	1(0)	1	3	11	2	2	0(0)	1(0)	0(1)	25(5)
1645	0(0)	0(2)	2(1)	2(1)	3(1)	5	7	7	4	2(0)	6(3)	1(3)	39(11)
1646	2(1)	0(1)	6(0)	5(0)	2	5	14	2	1	3(0)	5(0)	1(3)	48(4)
1647	3(2)	0(0)	0(0)	3(0)	5	0	0	0	4	0(0)	3(0)	0(0)	18(2)
1648	0(0)	5(3)	3(2)	4(0)	4	7	6	3	1	2(1)	4(0)	1(5)	40(11)
1649	0(4)	0(0)	3(1)	5(0)	2	3	5	3	2	0(0)	0(1)	2(2)	25(8)
1650	0(1)	0(0)	0(0)	0(0)	0	3	2	3	2	0(0)	0(0)	1(1)	11(2)
1651	0(0)	0(0)	0(0)	3(1)	3	2	5	4	1(0)	2(0)	1(0)	21(1)	
1652	0(0)	2(0)	0(0)	0(0)	0	1	2	1	0(0)	5(0)	0(0)	11(0)	
1653	0(0)	0(2)	0(0)	1(0)	3	0	4	4	1	1(0)	0(0)	1(1)	16(3)
1654	1(4)	2(3)	7(0)	3(0)	8	12	11	8	5	0(0)	4(3)	1(2)	62(12)
1655	0(2)	2(3)	5(0)	6(0)	5	2	10	10	1	1(0)	4(0)	0(2)	46(7)
1656	3(1)	0(1)	0(1)	0(1)	0	0	6	7	4	3(0)	0(0)	0(0)	23(4)
1657	0(1)	1(2)	4(0)	1(1)	4	0	4	5	4	1(0)	0(0)	0(3)	25(7)
1658	0(1)	0(0)	1(2)	3(0)	0	0	3	3	3	1(0)	2(1)	2(0)	15(4)
1659	0(2)	0(0)	4(1)	1(1)	4	5	12	6	2	3(2)	2(1)	1(2)	36(9)
1660	0(1)	0(1)	0(0)	0(0)	7	4	10	6	5	1(0)	5(1)	0(1)	38(4)
1661	1(1)	1(0)	0(0)	3(0)	0	6	9	5	1	1(0)	1(0)	2(0)	30(1)
1662	1(2)	3(2)	2(2)	5(0)	2	3	16	13	9	3(0)	3(0)	0(2)	60(8)
1663	0(3)	1(2)	2(0)	3(0)	2	5	10	7	3	0(0)	5(1)	1(0)	39(6)
1664	2(3)	0(0)	0(0)	1(1)	2	2	12	6	1	0(0)	0(0)	2(2)	28(6)
1665	0(0)	1(4)	1(0)	3(0)	6	1	13	4	5	1(0)	2(0)	0(1)	27(5)
1666	1(1)	1(1)	1(1)	5(0)	6	6	3	3	2	1(0)	2(1)	3(1)	44(5)
1667	0(0)	0(1)	0(3)	4(0)	5	2	8	5	0	1(0)	4(4)	1(3)	30(11)
1668													
1669	1(0)	0(3)	0(0)	2(0)	4	1	4	6	0	1(0)	2(0)	1(3)	22(6)
1670	2(0)	0(1)	1(0)	0(1)	0	2	8	1	0	1(0)	2(0)	2(2)	19(4)

( ) 內ハ雪日數ナリ

年	一月	二月	三月	四月	五月	六月	七月	八月	九月	十月	十一月	十二月	合計
西紀													
1671	0,1	0,0	1(1)	2(0)	0	5	5	9	3	2 0	1(0)	0 (0)	28 (2)
1672	4 4	0 2	5(3)	4 0	0	2	3	12	2	6(0)	3(1)	1 (3)	42(13)
1673	0,4	1,2	4(1)	1 0	2	6	5	6	1	1 0	5(1)	3 (3)	35(11)
1674													
1675	0,0	2,2	0(0)	3 0	0	1	6	2	2	3,0	0,0	0 (0)	19 (2)
1676	0 0	1 0	4 0	2 0	2	7	3	0	5	1,0	0,0	1 (1)	26 (1)
1677	0 0	0 0	1 0	1 0	1	7	4	5	3	0,0	0,0	0 (0)	22 (0)
1678	1 0	1 0	4 0	4 0	1	0	0	1	0	0,0	3(0)	1 (0)	16 (0)
1679	0,4	0 2	4,4	3,1	3	3	4	5	4	4 0	2,2	2 (3)	34(16)
1680	0,0	0,0	0,0	1 0	0	1	1	2	0	3,0	2,0	1 (0)	11 (0)
1681	0,1	0,1	0,0	0 0	3	0	0	5	1	2,0	1,0	1 (2)	13 (4)
1682	1 7	1,1	3,1	2 0	5	2	8	4	3	3 0	2 0	2 (3)	36(12)
1683													
1684													
1685													
1686	0 2	0,2	4 0	0 0	0	1	5	6	0	0 0	3 0	1 (2)	20 (6)
1687	0,0	0,0	0(0)	2,0	3	1	6	0	0	3,0	0,0	1 (3)	16 (3)
1688	1,1	2,1	2,0	5,0	0	0	0	0	0	0 0	0,0	0 (2)	10 (4)
1689	0 1	0,0	4 0	2 0	1	4	10	1	1	4 0	1,0	1 (4)	29 (5)
1690	1 3	1,1	2,0	5,0	6	1	8	4	5	1 0	2,1	2 (2)	38 (7)
1691	0 2	0 1	3 0	8,1	5	2	3	11	10	4,0	3(1)	0 (0)	49(5)
1692		1,0	4,4	2,1	3	6	15	11	1	0 0	1(0)	0 (0)	44,5)
1693	0,1	0,0	4 0	4 0	3	1	10	1	5	1 0	2 1	0 (2)	31(2)
1694	1,1	1,2	1 0	0,0	1	4	11	10	0	1,0	0,0	0 (2)	30(5)
1695	0,1	0 0	0,0	3 0	2	0	4	0	0	0 0	2 0	0 ,0	11,1)
1696													
1697													
1698	0,2	0,1	4(1)	1(0)	0	4	2	10	5	3 0	1 1	0 (0)	30,5)
1699													
1700	0,0	1,0	4(0)	0(0)	2	1	0	4	2	2 0	0,0	0 (0)	16,0)
1701	0,0	0(0)	1(1)	1(0)	1	0	4	2	2	0 0	0,0	0 (0)	11,1)
1702	0,0	0,0	0,0	1(0)	6	2	1	8	5	2,0	1,0	0 (2)	26,2)
1703													
1704	0,0	3(1)	0(0)	0(0)	0	0	0	5	0	1,0	1,0	0 (0)	10,1)
1705													
1706													
1707													
1708	0,0	0,1	2(1)	0,2)	1	2	6	3	0	4 0	0,0	0 (1)	18,5)
1709	0,0	0,0	5(1)	5(1)	7	3	7	3	4	7,0	2,0	0 (0)	43,2)
1710	0,0	1,1	1(0)	0,0	1	5	5	1	5	0,0	1,0	1 (3)	21,4)
1711	0,0	0,2	2,0	3,0	5	3	3	4	4	1,0	0,1	0 (0)	25 (3)
1712	0,7	0,0	2,0	0,0	1	9	4	3	0	0,0	2,0	0 (2)	27 (9)
1713	0,1	1(2)	0,0	2,2)	6	1	3	1	4	0,0)	0,1	0 (2)	18 (8)
1714	0(1)	0(0)	0(1)	1(0)	2	4	6	5	3	0,0	0,0	0 (0)	21 (2)

( )內ハ雪日數ナリ

年	一月	二月	三月	四月	五月	六月	七月	八月	九月	十月	十一月	十二月	合計
西紀 1715	0,3	0,0	4(1)	0,0	0	0	1	11	0	0(0)	0,0	0 (0)	16 (4)
1716	0,0	0(2)	0,0	5,0	4	1	0	0	0	0(0)	1,0	0 ,0	11 (2)
1717	0,0	0,0	0,0	3,0	5	7	21	6	2	4,0	8,1	2 (1	58 (2)
1718	2,0	1(2)	0,0	0,0	0	0	0	4	3	5,0	2,0	0 (0	17 (2)
1719													
1720	1,1	0(2)	0(1)	0(0)	0	0	9	1	3	4,0	3(2)	1 (3)	22 (9)
1721	0,1	0,0	1(1)	0,0	1	2	9	7	3	4,0	6,0	2 (4)	35 (6)
1722	1,2	0,4	2,2	4,2	5	10	12	5	2	1,0	2(1)	0 (4)	44(15)
1723	2,4	1(1)	1(2)	3,0	5	2	12	10	1	2,0	3,2	1 (8)	43(17)
1724	2,1	1,4	6,5	5(1)	2	11	22	5	5	6,1	4,0	1 (2)	70(14)
1725	4,3	0,0	4,0	4,0	4	12	8	6	5	0,1	3,1	5 (3)	55 (8)
1726	0,2	0,2	3,0	9,1	6	8	12	10	10	7,0	4,1	1 (4)	70(10)
1727	2,4	2,0	0,3	5,0	8	9	15	8	3	4,0	3,1	4 (5)	63(13)
1728	1,5	3,1	3,1	7,0	3	10	12	4	7	7,0	2,1	3 (5)	72(13)
1729	0,8	0,5	0,1	1,0	3	4	10	16	4	4,0	4(1)	2 (1)	48(18)
1730													
1731	1(2)	0(1)	4,5	4(0)	4	1	11	12	4	4(0)	1(0)	2 (2)	48(10)
1732	0,3	0(1)	0(1)	6(0)	6	1	6	11	8	3,0	6,2	2 (5)	49(12)
1733	0,4	1(2)	6,1	6(0	6	5	13	11	8	4,0	2,0	1 (2)	63 (9)
1734	0,0	1(1)	5,0	8,0	5	6	11	5	4	4,0	7,1	5 (3)	61 (5)
1735	1,5	2(5)	5,2	4,0	6	7	14	10	5	4,0	2,1	1 (4)	61(17)
1736	0(1)	3(1)	8,0	11,0	7	9	13	7	6	7,0	1(1)	1 (5)	73 (8)
1737	1,4	0,3	8,1	3,0	7	4	6	10	5	5,0	4,0	5 (1)	58 (9)
1738	2,2	0,2	3,3	6,0	5	2	14	6	3	5,0	5,2	0 (4)	51(13)
1739	0,5	0,2	3,0	6,0	9	7	17	6	9	4,3	7 (3)	0 (2)	67(13)
1740	1,5	0(1)	4,2	3,1	9	11	13	8	7	5(1)	6,2	0 (2)	87(14)
1741	0,2	3,4	4,0	6,0	5	11	12	14	2	5,0	5,0	3 (3)	70 (9)
1742	3,3	1(1)	4,2	7,0	4	7	14	3	5	3,0	3,3	2 (1)	61(10)
1743	0,4	4,4	3,0	1,0	4	7	6	8	4	0,1	1 (3)	42(12)	
1744	1,7	2,4	1(1)	3,0	8	4	15	12	3	7,1	2,0	3 (2)	61(15)
1745	0,3	0,3	0,1	7,2	6	6	12	8	8	1,0	6,0	5 (3)	71(14)
1746	0,0	2,3	2,2	3,0	3	8	11	18	7	3,0	5,4	6 (1)	68,10
1747	0,2	2,0	3,3	6(0)	4	2	19	8	7	2,0	1,1	2 (0)	52 (6)
1748	0(1)	3(2)	5(2)	4(1)	10	5	23	4	7	3,0	2,0	1 (4)	68(10)
1749	1,4	0,3	4,0	5,0	7	7	16	7	4	1,0	4(1)	1 (0)	57 (8)
1750	1,4	5(1)	2,0	7(1)	6	6	20	9	9	9,0	7,5	4 (4)	85(15)
1751	2,3	0(3)	5(1)	7(2)	5	8	15	9	5	1,0	2(2)	1 (5)	60(16)
1752	0,3	1(2)	2,0	7,0	8	13	14	8	3	3,0	2,0	1 (3)	60 (8)
1753	0(6)	1(3)	4,4	4,0	4	5	14	13	5	3,0	5,2	4 (1)	62(16)
1754	0(5)	2(4)	1(1)	3,0	6	10	12	7	6	3,0	5,0	6 (3)	61(13)
1755	0,2	0(1)	4(2)	7,0	9	10	13	8	8	4,0	3,1	1 (2)	70 (8)
1756	1(6)	3(1)	3(1)	5(0)	2	11	12	12	11	4,1	0 (3)	68(12)	
1757	0(4)	0(3)	2(3)	5(0)	2	2	11	10	9	3(1)	4,0	4 (1)	52(12)
1758	0(1)	1(1)	1(1)	5(2)	9,0	6	6	15	12	9	0(1)	4,0	3 (2)	70 (7)
1759	0(1)	0(5)	3(6)	5(0)	7	5	17	7	7	4(0)	4(0)	0 (1)	59(11)
1760	3(5)	2(3)	2(1)	5(0)	5	5	13	12	6	7(0)	7(2)	2 (2)	69(13)

( )内ハ雪日數ナリ

年	一月	二月	三月	四月	五月	六月	七月	八月	九月	十月	十一月	十二月	合計
1761	2,2	2,8	5,0	5,0	5	8	8	12	10	5,0	8,0	4,3	74,13
1762	0,2	0,4	1,7	5,0	7	12	8	9	7	8,0	6,2	2,1	65,16
1763	0,2	0,2	6,0	4,1	7	4	15	10	7	6,0	7,1	0,3	66,9
1764	1,5	1,5	3,1	7,0	4	4	9	7	12	3,0	1,1	3,1	55,13
1765	0,2	2,1	6,1	4,0	10	7	14	5	6	5,0	6,0	3,3	68,7
1766	0,2	1,6	1,2	7,1	7	7	11	8	6	2,0	2,0	3,2	54,13
1767	0,7	0,2	1,0	1,0	8	2	10	7	6	4,1	3,0	3,1	45,11
1768	0,2	0,5	1,6	6,0	2	6	9	7	13	4,0	4,3	6,2	58,18
1769	0,3	2,2	3,1	4,0	5	10	15	13	8	3,0	6,1	7,0	76,7
1770	0,3	3,4	4,0	6,0	5	11	19	9	10	8,0	8,1	2,2	85,10
1771	1,2	1,3	11,2	5,2	11	9	9	5	8	4,0	7,1	1,3	72,13
1772													
1773	0,4	2,1	6,0	10,0	2	9	10	7	9	7,1	3,1	1,2	66,9
1774	1,3	1,3	4,3	7,0	3	5	13	11	8	6,0	3,2	1,4	63,15
1775	1,1	0,3	1,5	8,1	4	13	13	0	3	6,0	3,0	1,3	56,11
1776	1,5	1,2	5,4	6,0	10	5	18	10	7	3,0	2,5	6,4	74,20
1777	0,2	2,2	4,1	3,0	4	4	9	13	11	1,0	7,1	0,1	58,7
1778	0,2	2,2	0,2	3,0	3	8	18	10	10	5,2	4,0	1,2	64,10
1779	0,1	2,0	5,0	5,0	7	8	7	11	5	6,0	5,2	1,1	62,4
1780	2,2	1,1	3,0	12,0	10	10	19	11	8	5,0	6,1	0,0	87,4
1781	0,1	4,3	9,0	4,0	13	7	19	12	9	1,0	6,0	2,0	86,4
1782	1,5	2,1	7,0	2,0	6	2	14	10	12	5,0	7,2	4,3	72,11
1783	2,3	0,2	3,0	7,0	6	6	6	21	5	8,1	8,5	4,7	76,18
1784	0,2	5,1	3,1	4,0	5	7	16	10	12	3,0	5,1	2,3	72,8
1785	0,2	0,1	3,1	7,0	3	11	13	6	7	2,0	3,0	2,5	57,9
1786	0,2	0,1	2,0	4,0	4	5	18	9	5	1,2	3,0	1,2	53,6
1787	0,3	1,0	5,1	5,0	7	12	21	17	11	5,0	6,2	3,6	93,12
1788	2,1	2,3	4,4	7,1	13	14	18	12	10	5,2	7,4	1,9	95,24
1789	0,3	0,6	7,4	11,2	5	10	21	16	7	5,0	3,2	1,0	86,17
1790	1,0	0,0	6,0	6,0	7	5	11	13	7	6,0	4,1	1,0	67,1
1791	2,0	0,0	2,0	5,0	8	7	19	14	10	6,0	5,0	2,0	80,0
1792	0,0	3,5	7,0	7,0	9	11	22	8	8	6,0	3,1	2,6	86,12
1793	0,2	0,2	5,1	10,0	12	10	14	5	9	5,0	3,0	2,0	75,5
1794	3,0	1,2	3,0	6,0	10	11	11	6	6	5,0	8,1	5,3	75,6
1795	1,2	0,0	2,1	4,0	10	6	14	11	1	3,0	6,3	0,1	58,7
1796	0,0	2,0	8,0	8,0	7	10	10	12	9	9,1	0,14	1,3	87,15
1797	1,1	0,1	4,0	8,0	0	11	13	11	8	2,0	7,5	2,6	67,13
1798	0,8	1,4	3,0	6,0	3	3	19	6	10	4,0	7,0	7,0	69,12
1799	1,0	1,2	5,4	10,3	10	8	11	14	4	7,0	10,0	6,0	87,9
1800	2,7	0,0	1,0	6,0	6	6	16	16	8	4	3,0	2,0	70,7
1801	0,0	3,0	1,0	2,0	4	7	9	7	4	7	7,2	2,0	53,2
1802	1,0	0,0	3,0	6,0	10	9	9	10	5	7	8,0	1,0	69,0
1803	1,3	2,5	10,7	8,0	6	5	13	4	5	7	6,0	5,2	72,17
1804	1,4	6,7	1,5	12,0	3	7	24	14	6	7	6,2	8,3	95,21
1805	1,4	2,6	11,2	6,0	8	5	9	14	6	9	8,0	2,2	81,14
1806	2,3	2,2	5,0	7,0	9	11	10	7	6	6	8,0	1,0	74,5

( )内ハ雪月數ナリ

年	一月	二月	三月	四月	五月	六月	七月	八月	九月	十月	十一月	十二月	合計
紀元 1807	0,0	0,1	2,0	2,0	7	8	11	11	3	5	5,3	1 (2)	55 (6)
1808	0,0	0,1	5,2	5,0	5	9	12	7	7	8	5,0	2 (0)	65 (3)
1809	1,2	0,0	7,0	6,0	8	3	12	9	9	2	3,1	0 (0)	60 (3)
1810	0,0	3,3	0,0	4,0	12	5	15	15	8	4	5,2	2 (1)	73 (6)
1811	0,1	0,0	5,1	4,0	2	4	16	15	5	4	5,0	4 (1)	64 (3)
1812	1,1	3,2	6,0	7,0	3	10	9	5	6	6	5,1	1 (0)	62 (4)
1813	0,0	0,1	7,0	2,0	6	6	17	13	8	10	5,0	3 (0)	77 (1)
1814	1,0	1,0	5,1	1,0	7	5	12	13	5	5	3,2	3 (0)	61 (3)
1815	0,0	0,0	4,0	6,0	3	5	13	6	5	10	1,2	0 (0)	53 (2)
1816	0,0	2,4	4,4	8,0	9	8	17	13	9	3	5,0	0 (0)	78 (8)
1817	0,0	0,0	4,0	8,0	6	8	17	16	6	4	5,0	2 (0)	76 (0)
1818	0,0	2,0	1,0	3,0	9	3	13	12	8	6	3,0	3 (0)	63 (0)
1819	0,1	0,5	7,2	4,0	4	10	18	8	12	2	5,0	5 (0)	75 (8)
1820	0,0	5,1	1,0	7,0	6	10	18	8	14	9	6,1	1 (3)	85 (5)
1821	0,6	6,1	4,1	7,0	12	6	29	13	9	6	3,1	1 (1)	96 (10)
1822	0,0	0,0	4,0	6,0	4	9	6	11	10	4	7,0	3 (6)	64 (6)
1823	1,4	4,2	4,0	3,0	6	8	9	9	9	2	4,1	1 (0)	60 (7)
1824	0,2	2,0	6,0	4,0	6	9	14	12	7	10	6,2	6 (1)	82 (5)
1825	0,1	0,0	0,0	4,0	6	2	10	14	4	3	5,0	2 (0)	50 (1)
1826	0,0	5,1	3,6	8,2	7	13	18	12	6	1	3,1	0 (0)	76,10
1827	0,3	0,2	5,0	7,0	9	11	8	13	14	4	5,1	3 (0)	79 (6)
1828	4,0	0,2	5,0	3,0	4	7	11	16	10	1	7,0	5 (0)	73 (2)
1829	2,0	0,0	3,0	7,0	7	3	13	3	8	8	2,1	1 (0)	57 (1)
1830	0,0	0,2	2,1	9,0	4	6	10	12	5	10	4,0	2 (1)	64 (4)
1831	0,0	1,0	3,2	4,0	6	7	11	9	6	6	3,1	0 (1)	56 (4)
1832	2,1	1,8	0,2	7,0	4	6	21	10	13	3	3,1	2 (0)	72 (12)
1833	0,2	0,1	2,2	4,0	5	6	9	16	3	2	3,0	2 (1)	52 (6)
1834	0,1	0,3	6,1	3,0	12	10	14	10	21	7	6,0	5 (4)	94 (9)
1835	0,4	0,1	3,1	6,0	6	10	15	23	4	7	4,1	5 (5)	83 (2)
1836	1,5	0,2	5,0	5,0	6	8	16	6	2	4	2,1	0 (1)	54 (9)
1837	0,1	1,8	8,0	6,0	5	10	18	8	3	5	6,0	1 (1)	71 (10)
1838	2,6	1,6	8,1	4,0	6	6	15	15	10	9	9,1	4 (2)	89 (16)
1839	1,4	1,2	4,0	7,0	9	12	15	17	4	2	5,0	3 (1)	80 (7)
1840	0,1	1,6	4,3	9,0	9	10	20	9	11	7	9,1	4 (0)	93 (11)
1841	0,5	0,5	5(2)	9,0	6	12	23	15	7	8	2,0	0 (0)	87 (12)
1842	1,0	3,0	2,0	6,1	3	6	15	14	11	5	7,0	9 (1)	82 (2)
1843	1,5	3,4	3,4	3,0	9	8	14	17	8	5	8,0	2 (0)	81 (13)
1844	0,0	1,2	9,0	10,0	8	11	26	17	3	8	8,1	6 (6)	107 (9)
1845	2,2	0,2	6,3	8,0	4	4	12	9	6	4	2,0	2 (3)	59,10
1846	0,3	1,2	2,0	8,0	8	9	18	18	11	2	3,0	2 (0)	82 (5)
1847	1,1	1,0	8,1	6,0	14	9	11	14	11	0	1,0	2 (3)	78 (5)
1848	0,4	2,0	2,0	4,0	3	8	14	6	7	7	7,2	4 (6)	66 (12)
1849	2,9	4,2	3,1	7,0	9	6	10	14	9	6	2,0	2 (0)	76 (12)
1850	1,1	0,0	1,0	6,0	6	13	18	12	7	5	6,1	2 (1)	77 (3)

( )内ハ雪日數ナリ

年	一月	二月	三月	四月	五月	六月	七月	八月	九月	十月	十一月	十二月	合計
西紀													
1851	0.2	0 0	7 0	7 0	6	4	15	10	10	3	2 1	0 0	73 3
1852	2 0	0 0	2 2	6 0	9	13	20	5	5	1	9 0	0 0	72 3
1853	2 0	0 0	5 0	8 0	9	4	9	10	6	4	8 0	2 6	67 6
1854	3.4	0 0	1 0	3 0	6	8	10	12	7	5	3 0	1 0	65 4
1855	2 0	1 0	2 0	6 0	11	12	6	7	7	4	4 0	1 0	63 0
1856	1 0	1 0	3 0	8 0	6	5	6	14	11	4	8 3	3 3	70 4
1857	1 7	1 0	6 0	6 0	11	11	12	6	8	7	0 0	3 0	72 7
1858	1.2	0 0	3 0	7 0	5	6	10	9	10	6	9 3	5 7	71 12
1859	1 13	0 0	1 0	9 0	5	14	18	9	3	2	4 1	1 1	67 15
1860	0 0	0 0	4 1	6	7	5	19	22	3	9	3 1	2 0	80 2
1861	0 0	3 0	0 0	7	4	9	10	6	7	3	6 0	5 0	60 0
1862	0 0	2 0	1 0	7	11	3	18	13	9	2	1 0	2 0	69 0
1863	0 0	2 0	6 0	2	4	10	19	13	3	2	4 0	4 0	69 0
1864	0 0	2 1	2 1	5	5	6	12	12	6	8	5 0	5 0	68 2
1865	3 0	2 0	2 0	11	8	2	8	23	11	4	5 0	1 0	80 0
1866	2 0	1 1	2 0	5	3	8	12	9	2	2	2 0	0 0	48 1
1867	0 0	3 0	0 0	4	3	4	12	9	5	7	8 0	3 0	60.0
1868	3 0	3 0	3 0	4	6	11	18	12	3	5	4 0	4 0	76 0
1869	0 0	2 0	2 0	9	8	10	15	9	6	2	3 0	1 0	67 0
1870	3 0	1 4	0 1	7	2	9	4	7	6	9	2 0	3 0	48 5
1871	0 0	0 1	1 0	4	7	8	10	17	8	3	7 0	2 0	67 1
1872	1 0	0 0	7.0	9	4	4	12	7	3	6	8 0	6 0	67 0
1873	0 3	0 1	2 0	9	4	10	12	8	10	6	7 1	6 2	74 7
1874	0.4	0 1	2 0	3	12	11	13	16	8	4	4 0	4 0	77 5
1875	0 0	0 0	4 0	8	10	10	14	13	3	1	4 1	1 0	68 1
1876	0 0	0 0	2 0	1	4	6	4	11	6	0	3 0	2 0	39 0
1877	1 0	2 0	3 0	8	7	8	20	11	6	6	6 1	0 0	78 1
1878	0 0	0 0	3 0	10	9	6	13	3	7	8	2 0	3 0	64 0
1879	1 0	0 0	4 0	5	10	10	25	10	4	6	3 0	7 0	91 0
1880	0 0	0 0	5 0	8	5	8	9	11	9	4	7 0	0 0	66 0
1881	0 0	2 0	0 0	9	8	4	13	14	8	4	4 0	1 0	67 0
1882	3 0	0 0	2 0	7	2	4	7	10	1	5	4 1	2 0	47 1
1883	0 0	4 0	2 0	3	7	7	10	6	6	8	5 0	0 0	58 0
1884	1.1	0 0	1 0	8	8	8	11	8	10	2	3 1	0 0	60 2
1885	0 0	0 0	0 0	5	5	2	18	14	8	1	2 1	2 0	57 1
1886	0 0	0 0	0 0	6	5	11	12	9	7	6	3 1	2 0	61 1
1887	0 0	0 0	1 0	3	2	2	7	13	4	1	4 0	2 0	39 0
1888	0 0	0 0	1 0	4	3	6	7	6	5	5	2 1	2 0	41 1
1889	1.2	0 0	1.2	3	2	9	21	5	5	5	2 0	0 0	54 4
1890	0 0	4 0	4 0	8 0	3	8	7	12	3	5.0	4 0	3.2	61 2
1891	1 0	2 0	3 0	1 0	3	8	9	10	7	3 0	2 0	5 0	54 0
1892	0 0	0 0	1 0	4 0	2	3	7	12	5	2 0	5 0	0 0	41 0
1893	0 0	0 0	0 0	3 0	8	8	9	11	6 0	4 1	2 0		60 1
1894													

( )内ハ雪日數ナリ

最近百四十年間ノ京城雨量

年 西紀	一月	二月	三月	四月	五月	六月	七月	八月	九月	十月	十一月	十二月	合計
1895	0(0)	0(0)	4(0)	4(0)	8	5	6	11	7	2(0)	1(0)	0(0)	48 (0)
1896	2(0)	2(0)	1(0)	6(0)	3	12	13	9	7	5(0)	3(0)	1(0)	64 (0)
1897	1(0)	0(0)	3(0)	4(0)	5	4	16	15	1	3(0)	10(0)	0(1)	63 (1)
1898	0(1)	1(0)	1(0)	5(0)	2	7	13	12	4	0(0)	0(0)	0(0)	45 (1)
1899	0(0)	3(0)	0(0)	3(0)	2	13	9	13	2	0(1)	0(0)	2(1)	47 (2)
1900	0(2)	0(0)	3(0)	5(0)	6	1	10	5	4	2(0)	0(0)	0(0)	36 (2)
1901	4(0)	0(1)	1(1)	4(0)	4	4	7	2	4(0)	3(1)	0 (0)		37 (3)
1902	0(0)	0(0)	5(0)	3(0)	8	7	8	8	6	1(0)	3(0)	1 (0)	50 (0)
1903	0(0)	2(0)	0(0)	4(0)	9	0	8	13	6	3(0)	0(0)	2 (0)	47 (0)
1904	0(0)	1(0)	2(1)	4(0)	9	3	12	5	1	2(0)	2(0)	2 (0)	43 (1)
1905	0(0)	0(2)	3(0)	6(1)	9	7	16	7	9	5(0)	0(0)	3 (1)	66 (4)
1906	2(3)	2(1)	1(2)	4(0)	5	3	4	9	6	4(0)	1(0)	1 (3)	42 (9)
1907	2(1)	0(1)	2(0)	5(0)	7	5	7	7	2	7(0)	3(0)	0 (1)	48 (3)
1908	12(10)	3(1)	6(4)	4(0)	14	10	15	11	8	3	8(4)	7 (6)	101(25)
1909	4(8)	8(7)	6(5)	7(0)	9	11	20	17	12	7	8(1)	12(10)	121(31)
1910	9(11)	4(5)	6(4)	7(0)	5	12	19	13	9	3	10(1)	8(10)	105(32)
1911	10(14)	9(9)	13(3)	9(1)	6	11	23	15	14	8	12(2)	6 (7)	136(36)
1912	5(8)	8(7)	6(2)	9(0)	10	12	15	13	5	7	5(1)	8 (9)	103(27)

( )内ハ雪日數ナリ

부록3. 이덕무의 〈측우기명병서〉

측우기(測雨器)는 실로 세종 24년(1442)에 만들어진 것이다. 구리를 녹여 모형을 떠 만든 것으로 길이는 1척(尺) 5촌(寸)이고, 둘레의 직경은 7촌이다. 그것을 서운관(書雲觀)에 두고 매양 비가 내린 뒤에는 주척(周尺)으로 수심(水深)을 쟀다. 그 제도를 각도 열읍(各道列邑)에 반포하였으나 중간에 그 법이 폐지되었다. 선대왕(영조) 46년(1770)에 다시 그 제도를 『세종실록(世宗實錄)』에서 얻어내 주조하여 창덕궁(昌德宮)과 경희궁(慶熙宮) 및 팔도(八道), 양도(兩都)에 설치하게 하였으니, 처음 창조되고 다시 회복된 것에서 때에 따라 순응하는 두 조정의 정치를 엿볼 수 있다.

금상(정조) 6년(1782) 여름에 큰 가뭄이 들어 제읍(諸邑)이 재변을 아뢰어 왔는데 경기도[畿甸]가 더욱 극심하였다. 그러므로 기우제(祈雨祭)를 자주 올렸으나 영험의 감응이 두루 미치지 못하였다. 이에 우리 성상께서 자신을 책망하고 바른말을 구하며 몸소 기우제단에서 기도하였다. 산개(繖蓋)를 물리치고 곤면(袞冕)으로 납시어 저녁내 한데 앉아 기도하다가 아침에 환궁하면서 종가(鍾街)에 이르러 사형수(死刑囚) 이하 경범들을 모두 석방하였다. 이날 도성 사녀(士女)들 중에 간혹 감격하여 눈물을 흘리면서 하는 말이,

"성상께서 백성을 위해 걱정해 주심이 이와 같은데 하늘이 어찌 비를 내리지 않겠는가. 비록 비가 내리지 않더라도 백성들의

즐거워하는 것이 비와 같다."

하더니, 포시(晡時: 申時, 오후 4시경)도 못되어 단비가 밤까지 퍼부어 1척 2푼이나 되었다. 이것이 어찌 성상의 지성에 감동된 것이 아니겠는가. 그러나 우리 성상께서는 자신의 정성임을 자처하지 않고 오히려 미흡한 것을 걱정하며 각신(閣臣)에게 명하여 측우기를 이문원(摛文院) 뜰에 두고 다시 비가 얼마나 왔나 보게 하였다. 비가 흡족하게 내리자 각신 등이 모두 춤추며 말하기를,

"신등은 가까이 모시는 신하[近侍]다. 비가 내리지 않을 적에는 반드시 먼저 우리 성상께서 백성의 걱정을 주는 것을 알아 감히 그 걱정을 같이하지 않을 수 없었고, 이미 비가 내려서는 또한 반드시 먼저 우리 성상께서 백성의 기쁨을 기뻐해 주는 것을 알아 감히 그 기쁨을 같이하지 않을 수 없었으니, 이 측우기는 신등의 기쁨과 걱정이 매인 것이라, 그 어찌 감히 조심스럽게 지키며 기후를 삼가지 않겠는가." 하였다.

검서관(檢書官) 신(臣) 덕무(德懋)는 다음과 같이 새긴다. 임금이 계절[歲]을 살피고자 측우기(測雨器)를 반포하였으니, 그 모양은 설호(挈壺: 병의 일종)와 비슷하여 화살을 새겼도다. 부슬비, 장마비, 소나기, 단비가 모두 누적으로 알게 되었으니, 삼가 넘치고 부족함을 보아 농사를 징험하도다. 이덕무 정조 6년, 1782년.

〈測雨器銘竝書〉

測雨之器, 實創於世宗朝二十四年. 範銅爲之, 長一尺五寸, 圓徑七寸, 置之書雲觀, 每雨周尺量水深. 頒其制, 於各道列邑, 其法中廢. 先大王四十六年, 得其制於世宗實錄, 鑄置昌德慶熙二宮及八道兩都. 其創其復, 有可以見, 兩朝對時欽若之政也. 今上六年, 夏大旱, 諸邑告災, 畿甸尤甚. 珪璧荐擧, 靈應未普. 於是, 我聖上責射求言. 親禱雩壇屏繖盖御, 衮冕終夕露坐, 旣將事. 因以坐待朝歸, 御鍾街, 放死囚以下情輕者. 是日, 都人士女或有感激, 泣下者曰, 聖上之爲民憂勤如此, 天豈不雨. 雖不雨, 民悅之猶雨也. 日未哺, 甘霈果大澍, 及夜, 準一尺二分. 是豈非我聖上至誠之所感者哉. 然我聖上不自有, 猶憂其未洽. 命閣臣, 置測雨器, 于摛文院庭中, 更占其得雨多少. 雨旣洽, 閣臣等莫不蹈舞, 而言曰, 臣等近侍臣也. 其未雨也, 必先知, 我聖上憂民之憂, 不敢不同其憂. 旣雨也. 又必先知, 我聖上喜民之喜, 而不敢不同其喜. 是器也, 臣等之喜憂係焉. 其敢不敬守, 而謹候也哉. 撿書官臣德懋, 遂爲之銘曰, 王惟省歲頒測雨器. 仿彼挈壺, 刻箭植. 寒霪涷澍, 積累識. 謹氓嬴減驗稼事. (李德懋, 『靑莊館全書』「雅亭遺稿」第五卷.)

부록4. 관상감의 천문 기상 보고 항목 및 보고 내용

〈갑종〉

1) 백홍관일(白虹貫日): 먼저 햇무리가 생기고 바깥에 무지개 기운이 있어 해를 관통하는 경우. ○보고하기를[啓曰], 모일 모시에 햇무리의 흰 무지개가 해를 관통했는가. 관배(冠背)·포경(抱瓊)·극리(戟履)·중훈(重暈)·교훈(交暈) 등의 변화는 무슨 변[某變]이라고 쓰고, 이와 함께 도형을 그리도록 할 것.

2) 백홍관월(白虹貫月): 달무리가 나타나면 여러 변화가 해를 관통할 때와 같다. ○밤 모경(某更)에 흰 달무리가 달을 관통했는가.

3) 지동지진(地動地震): 급속한 것이 지동이고 완만한 것이 지진이다. ○모일 모시 또는 밤 모경에 지동·지진이 일어났는가. 지진이 어느 방향에서 일어나 어느 방향에서 끝났는가.

4) 객성(客星): 형체가 항성(恒星)과 다른 것이다. ○밤 모경에 객성이 어느 성좌의 위치[宿度] 안에 나타났는가.

5) 혜성(彗星): 한 쪽을 치우쳐 가리키는 것[偏指]을 혜(彗)라 한다. 무릇 혜성의 빛살 끝은 해에서 전해진 것이어서 저녁에 보이는 것은 반드시 동쪽으로 향하고, 새벽에 보이는 것은 반드시 서쪽을 향한다. ○밤 모경에 객성이 어느 별자리 안에 나타났다고 하듯이, 혜성이 만일 어느 별자리에서 움직여 나타나고 꼬리가 있고 혜성이 어느 별자리 안에서 움직여 보였는지 색깔은 어떤 것인지, 꼬리의 길이가 몇 자인지, 그리고 어느 별보다 큰지를

말하라.
6) 패성(孛星): 광망이 사방으로 뻗치는 것이 패이다. ○밤 모경에 패성이 어느 별자리에서 보였는가.
7) 치우기(蚩尤旗): 혜성과 유사하며, 꼬리가 깃발 모양처럼 굽어 있다. ○혜성과 동일하게 보고하라.
8) 영두성(營頭星): 낮에 떨어지는 운석이다. ○보고하는 법은 유성에서 상세히 있다.

〈을종〉

1) 일월식(日月食): 먼저 일·월식이 나타나기 5개월 전에 술자(述者)는 조짐을 예부(禮部)에 보고하라. ○모시에 일식이 있고 모경에 월식이 있었는지와 아울러 도형에 나타내고, 그림의 사방에 동서남북을 쓰되 남(南)자 아래에 일식의 도형인지 월식의 도형인지를 기입하라. 그림의 사방에는 동서남북이라 쓰고, '남'자 아래에 무슨 식 도형이라고 쓴다.

2) 일월색적(日月色赤): 해와 달이 뜨고 질 때 색깔이 붉은 경우. ○일출 때 해의 색깔이 붉었습니다. 월출 때 달의 색깔이 붉었습니다, 한다. 해와 달이 질 때도 역시 같다.

3) 일월훈(日月暈): 무지개와 같은 기(氣)가 해와 달을 둘러싸고 안쪽이 붉고 바깥쪽이 푸를 때. ○모일 햇무리가 나타나고 모경에 달무리가 나타났는가. 만약 오성(五星)이 무리 안으로 들어오면 곧 햇무리와 달무리는 그 별을 도는데, 무리 밖에 또 무리가 있는 것을 중훈(重暈)이라 하고, 두 무리가 서로 뒤섞이면

교훈(交暈)이라 한다. 혹은 3중, 4중일 때도 있는데, 또한 보이는 대로 보고하라.

4) 이(珥): 해와 달 옆에 있는 기(氣)가 뭉쳐서 고리처럼 되는 것이다. ○고리가 해의 동쪽에 있으면 모일, 모시에 좌이(左珥)가 있었다고 하고, 해의 서쪽에 있으면 모일, 모시에 해에 우이(右珥)가 있었다고 한다. 그리고 양쪽에 있으면 모일, 모시에 해에 양이(兩珥)가 있었다고 한다. 달의 경우도 역시 같다. 만약 일월훈(日月暈) 때 고리가 나타나면 언제 햇무리[日暈]와 어떤 귀고리, 모시에 달무리[月暈]와 어떤 귀고리 등으로 보고하라.

5) 관(冠): 해와 달의 위에 기가 일(一) 자와 같되, 양쪽 끝이 아래로 구부러진 것이다. ○모시에 해의 위에 관이 있었는지, 모시에 달의 위에 관이 있었는지. 그리고 만약 햇무리 때에 햇무리 위에 관이 있었는지를 보고하라. 달의 경우도 같다.

6) 배(背): 해와 달 위에 기가 일자와 같되 양쪽 끝이 위로 구부러진 것이다. ○모시에 해 위에 배가 있고, 모시에 달의 위에 배가 있었는가 보고하라.

7) 포(抱): 해와 달 옆에 반쪽 무리[半暈] 같은 기운이 있을 때. ○모시에 해 옆에 포가 있고 모경에 달 옆에 포가 있었는지를 말하라.

8) 경(璚) : 해와 달 옆의 기가 이(珥)처럼 구멍이 있을 때. ○모시에 해 옆에 경이 있었고, 모시에 달 옆에 경이 있었는지를 보고하라.

9) 극(戟): 해와 달 아래 세운 창 같은 기가 있을 때. ○모시에 해

아래에 극이 있고 모시 경에 달 아래에 극이 있었는지를 보고하라.

10) 이(履): 해와 달 아래 기가 일자형일 때. ○모일, 모시에 해 아래에 이가 있었고 모시 경에 달 아래에 이가 있었는지를 보고하라.

11) 일중흑자(日中黑子): 해 속의 기가 암흑일 때. ○모일, 모시에 해 속에 흑자가 있었는가.

12) 월오성범식입(月五星犯食入): 1치 이내의 광망이 서로 엉킨 것이 범(犯)이고, 별이 달 속으로 들어가서 보이는 것이 성입(星入)이고, 달이 들어가는 것 월입(月入)인데, 해와 달이 '별을 먹는다' 한다. ○모시 경에 달이 어느 별을 범한 경우 달이 별을 먹었으면, 모경에 달이 어느 별을 먹었는가, 별이 달에 들어가면 모 시 경에 어떤 별이 달에 들어갔는지를 보고하라. 만약 오성이 서로 범했다면 모시 경에 어떤 별이 서로 범했는지, 그리고 별이 어느 환성(桓星)에 들어갔다면 모시 경에 어떤 별이 어떤 환성에 들어갔는지를 보고하라.

13) 태백주견(太白晝見): 금성(金星)이 태양에서 40여도 떨어져 있으면 낮에 측정하기가 쉽다. 그리고 새벽에 보이면 사시(巳時: 아침 10시)에 미지(未地: 서남쪽)에 보이고, 저녁에 보이면 미시(未時: 오후 2시)에 사지(巳地: 동남쪽)에 보인다. ○모시에 태백성이 어떤 곳에 보였는가.

14) 유성비성(流星飛星): 위에서 하강하는 것이 유성이고, 아래에서 위로 오르는 것이 비성이다. ○모시 경에 유성 혹은 비성

이 어느 별 아래에서 나타났는가를 말하고, 만약 구름으로 흐렸으면 어느 쪽에서 나와서 엷은 구름 사이 어느 쪽 하늘로 들어갔는지를 말하라. 그 모양이 주먹[拳], 주발[鉢], 술병[缶] 혹은 옹기[甕]와 같은가, 꼬리의 길이가 몇 척인가. 색깔은 붉은가, 흰가, 청색인가, 황색인가. 빛이 비치면 빛이 비치는 곳[光照地]을 말하고, 소리가 나면 소리를 말하라.

15) 운기(雲氣): 천기는 청명한데 백운(白雲) 또는 흑운(黑雲)이 넓이 1척 가량, 길이가 가히 10여장이나 되며 혹 하늘까지 가로지른 것이다. ○모시 경에 백운이 한 길로 일어나서 어느 방향에서 어느 방향으로 직행했는가. 너비는 몇 척이고 길이는 몇 장인가. 혹 하늘을 덮었다가 한참 지나면 소멸한다. 만약 이동시간을 알면 모시에 없어 졌는지를 말하라. 검은 구름 역시 같다.

16) 화광(火光): 어둡고 깊은 밤에 기가 불과 같이 오르고 내리는 것을 말한다. ○모시에 어느 쪽의 기가 화광과 같았는가.

17) 무지개[虹]: 무지개가 섰다가 감추어져 보이지 않은 후에, 무지개가 보이기 시작하기 전, 무릇 절기가 시작되는 날[入節日]로부터 후(候: 5일이 1候)를 헤아린다.이하도 이에 의거한다. ○모시에 무지개가 어느 방향에 나타났는가. 쌍무지개라면 쌍무지개가 어느 방향에 나타났는가.

18) 천둥[雷動]: 우레가 있어 소리를 모으기 시작한 후 이윽고 우레가 소리를 내기 전을 헤아린다. ○모시 경에 뇌동이 있었는가. 약한 뇌동이면 미뢰(微雷)라고 하라.

19) 번개[電光]: 우레가 소리를 모으기 시작한 뒤, 번개가 치기 전. ○모시 경에 번개가 쳤는가.
20) 우박[雹]: 모시 모경에 우박이 내렸으며, 그 모양새는 녹두, 콩, 개암 또는 새알만한가.
21) 안개[霧]: 연기 같지만 연기 아닌 것이 안개[霧氣]이다. 지척을 분간할 수 없으면 두터운 안개[深霧]이다. ○모시 모경에 안개 혹은 짙은 안개가 있었는가. 그날 비가 오면 보고하지 않는다.
22) 서리[霜]: 엷은 것을 상기(霜氣)라 하고, 두터우면 하상(下霜)이라 한다. 서리는 상강(霜降) 전 입하(立夏) 후에 내린다. ○새벽 혹은 모경에 상기가 있었는가. 하상이 있었으면 하상이라고 말하라.
23) 설(雪) : 눈은 소설(小雪) 전과 입하(立夏) 후에 내린다. ○모시 모경에 싸락눈[霰雪]이 있었는가. 눈이 내렸으면 하설(下雪)이라고 하라.
24) 우(雨): 모시 모경에 비가 뿌렸는가. 비가 내리면 측우기의 수심은 몇 치 몇 푼이었는가.
25) 토우(土雨) : 모시 모경에 사방이 어두워지면서 흙먼지가 내렸는가.

부록5. 와다 유지가 정리한 수위 기록〔京城出水表〕

	간지	월 일	연월일	수표 개황
明宗	甲寅	六月乙亥	1554.07.15	호우로 한강 수표가 21척 2촌이다.
仁祖	丁卯	六月丙辰	1627.07.03	바람이 크게 불고 폭우가 강에 쏟아져 평시 물이 흐르던 곳에서 재어보니 布帛尺으로 12尺 5寸이 더 불어 넘치다.
	癸酉	七月己酉	1633.08.21	中部水標가 이달 18일부터 19일 낮까지 온 비로 7尺 5寸로 넘쳐흘렀고, 밤까지 쏟아지듯 오다.
		七月壬子	1633.08.26	中部水標가 21일 申時까지 비가 와 8尺으로 흐르다.
	丙子	五月甲子	1636.06.23	한강 물이 더 불어 40尺이 되어 흐르다. 戊辰 오늘 온 비로 수표에 9尺 5寸이 더 높아지다.
		六月己卯	1636.07.08	常流水보다 4尺 5寸이 더 늘다. 한강 상류수는 28尺 2寸으로 더 늘어 흐르고 中部水標가 상류수보다 5尺이 더해 흐르다.
		七月己巳	1636.08.28	밤에 비가 와서 4尺 5寸이 늘어 흐르다.
	辛巳	六月乙巳	1641.07.08	中部水標가 4尺으로 흐르다.
	壬午	六月丁卯	1642.07.25	南部水標가 3尺 5寸 불어 넘치다.
	癸未	四月壬子	1643.06.03	비가 와서 한강 물이 바닥에서 1尺 5寸 더 늘어 넘치다. 19일 한강 상류수는 바닥에서 3尺 5寸 더 늘어 넘치다.
		五月癸卯	1643.06.26	한강 상류수가 막혀 상류수보다 布帛尺으로 10여척 불어 넘치다.
		六月丙子	1643.07.29	水標直의 보고를 보니 5尺으로 흐르고 있다 한다.
孝宗	丙戌	六月丙戌	1646.07.13	中部水標에 未時까지 비가 와서 4尺으로 흐르다.
	丁酉	六月己卯	1657.07.18	南部水標에 지난 밤 비가 와서 3尺 2寸으로 흐르다.
肅宗	己未	六月癸酉	1679.07.17	한강물이 상류수보다 2尺 2寸 늘어 넘치다.
		六月辛卯	1679.08.04	中部水標에 오늘 비가 와서 3尺으로 흐르고, 한강 상류수 바닥에서 3尺 2寸 더 늘어 넘쳐흐르다.
	辛酉	五月戊辰	1681.07.01	中部水標에 오늘 비가 와서 2尺 3寸으로 흐르고, 甲戌에는 한강 물이 2尺 더 넘쳐흐르다.
		六月丁亥	1681.07.20	한강 수위가 5尺 5寸 더 불어 넘치다.
		七月壬子	1681.08.14	中部水標는 6尺 7寸으로 흐르다.
	壬戌	六月戊子	1682.07.16	南部水標 5尺 5寸, 癸卯에는 中部水標 5尺 8寸으로 흐르다.
		七月丁未	1682.08.04	中部水標 7尺으로 흐르다.
	癸亥	六月丁亥	1683.07.10	한강이 상류수보다 5尺 더해 불어 넘치고, 丙申에는 9尺 5寸 더 불어 넘치다.
		閏六月丙午	1683.07.29	中部水標가 5尺 8寸, 南部水標가 7尺으로 흐르다. 己酉 中部水標 5尺으로 흐르다. 도성에 호우가 연일 내려 청계천 물이 7尺이 되다. 경기도 각읍 전답에 복사가 쌓여 벼농사가 손상을 입다.
		七月甲戌	1683.08.26	南部水標 8尺으로 흐르다.
	甲子	五月戊子	1684.07.05	한강 상류수가 바닥보다 7尺이 불다.
		六月丁酉	1684.07.14	中部水標 4尺, 南部水標 8尺 5寸으로 흐르다. 己酉 南部 6尺 5寸으로 흐르다.
		七月丙戌	1684.09.01	南部水標 2尺 5寸, 南部水標 6尺으로 흐르다. 壬辰 中部水標 3尺 5寸, 남부 9尺으로 흐르다.
		八月乙未	1684.09.10	中部水標 2尺 5寸으로 흐르고, 南部水標 돌다리 위로 넘쳐 흐르다.
	乙丑	六月丙申	1685.07.08	中部水標 8尺으로 흐르다.
		七月甲申	1685.08.25	中部水標 3尺 5寸, 南部水標 5尺 5寸으로 흐르다. 丙戌 南部水標 6尺으로 흐르다.

	간지	월 일	연월일	수표 개황
肅宗	丙寅	五月戊申	1686.07.15	中部水標 8尺으로 흐르고, 辛亥 中部 8寸으로 흐르다.
		七月辛卯	1686.07.27	한강의 상류수가 바닥에서 5尺 5寸 더 불다.
		六月戊午	1686.08.20	한강물이 넘쳐 강변 인가가 잠기고, 南部水標 7尺으로 흐르고, 己巳 中部水標 8尺 5寸으로 흐르다. 癸酉 中部水標 6尺 5寸, 南部 4尺으로 흐르다. 丙子 中部水標 7尺으로 흐르다.
	丁卯	五月甲申	1687.06.16	中部水標 8尺 5寸으로 흐르고, 辛丑 中部 10尺, 남부 2尺으로 흐르다. 癸卯 中部水標 8尺, 남부 5尺으로 흐르고, 한강의 상류수 바닥보다 10尺 5촌 더 불어 흐르다. 己巳 中部水標 8尺으로 흐르다.
		七月己亥	1687.08.30	中部水標 8尺으로 흐르다.
	戊辰	六月丁未	1688.07.03	中部水標 7尺으로 흐르고, 己酉 中部水標 8尺 5寸, 南部水標 5촌. 庚寅 南部水標 6尺으로 흐르고 한강 상류수는 바닥에서 7尺 더 불다. 壬戌 中部水標 5尺으로 흐르다.
		七月丁丑	1688.08.02	中部水標 5尺 5寸, 南部水標 6尺으로 흐르고, 甲申 中部 6尺 5寸으로 흐르다.
	己巳	八月甲戌	1689.09.23	中部水標 5尺 5寸으로 흐르다.
	庚午	五月丙辰	1690.07.02	中部水標 9尺5寸으로 흐르다.
	庚午	六月辛巳	1690.07.27	南部水標 7尺으로 흐르다.
	辛未	六月癸亥	1691.07.04	한강은 8척이 더 불어 흐르고, 庚午 中部水標 7尺 5寸으로 흐르다.
	壬申	七月戊申	1692.08.12	中部水標 7尺 2寸, 甲寅 中部 7尺 8寸, 己未 南部 7尺 2寸
	乙亥	四月甲午	1695.05.15	南部 8尺 5寸
		五月乙酉	1695.07.04	한강 6尺 5寸
		六月丙申	1695.07.16	中部水標 8尺 5寸, 壬寅 中部 6尺 9寸, 己酉 중부 6尺 5寸, 乙卯 中部 6尺 5寸, 戊午 中部 8尺 9寸, 한강은 포백척으로 10尺 5寸이 더 불어서 넘치다.
	丙子	三月甲子	1696.04.09	비가 온 후 한강이 5尺 7寸 물이 늘어 넘치다.
		五月癸亥	1696.06.07	중부 5尺 3寸, 한강 5尺 3寸
		六月丁亥	1696.07.01	한강 7척 5촌, 庚寅 中部 7尺5寸, 壬寅 中部 7尺 8寸
	丁丑	三月丙子	1697.05.16	한강 5尺 5寸
		五月庚子	1697.07.09	한강이 포백척으로 6척이 더해 흘러넘치다.
		六月戊午	1697.07.27	中部 5尺 5촌, 한강 7尺 6寸 더 불어서 넘치고, 癸亥 中部 6尺 5寸, 丙寅 中部 7尺
	戊寅	五月丁丑	1698.06.11	中部 8尺, 한강 12尺 5寸이 더 불어 넘치고, 壬寅 中部 7척.
		六月甲寅	1698.07.18	中部水標 7尺, 강물이 불어 넘치고 강변의 인가가 침수되어 부득이 측량 못함. 丁巳 中部 5尺, 丙寅 中部 7尺
		七月庚寅	1698.08.23	中部 10尺, 한강 14尺 5寸
	己卯	六月辛亥	1699.07.10	中部 5尺, 한강 7尺 5寸
	庚辰	二月辛巳	1700.04.05	한강에 비가 와서 12尺 물이 더 불어서 흘러넘치다.
		五月乙巳	1700.06.29	中部 6尺 5寸, 丙午 中部 7尺 5寸, 戊申 한강 10尺 7寸
		七月癸卯	1700.08.26	中部 6尺 5寸
	辛巳	五月甲寅	1701.07.03	한강 7尺
		六月己未	1701.07.08	中部 6尺, 庚申 中部 10尺 5寸, 한강 10尺. 癸亥 中部 10尺, 乙丑 中部 6尺, 丁卯 中部 10尺, 辛巳 중부 10尺 5寸, 甲申 10尺 5寸
		七月戊申	1701.08.26	中部 7尺
		八月丁巳	1701.09.04	中部 6尺 5寸, 庚申 中部 6尺

간지		월 일	연월일	수표 개황
肅宗	壬午	六月辛未	1702.07.14	中部 8尺, 丁丑 中部 8尺 5촌. 한강 인가가 물에 잠겨 부득이 측량 못함.
		閏六月甲申	1702.07.28	中部 9尺, 甲午 中部 10尺, 丙午 9尺 5寸
		七月甲寅	1702.08.27	中部 10尺. 한강이 흙탕물이 흘러넘쳐 물가의 집이 잠겨 부득이 측량 못함.
		九月丙辰	1702.10.28	中部 7尺 5寸
	癸未	六月乙亥	1703.07.14	中部 9尺. 흙탕물이 불어 나루 인가 문 앞까지 잠기고, 포백척으로 10尺 5寸. 乙酉 한강 13尺 정도, 癸巳 中部 7尺 5寸
	甲申	六月辛巳	1704.07.15	중부 7尺, 한강 5尺 5寸, 癸未 한강 17尺
		七月戊申	1704.08.10	中部 6尺, 한강 9尺 8寸
	乙酉	五月甲子	1705.06.22	中部 6尺 5寸
		六月丁酉	1705.07.25	中部 7尺, 한강 6尺 4寸
		七月丙寅	1705.08.23	中部 5尺, 한강 7尺 3寸
	丙戌	五月壬午	1706.07.05	中部 6尺 5寸, 한강 12尺 5寸
	丁亥	六月甲申	1707.07.02	한강 5尺 2寸, 丁亥 中部 5尺, 乙丑 中部 6尺. 흙탕물이 크게 범람해서 물가 인가가 모두 잠기고, 포백척으로 26尺 2寸. 丙申] 강물이 크게 불어 수면 민가가 떠내려가고 물이 28尺 더 불어 넘침.
	己丑	五月乙酉	1709.07.04	中部 5尺 5寸, 강물이 크게 불어 7尺 8寸
		六月乙卯	1709.07.22	경기도에 연 3일 주야로 비가 퍼부어져 인가가 떠내려가고 잠긴 것이 18호. 中部水標 10尺.
		七月戊子	1709.08.25	中部 6尺
		八月丁未	1709.09.12	흙탕물이 불어 7尺 8寸
	庚寅	五月壬辰	1710.06.24	흙탕물이 불어 6尺 5寸
		閏七月甲辰	1710.09.04	한강 13尺 6寸, 丁未 中部 6尺
	辛卯	五月乙亥	1711.06.26	中部 5尺 5寸, 丙戌 한강 5尺 6寸
		七月庚戌	1711.09.05	한강물이 불어 16尺 5寸
	壬辰	六月辛酉	1712.07.12	한강 15尺. 己巳 中部 7尺, 한강 14尺 5寸
		八月甲寅	1712.09.03	中部 6尺
	癸巳	閏五月甲戌	1713.07.20	흙탕물 불어 11尺 3寸
	甲午	六月己亥	1714.08.09	흙탕물 불어 9尺 7寸
		七月丁酉	1714.09.06	흙탕물 불어 13尺 2寸
	乙未	五月己未	1715.06.25	흙탕물 불어 16尺 5寸
		六月癸酉	1715.07.09	흙탕물 불어 25尺
	丙申	五月丙子	1716.07.06	中部 7尺, 庚辰 中部 7尺, 흙탕물 불어 7尺, 癸未 흙탕물 크게 불어 포백척으로 25尺 8寸.
	丁酉	五月辛巳	1717.07.06	흙탕물 불어 11尺 1寸
		六月戊子	1717.07.13	흙탕물 불어 25尺 8寸
	戊戌	六月癸未	1718.07.03	中部水標 위로 물이 흐르다. 甲申 中部5尺, 丙戌 한강 10척 5촌.
		七月丙寅	1718.08.15	中部 5尺 5寸
	己亥	五月乙亥	1719.06.22	한강이 불어 넘쳐 5尺 2寸, 庚子 中部 12尺이 더 넘다.
		七月壬申	1719.08.16	장마비로 강물이 크게 불어 7尺 5寸, 癸酉 장마비가 강으로 쏟아져 수표가 35尺 아래로 떠내려가다.

	간지	월 일	연월일	수표 개황
景宗	辛丑	六月戊午	1721.07.22	中部 6尺, 한강 5尺 5寸
	壬寅	七月壬申	1722.07.08	한강 물이 불어 넘쳐 5尺 5寸
英祖	丙寅	七月辛丑	1746.08.23	장마비가 연일 와 평지 수심이 丈여가 되고 도로가 불통하고 집이 떠내려갔고, 성안의 사람과 가축이 많이 죽다.
	戊寅	八月甲子	1758.09.12	한강이 포백척으로 19尺 더 불어 흐르다.
	庚辰	六月戊戌	1760.08.06	한강이 포백척으로 12尺 더 불어 흐르다. 辛丑 水標 5尺 5寸
	壬午	六月乙卯	1762.08.12	한강이 포백척으로 9尺 더 불어 넘치다.
	癸未	六月丙申	1763.07.20	水標 7尺 3寸, 한강 포백척으로 20尺 더 붇다.
	甲申	六月辛卯	1764.07.09	水標 5尺 2寸
	乙酉	五月壬辰	1765.07.05	水標 5尺 3寸
	丁亥	六月丙午	1767.07.09	水標 10尺 위로 물이 흐르다.
	戊子	四月辛丑	1768.05.23	水標 5尺 5寸
	己丑	六月丁卯	1769.07.19	한강 물이 불어 넘친 것이 포백척으로 5尺
		七月丙戌	1769.08.07	한강이 포백척으로 7척 더 불어 흐르고, 乙未 水標 10寸 위로 물이 흐르다. 丙午 水標 5尺 2寸
	庚寅	七月壬寅	1770.08.18	한강이 포백척으로 5尺 물이 더 불어 흐르다.
	壬辰	六月戊戌	1772.07.04	한강이 포백척으로 5尺 정도 물이 더 불어 흐르고, 수표 3尺 9寸으로 흐르다.
	癸巳	七月辛巳	1773.09.10	한강이 물이 불어 4척이고, 이번 비 온 후 포백척으로 4尺이 더 불었다. 상류수 기준으로 8尺이 더 불은 것이다.
	甲午	六月壬寅	1774.07.28	한강이 포백척으로 13尺 더 불어 흐르다.
	丁酉	六月庚戌	1777.07.20	한강이 7척 더 불어 흐르다.
		七月甲戌	1777.08.13	한강이 10척 더 불어 흐르다.
		八月己亥	1777.09.07	한강이 5척 더 불어 흐르고, 癸卯 한강이 5척 더 불어 흐르다.
	戊戌	六月丁巳	1778.07.22	한강이 10척 더 불어 흐르다.

부록6. 중국 북경의 강수 통계

연도	강우 상황 여름	연간	연도	강우 상황 여름	연간	연도	강우 상황 여름	연간	연도	강우 상황 여름	연간
1724	469	571	1764	651	790	1804	403	621	1844	473	627
1725	714	874	1765	295	483	1805	362	577	1845	738	811
1726	348	559	1766	324	450	1806	671	885	1846	500	605
1727	695	819	1767	355	489	1807	426	533	1847	426	497
1728	263	374	1768	452	588	1808	453	929	1848	690	796
1729	375	516	1769	269	412	1809	614	848	1849	398	731
1730	443	555	1770	460	634	1810	554	739	1850	411	598
1731	276	451	1771	576	681	1811	565	654	1851	398	570
1732	329	425	1772	365	499	1812	264	437	1852	461	607
1733	475	592	1773	457	644	1813	254	399	1853	611	987
1734	446	566	1774	352	458	1814	445	576	1854	183	334
1735	306	476	1775	602	766	1815	552	672	1855	496	610
1736	239	380	1776	388	514	1816	595	778	1856	549	687
1737	528	617	1777	381	510	1817	177	319	1857	320	466
1738	391	497	1778	552	663	1818	450	634	1858	346	457
1739	463	569	1779	527	696	1819	564	715	1859	305	408
1740	436	560	1780	767	926	1820	365	572	1860	218	462
1741	299	469	1781	643	831	1821	293	469	1861	390	546
1742	314	456	1782	429	563	1822	530	699	1862	390	522
1743	329	452	1783	424	569	1823	723	823	1863	445	544
1744	349	432	1784	592	715	1824	346	452	1864	280	438
1745	198	290	1785	717	825	1825	550	717	1865	293	466
1746	305	445	1786	608	747	1826	332	454	1866	225	362
1747	267	368	1787	277	450	1827	289	439	1867	412	560
1748	226	347	1788	458	671	1828	441	633	1868	473	661
1749	240	336	1789	835	1115	1829	297	475	1869	142	242
1750	427	528	1790	540	647	1830	277	441	1870	483	525
1751	411	554	1791	448	608	1831	436	581	1111	745	1064
1752	229	362	1792	353	503	1832	293	397	1872	502	691
1753	178	347	1793	495	694	1833	376	502	1873	746	872
1754	381	497	1794	732	930	1834	578	776	1874	472	670
1755	216	327	1795	309	473	1835	421	509	1875	317	432
1756	262	385	1796	471	714	1836	315	415	1876	568	623
1757	205	360	1797	447	628	1837	306	548	1877	319	491
1758	303	385	1798	514	750	1838	316	380	1878	605	814
1759	392	462	1799	362	576	1839	444	526	1879	605	761
1760	265	415	1800	724	898	1840	623	745	1880	293	377
1761	491	639	1801	938	1119	1841	549	719	1881	437	602
1762	549	734	1802	413	532	1842	513	711	1882	406	620
1763	255	342	1803	448	618	1843	467	659	1883	825	984

단위: mm

강우 상황			강우 상황			강우 상황			강우 상황		
연도	여름	연간	연도	여름	연간	연도	여름	연간	연도	여름	연간
1884	422	554	1892	735	885	1900	280	374	1908	425	677
1885	553	674	1893	959	1163	1901	837	1111	1909	382	509
1886	911	1193	1894	848	1009	1902	405	532	1910	517	628
1887	578	743	1895	211	370	1903	292	468	1911	558	752
1888	406	512	1896	544	684	1904	436	581	1912	549	732
1889	567	770	1897	501	674	1905	300	482	1913	399	532
1890	976	735	1898	442	557	1906	475	664	1914	460	721
1891	1385	1401	1899	239	351	1907	370	497	1915	623	753

자료: 北京市氣象局氣候資料室, '北京氣候志', 北京出版社, 1987.

부록7. 측우기 명문

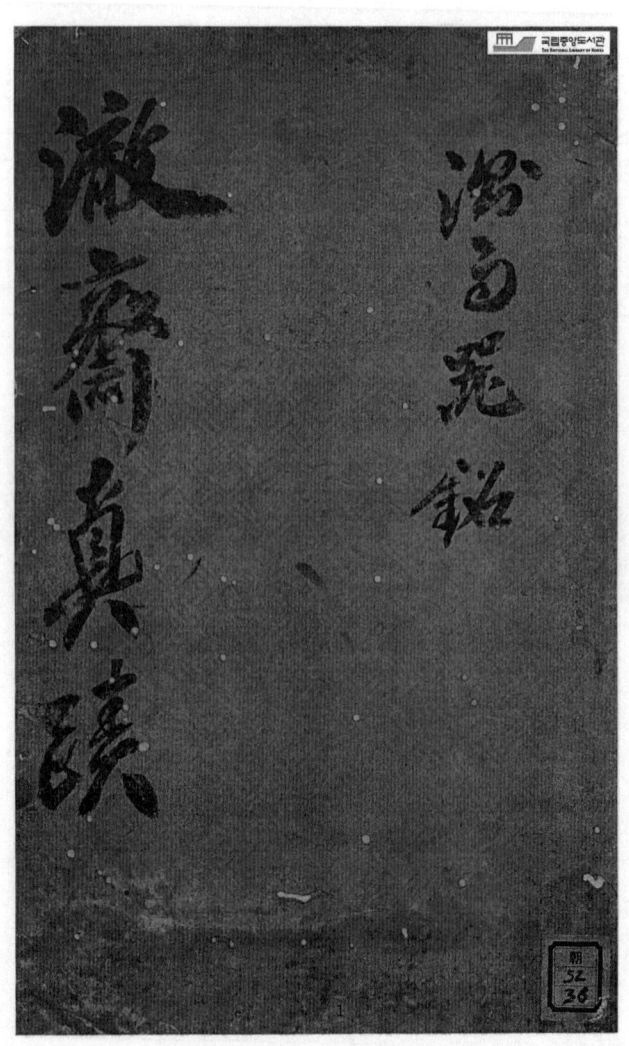

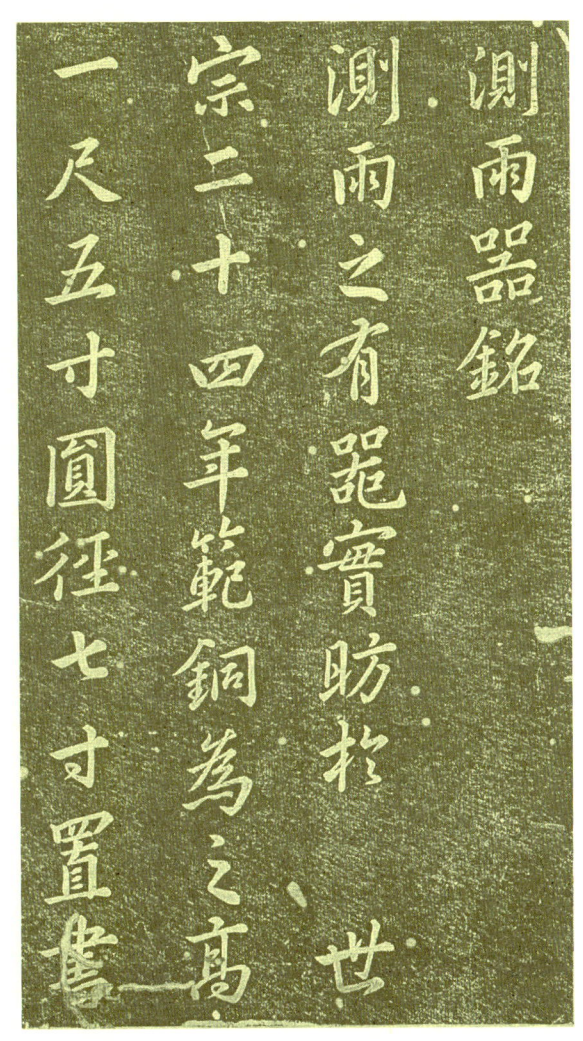

測雨器銘

測雨之有器實昉於世宗二十四年範銅為之高一尺五寸圓徑七寸置臺

雲觀及諸道郡縣每雨月
其深尺間　先大王四十
六年得其舊制鑄置昌德
慶熙二宮及八道兩都其

為虐雖小 兩蹇朝憂勤
水旱之政在焉顧不重歟
上之六年夏畿甸大旱圭
璧徧舉靈應未普於是我

聖上責躬求言，親禱雲壇，屏徹盖御衰冕竟夕露霑既将事坐而待朝歸路駐輿繹死囚以下情輕者

是日都人士女瞻望感激
玉有泣下曰聖上之為
民憂勤如此天豈不雨雖
不雨民悅之猶雨也日未

晡果大雨及夜準一寸三分此實我聖上至誠之所感而猶夏及其未洽命內閣鑄置測器於擒文院

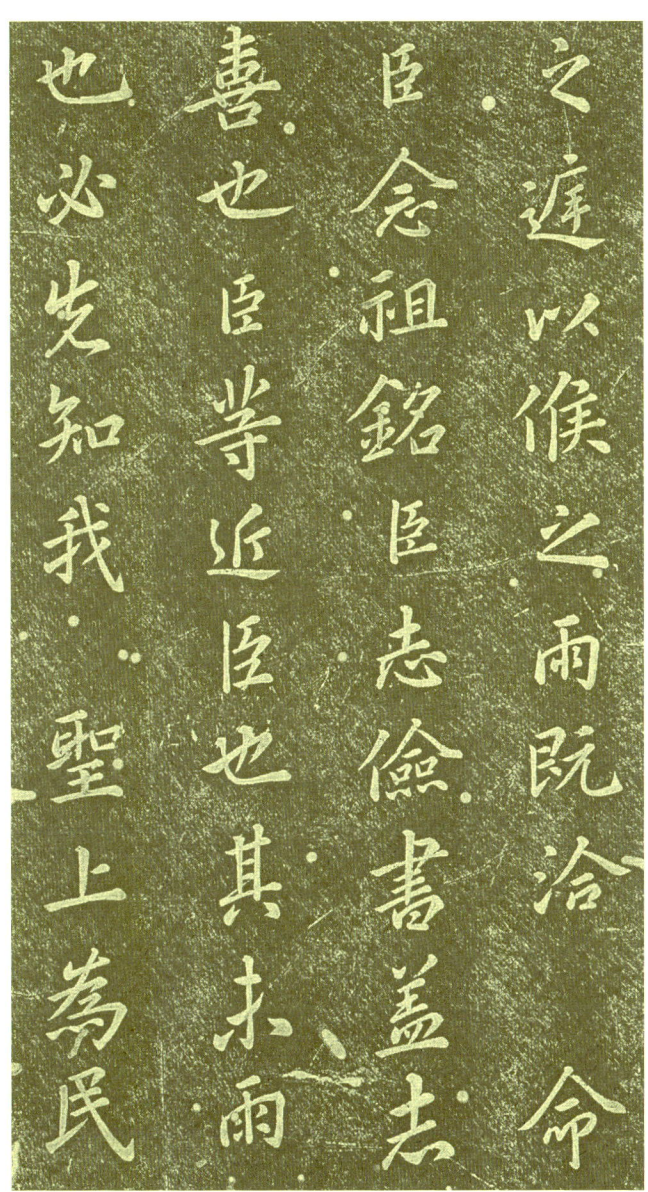

부록 299

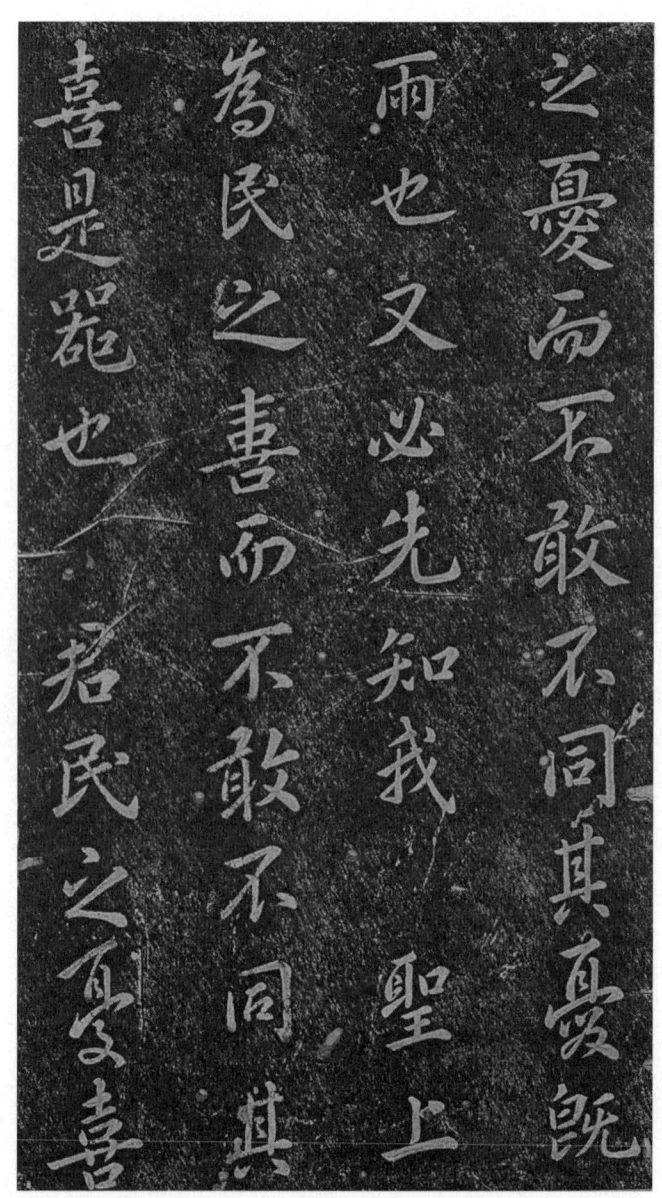

之憂而不敢不同其憂既
雨也又必先知我聖上
為民之喜而不敢不同其
喜是寵也君民之有憂喜

係寫臣等敢不敬塔而謹
俟裁遂拜手稽首為之銘
曰相此分寸度彼方塸沙
固慮旱多尔傷滂繼茲萬

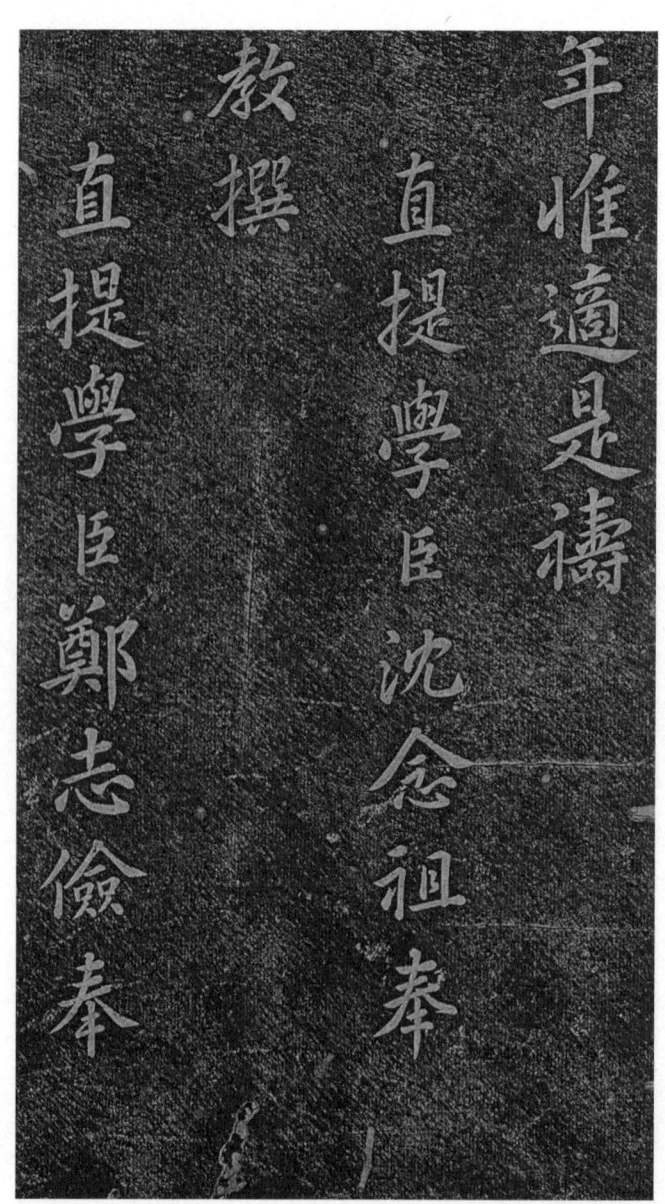

年惟適是禱
　直提學臣沈念祖奉
教撰
　直提學臣鄭志儉奉

그림 목차

[그림 1] 조선 고대 관측기록 조사보고
[그림 2] 용두레로 논에 물을 푸는 모습, 일제 강점기 사진엽서
[그림 3] 근대 기우제의 한 모습
[그림 4] 20세기 초의 벼 모내기 모습
[그림 5] 창덕궁측우대의 명문 전면
[그림 6] 동궐도의 측우기
[그림 7] 현재 세종기념관에 보존되어 있는 수표_국립기상연구소 황사연구과 제공
[그림 8] 조선시대 청계천 보수 모습, 현장에 간 영조
[그림 9] 1887년 이전의 수표교 모습
[그림 10] 수표 기부에 새겨진 계사갱준[癸巳更濬]
[그림 11] 수표교 기둥에 새겨진 경진지평[庚辰地平]
[그림 12] 와다가 그린 조선 후기의 청계천 수표 약도
[그림 13] 1백년 전 수표교와 수표의 모습, 일제 강점기의 사진엽서
[그림 14] 경복궁 풍기대
[그림 15] 창경궁 풍기대_국립기상연구소 황사연구과 제공
[그림 16] 동궐도의 풍기 옛 모습_국립기상연구소 황사연구과 제공
[그림 17] 『서운관지』의 표지와 서문_국립기상연구소 황사연구과 제공
[그림 18] 풍운기 원문 예_국립기상연구소 황사연구과 제공
[그림 19] 천변초록의 성변측후단자 기록 예_국립기상연구소 황사연구

과 제공

[그림 20] 일제 강점기의 관상감 관천대 모습_국립기상연구소 황사연구과 제공

[그림 21] 『충재일기』_한수당자연연구원 자료

[그림 22] 와다가 보정한 강우량의 월별 변화도

[그림 23] 한국과학기술원의 장영실 동상

[그림 24] 장영실 만화, 소년조선일보 2007년 5월 25일

[그림 25] 인천측후소에 있던 영영측우기, 와다 유지 촬영_국립기상연구소 황사연구과 제공

[그림 26] 금영측우기의 반환 장면, 1971년 4월 3일_국립기상연구소 황사연구과 제공

[그림 27] 세계 최고(最古)의 측우기 발견(?) 신문기사_국립기상연구소 황사연구과 제공

[그림 28] 고려시대의 것이라는 가짜 측우기_국립기상연구소 황사연구과 제공

[그림 29] 런던 과학사박물관에 비치되어 있던 측우기 모형

[그림 30] 관상감측우대

[그림 31] 경상감영 선화당에 있던 영영측우대

[그림 32] 창덕궁측우대_국립기상연구소 황사연구과 제공

[그림 33] 통영측우대

[그림 34] 연경당측우대_국립기상연구소 황사연구과 제공

[그림 35] 금영측우기 전면

[그림 36] 측우기 중기의 명문

[그림 37] 측우기 바닥면의 명문
[그림 38] 와다 유지의 초상
[그림 39] 중국 천지측우의 천지분(天池盆)

표 목차

[표 1] 우리나라의 월별 평년 강우량(1977~2006)

[표 2] 동아시아의 장마전선

[표 3] 서울 지역의 월별 홍수 횟수(1400~1859)

[표 4] 현재 남아 있는 풍기대의 제원

[표 5] 관상감의 천문 기상 관측 항목

[표 6] 신구 시각 대비표

[표 7] 신식 관측법에 의한 월별 강우량

[표 8] 우리 측우기 관측에 의한 월별 강우량

[표 9] 신식 강우통계와 측우기 통계의 비교

[표 10] 측우기록의 월별 최대 강우량과 발생 연도

[표 11] 측우기록의 집중호우의 사례

[표 12] 측우기록의 월별 평균 강우일수의 비교

[표 13] 영조 측우제도 재건 이후 남아 있는 지방의 측우기록

[표 14] 1910년경 확인한 당시 측우기의 제원

[표 15] 세계 각국의 우량계 지름과 사용 국가 수

[표 16] 현재 남아 있는 측우대의 제원

참고 문헌

국립기상연구소 황사연구과.『기상역사자료집』. 서울: 기상청, 2010.
국립기상연구소. 세종대왕 탄신 613돌 기념「측우기와 측우대」. 서울: 국립기상연구소, 2010.
기상청.『근대기상 100년사』. 서울: 기상청, 2004.
기상청.「세계 기상의 날 기념 기상역사자료 세미나」. 서울: 기상청, 2010.
기상청. 리플렛「측우기와 측우대」, 서울: 기상청.
吉野正敏編, 陳國彦譯.『中國の雨と氣候』. 大明堂, 1975.
김광식 외.『한국의 기후』. 서울: 일지사, 1973.
김성호·이두순 외.「조선 고대관측기록 조사 보고 자료」. 서울: 한국농촌경제연구원, 1996.
김용섭.『조선후기농학사연구』. 서울: 일조각, 1988.
김태준.『홍대용』. 서울: 한길사, 1998.
김현룡.『한국문헌설화』7. 서울: 건대출판부, 2000.
나일성.『한국천문학사』. 서울: 서울대학교출판부, 2000.
남문현. '세종 측우기-세계 최초의 우량계'「한국전자통신연구원 소식지」. 서울: 서울대학교출판부, 2000. 12.
남문현.『장영실과 자격루』. 서울: 서울대학교출판부, 2002.
농촌진흥청.『조선의 농업, 농촌 사진집』. 경기: 농촌진흥청, 2001.
高橋昇.『寫眞でみる朝鮮半島の農業と農民』. 東京: 未來社, 2002.

다큐인포.『부끄러운 문화답사기』. 북이즈, 2004.

박성래.『다시보는 민족과학 이야기』. 서울: 두산동아, 2002.

박용수.『(새로 다듬은) 우리말갈래사전』. 서울: 서울대학교출판부, 2002.

北京市氣象局氣候資料室.『北京氣候志』. 北京: 北京出版社, 1987.

서경진.「조선 순조시대의 측우기록 정리와 분석」. 연세대학교대학원 석사학위논문, 서울: 연세대학교, 1997년.

서울특별시사편찬위원회.『서울지명사전』. 서울: 서울특별시사편찬위원회, 2009.

성주덕 저, 이면우 외 역.『서운관지』. 서울: 소명출판, 2005.

小早川九郎.『朝鮮農業發達史』. 友邦協會, 1959.

얀 클라게 저, 이상기 역.『날씨가 역사를 만든다』. 서울: 황소자리, 2004.

염정섭.「18세기 후반 정조대 농정책의 전개」.『한국문화 32』, 서울대학교한국문화연구소, 2003.

이근수.「한국 농업기술발달의 사적 고찰」.『한국의 농경문화』, 경기: 경기대학교, 1981.

이덕수.『한국건설 기네스(1) 길』. 서울: 보성각, 2010.

이덕일.『조선왕을 말한다』1, 2. 광주: 시와 사람, 2010.

이두순.「日帝下朝鮮における水稻品種の普及に關する經濟分析」. 京都大學校大學院 박사학위논문, 京都: 京都大學校, 1992.

이성임.『의식주, 살아있는 조선의 풍경』. 서울: 역사와 비평사, 2006.

이영미.「조선 영정조 시대의 측우기록 분석」.『한국우주과학회보』1995년 제4권 2호, 서울: 한국우주과학회, 1995.

이춘영.『이조농업기술사』. 서울: 한국연구원, 1964.

이태진.「세종대왕의 천문연구와 농업정책」.『애산학보』제5호, 서울: 애산학회, 1987.

전상운.『한국과학사』. 서울: 사이언스북스, 2000.

田村專之助.『中國氣象學史硏究』. 三島科學史硏究所, 1979.

朝鮮總督府農商工部 農林局 農務課編.『朝鮮農務彙報』. 朝鮮總督府農商工部, 1912.

朝鮮總督府觀測所.『朝鮮古代觀測記錄調査報告』. 朝鮮總督府觀測所, 1917.

주강현.『우리문화의 수수께끼』1, 2. 서울: 한겨레신문사, 1996.

中國中央氣象局硏究所.『北京250年降水(1724~1973)』. 北京: 中國中央氣象局硏究所, 1975.

平田德太郞.『朝鮮ノ雨ニ就キテ』. 朝鮮總督府觀測所, 1915.

한상복.『측우기 발명과 국가 관측망』. 서울: 한수당자연환경연구원, 1996.

한상복.『한국의 우량관측 역사』. 서울: 한수당자연환경연구원, 1998.

한상복.『측우기연구자료』. 서울: 한수당자연환경연구원, 2006년~2011년 각 자료.

함규진.『왕의 밥상』. 서울: 21세기북스, 2010.

沈念祖 撰, 鄭志儉 書.『測雨器銘』. 서울: 국립중앙도서관 소장(한古朝 52-36).

기후에 대한 조선의 도전, 측우기

2012년 1월 3일 1판 1쇄

지은이　이하상 李夏祥

편집　　문준형, 김은경
디자인　bookdesignSM
CTP　　(주)한국커뮤니케이션
인쇄　　프린팅 활로
제책　　다인바인텍

펴낸이　柳炯植
펴낸곳　(주)소와당 笑臥堂
신고번호　제313-2008-5호
주소　　(121-894) 서울시 마포구 서교동 377-26 비전코리아 2층
전화　　편집부 (02)325-9813 영업부 (070)7585-9639
팩스　　(02)3141-9639
전자우편 sowadang@gmail.com

저작권자와 맺은 협약에 따라 인지를 생략합니다.

값은 뒤표지에 적혀 있습니다.
잘못 만든 책은 서점에서 바꾸어 드립니다.

ISBN 978-89-93820-63-8 03910